实验百年

——北京师范大学附属实验中学校史掠影——

蔡晓东　陈国才　主编

创于1897
商务印书馆
The Commercial Press
2017年·北京

图书在版编目(CIP)数据

实验百年:北京师范大学附属实验中学校史掠影/蔡晓东,陈国才主编.—北京:商务印书馆,2017(2017.11重印)
ISBN 978-7-100-15010-1

Ⅰ.①实… Ⅱ.①蔡…②陈… Ⅲ.①北京师范大学附属实验中学—校史 Ⅳ.①G639.281

中国版本图书馆CIP数据核字(2017)第183155号

实验百年:北京师范大学附属实验中学校史掠影

蔡晓东 陈国才 主编

商 务 印 书 馆 出 版
(北京王府井大街36号 邮政编码100710)
商 务 印 书 馆 发 行
北京顶佳世纪印刷有限公司印刷
ISBN 978-7-100-15010-1

2017年8月第1版 开本710×1000 1/16
2017年11月北京第2次印刷 印张27
定价:68.00元

《中华名校文库》丛书编委会

《实验百年》编委会

《中华名校文库》丛书总序

一、三个臭皮匠顶不了一个诸葛亮

在团队管理中，“木桶定律”常被人提及，意思是说一只木桶能装多少水取决于它最短的那块木板，因此也被称为“短板效应”。其实对于一个社会或一个组织而言，只讲“短板效应”是远远不够的。就如一片森林的高度是由该森林中最高的那棵树所决定的，绵延起伏的山脉的高度是由最高的那座山峰所决定的。一个社会、一个组织的最高发展水平是由团队中最优秀的人所决定和所带领的。大学中的一个学科，某位或某几位大师的最高学术水平奠定了该学科在同行业中的地位；同一产业中的创新程度，往往是由该团队中最善于创新、最能创新的那个人的创新程度和水平所决定的。所以，就社会生活尤其是社会竞争而言，在很多情况下，三个“臭皮匠”顶不了一个“诸葛亮”。如果人口数量对社会或国家竞争力起决定作用，那中国理应是世界上最具有竞争力的国家，然而目前的事实还不尽然，这还得取决于教育，取决于对精英人才的教育。

人与人之间是有差异的，无视这种差异或者过于夸大差异将会犯错误，也将会付出代价。就脑科学的统计而言，人群中的智商（无论是哪一种智商），都是呈正态分布的，智力超常与智力低下的儿童分别分布于正态分布的两端，都属于人群中的少数，大多数人处于常态的中间部分。然而不得不说的是，在长期关注“公平”的价值观引导下，我们对中间的常态以及薄弱儿童的教育和研究开展得较多，而对智力超常儿童的教育和研究还有很多有待改进之处。其实，在发达国家，如英国、美国、法国，早就对智力超常儿童的教育和研究给予了高度关注。这些儿童有着广阔的成长空间，成长过程中也能得到较多的支持和帮助。当然，这也是西方关注个体、尊重个体的“个性化”文化在教育中的体现。

幸运的是，近几年，我国教育界同人已经认识到了该问题的重要性。教育部部长陈宝生在《2017年全国教育工作会议工作报告》中指出：“真正的教育公平不排斥卓越。英才教育对于国家发展具有重要战略意义，要建立早期发现、跟踪培养特殊通道……通过因材施教发展每一个学生的优势潜能。”培养世界一流人才，这既是当前我国产业结构转型升级之急需，也是我国在国际竞争中的核心竞争力所在。

二、精英人才的培养方式——世界名校的办学规律

近年来，华东师范大学中外名校研究中心的研究团队围绕“世界著名中学人才培养模式”的课题进行了深入研究。研究指出，所谓“世界著名中学”是指那些有着深厚的文化积淀、优秀的教师群体，能提供适合学生个性发展的教育教学以及质量保障体系，著名校友人士多，在世界范围内享有高度知名度和美誉度的中学，如英国伊顿公学、美国斯蒂文森高中、法国路易大帝中学、芬兰罗素高中、新加坡莱佛士书院等。研究者纵览世界上数十所著名中学人才培养的案例，发现有如下规律：

一是服务国家与社会的办学追求。纵观在世界范围内享有盛誉的中学的办学历史，无论是公立的还是私立的，其共同特点是，学校的创办者在当时都是国家之栋梁，社会之领袖，曾为国家强盛和社会发展进行了不断的实践。关于社会发展对人才的需求、对教育成就人才的价值，他们有着更深刻的理解和认识。因此，他们都是秉承着教育改善社会、教育拯救国家的理想与追求来办学的。这一理想和追求持续影响着后续的办学实践。

二是培养学生最好的自我的理念。办学实践中，只有将学校教育的对象——每个学生培养成社会所需要的人才，才能实现学校“服务国家与社会的办学追求”。社会对人才的需要多种多样，每个学生的个性与潜能各有不同。学校办学的重要任务就是使每个学生的潜能得以充分激发，并得到有效发展。为此，成就每个学生最好的自我，让每个学生得以全面而又个性地发展，尤其是让学生的优势潜能得以充分发展，是所有世界著名中学的一大共同特征。

三是多样化的课程与弹性的教学。课程是促进学生发展的载体，要促进学生的全面发展与个性发展，没有相应的课程支持是无法想象的。世界著名中学在开设基础课程的基础上，都根据学生的不同需求，尽可能地开设了丰富的选修课程、高阶课程、大学先修课程，以及门类众多的艺术体育课程和多样的课外实践活动等。可以说，在其他条件相似的情况下，一所学校开设课程的数量和质量，决定着学生发展的程度，也决定着学校发展内涵的丰富程度。学生学习时也并非同一节奏，而是根据自己的实际情况自主安排，在某一科目学习能力强的学生会很快学完，学习能力弱的学生则要花费更多的时间，为此学校专门设置了弹性的教学管理制度。

四是高度重视学生领导力的培养。一个社会、一个组织都渴望富有创造性的、卓越的领导者。领导力最本质的要素是一个人的世界观和价值观，而中学阶段是人的世界观和价值观形成的最重要阶段。许多成功人士谈到，他们的领导生涯是从中学生活开始的。因而，西方发达国家早在20世纪五六十年代，就开始认识到中学生领导力培养的意义和价值。不少世界著名中学在这方面早就开始了探索。学生在领导力课程中、在实践调研中、在充满挑战的项目中得到成长和发展，并最终养成服务他人的品质、勇于创新和担当的精神气质、充满自信和坚韧的品格特征、善于沟通与合作的团队精神等。

上述世界知名中学在服务国家社会的办学追求、培养学生最好的自我的办学理念，以及积极向上的学校精神的引领下，经过数代师生的努力探索和实践，培育出了大批优秀学子，形成了鲜明的特色，赢得了世人的尊重和认同。

三、我国知名中学的办学成就与历史使命

近百年来，尤其是中华人民共和国成立以来，在党和政府以及社会各界的努力下，我国涌现出了一批知名中学，如清华大学附中、北京师范大学附属实验中学、华东师大二附中、上海七宝中学、东北师大附中、杭州二中、成都七中等，这些学校在不同的历史阶段分别被冠以“重点中学”“示范学校”“品牌学校”等称号。本着服务国家与社会的价值追求、培养学生全面而又个性发展的办学理念，历代校长和教师顺应社会发展需求，遵循教育教学规律，为学生成长和发展开设丰富的课程，进行有效的学校管理，为国家和社会培养出一批批优秀学子，对促进社会发展和人的全面健康成长做出了重要贡献。

然而，对于我国的这些知名中学，办学有着怎样的特点，有哪些共同的特征，积淀了怎样的精神文化特质，和世界知名中学的办学有无共性或不同之处，我们却知之甚少，缺乏应有的研究。为此，商务印书馆和华东师范大学联合全国一批知名中学，让这些知名中学讲述其办学故事，呈现其办学特点，总结其共性规律，找出其差异所在，这是总结中国本土的学校办学规律，生成具有中国特色的教育教学理论的重要途径。

还有，当前新的历史时期，随着我国社会的快速发展和产业结构的转型升级，社会需要越来越多的专业人才和拔尖创新人才，仅仅依靠原有为数不多的知名中学培养高素质人才，已经不能满足社会发展的需求和人的发展需要。在这个历史阶段，总结知名中学的办学特点，找到共性规律，

推广其办学经验，对于办出更多知名中学，惠及更多优秀学子，为国家和社会培养大批高素质专业人才和拔尖创新人才，有着重要价值，是一件利国利民的好事。

衷心希望有更多知名中学能在办学之余反思总结办学规律，为每位学生的健康成长、为国家富强和社会进步做出更大贡献！

是为序！

华东师范大学　陈玉琨

2017 年 3 月

序言

1917 年 9 月 5 日，北京师范大学附属实验中学的前身——北京女子师范学校附属中学校正式成立。100 年后的今天，我们借这本《实验百年》回望她的发展，感受她的开拓，铭记她的传承。

百年实验是一棵根深叶茂的大树，作为一枝一叶的我们更该低下头去感恩根的滋养。感谢开拓者“实验中等教育之新进展”的笃定，感谢继任者不忘初心的坚守，感谢历届师长员工呕心沥血的奉献，感谢所有实验人以校为家的信念。今天，我们桃李天下，硕果累累，是本分，也是回应。

百年实验是一艘航程万里的大船，屹立船头乘风破浪的我们要时刻铭记她运载时代的担当和敢为人先的开拓。实验中学百年发展沿革就是中国近现代基础教育发展历程的浓缩，她的每一点深思，每一步探索，都推动着中国基础教育的进步。今天，我们激流勇进，百尺竿头，是责任，也是传承。

百年实验是一栋顶天立地的大厦，坐拥天地的我们无时无刻不感受她倾囊相授的赤诚和包容万千的胸襟。师者撑起实验的骨骼，情怀则滋养她的气韵。回首百年，实验人不问功名，心怀赤诚，肩负国家之命运，助力学生之成长，可亲可敬。今天，我们胸怀祖国，放眼世界，是追求，也是使命。

百年实验本身便是一本厚重的书，数代实验人上下求索、呕心沥血地谱写了它；它博大精深，优雅动人。今天我们一起来读，望它能前瞻往哲、后启来者，扬实验之传统，谱发展之新篇。

蔡晓东

目录

第一编　民国时期的艰苦卓绝

——时代先驱

北京师范大学附属实验中学的前身为北京女子师范学校附属女子中学，创建于1917年。在这一时期，由于男女同校的风气尚未形成，国内的大学、中学、小学均有专门的女子学校。女附中在当时的女子中学里是创办较早的，在办学成绩上更是佼佼者。

第一章　学校发展过程

第一节　开时代风气的女高师附中

1917年3月，教育部呈准北京女子师范学校设立附属女子中学。9月5日，学校定名为北京女子师范学校附属中学，并正式招收学生。

9月5日这一天，在北京市东铁匠胡同内一处租来的恒姓民房，北京女子师范学校附属中学举行了开学典礼，宣告学校正式成立。学校主任为欧阳晓澜，学校有教师数人，招收的学生共有79人，分为中学一年级一个班，补习科一个班。

在民国初年，全国各中学的负责人一般为校长，而女高师及当时北师大附中的负责人则称为主任。女高师附中自建校之后至1930年7月的十多年里，一直由欧阳晓澜女士担任主任。

欧阳晓澜于民国五年（1916年）从日本东京高等女子师范学校毕业，曾先后出任江西省立第一女子师范学校校长、北京女子师范学校教员兼附属女子中学主任、北京女子高等师范学校专任教员兼女子中学主任、北京女子师范大学教授兼附属中学主任、国立北平女子师范学院教授兼附属女子中学主任，共十余年，民国二十六年（1937年）八月之后于江西胜利南昌女子职业学校任教十一年，始终未离教育岗位，1971年11月26日于江西南昌病逝。

（江西省档案馆及家属提供）

欧阳晓澜

11 月，由政府呈准，拨给西城辟才胡同前教育品制造所旧址为校舍。

1918 年 6 月，学校着手修葺位于西城西单北辟才胡同的校舍。

9 月，学校迁入辟才胡同。

11 月，北京女子师范学校筹借款项，为附中建设寄宿楼房。这一年，学校还从日本购得实验仪器百余箱，买进《四库全书》《二十四史》等线装书 2000 余卷，以及外文书籍千余册。

1919 年 2 月，学校开工建设寄宿楼房一所，共 25 间。

3 月，购买校园西侧吴姓、双姓民房二所。

5 月，呈准教育部拨款购置仪器标本并拨用校西无主空地一方。

7 月，北京女子师范学校升格为“北京女子高等师范学校”，附属女子中学校隶属之，遂更名为“北京女子高等师范学校附属中学校”。同时修订学则，变更学制，按照国家规定，正式改为四年制中学，实行分科制。所有学生按照有志升学者及有志就业者两类，分为第一、第二部。

9 月，学校制定寄宿制简章，向学生收取寄宿费每人每月一元。

10 月，新校舍落成，以其中的一半暂时作为教室及图书仪器室使用。

11 月，建筑校园西围墙三十余丈（约 100 米），并于新校舍内设置了淋浴洗濯浴室等。

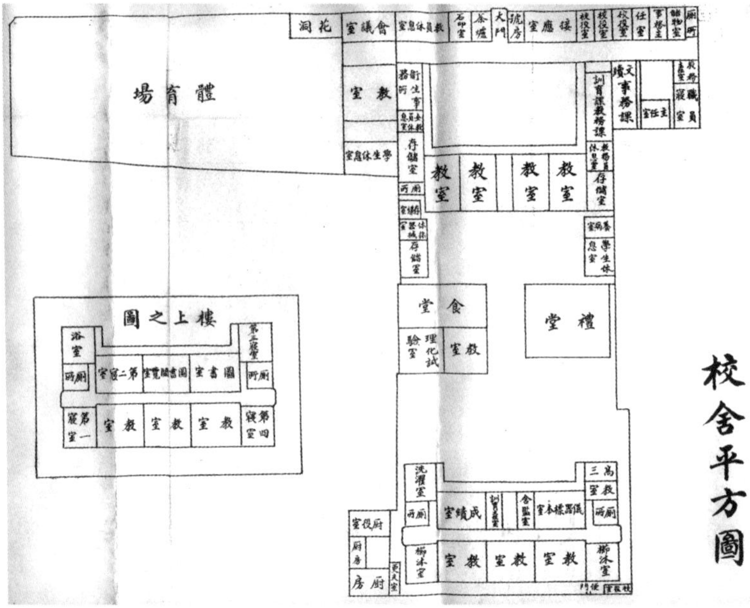

校舍平方图

1920年3月，学校将买到的民房及政府拨给的地平整为操场。

8月，将食堂改造成两间教室。

10月，添设烹饪室二间，并于操场东边建筑平房二所，共六间及花洞一所。

1922年5月，在操场东边建图书阅览室一间。

6月，学校率先执行“三三制”，即三年初级中学、三年高级中学的学制。并将修身改为公民，博物改为动植物和生理卫生，体操改为体育。除一部分选用教育部审定的教科书外，各科教师也可以自编讲义或由学校组织编选教材。

9月，修订学则和初中各科课程标准，并实行三年制初中各科课程标准以及分组选科和学分制。

1923年9月，修建学生休息室及烹饪室各一所，共六间。

1924—1925年国立北京师范、女子师范及各自附中附小幼稚园之学事统计

学校名称	教职员人数			学生人数			全年支出经费（按银圆合算）		
	男	女	总	男	女	总	临时费	经常费	总数
国立北京师范大学	210	9	219	765	74	839	30000	417320	447320
国立北京女子师范大学	92	9	101		172	172		132840	132840
国立北京师范大学附属中学校	113	9	122	398	113	511		4700	4700
国立北京女子师范大学附属中学校	32	18	50		330	330		51000	51000
国立北京师范大学附属小学校	31	2	33	628	186	814		26400	26400
国立北京女子师范大学附属小学校	8	20	28	142	435	577	1347	17400	18747
国立北京女子师范大学附属蒙养园	2	10	12	100	40	140		9960	9960

资料来源:《京师教育概况》(民国十三年至十四年)，中华教育改进社调查科，1926年版，第5、9、23页。

自建校之初至20世纪20年代，学校的校训为欧阳晓澜主任提出的“勤慎”二字，校歌歌词为：

猗！吾校在京师兮，为四房所资，宛宛勤慎，校训是师。

猗！吾校在京师兮，为女学中枢。

款！孟勉实用是期，猗女子天职之不可自弃，当知勤劳之教，育乃为始基。

款！乎承家长之训来兮，秩，乎要惟德音之矢莫违。

宛宛勤慎，德音莫违，要惟德音之矢莫违。

猗！吾校在京师兮，为四方所资，宛宛勤慎，校训是师。

第二节　锐意进取的女师大附中

在20世纪20年代之后，按照现代学制建立的学校逐渐扩展到全国，由政府主导的对各级学校的办学整顿也随着教育的发展而展开。

1924年，北京女子高等师范学校改名为“国立北京女子师范大学”，附属中学亦同时更名为“北京女子师范大学附属中学”，正式添办高级中学部，招收三年制高中生，实行三年制高中各科课程标准，并采用文、理分科。在全国范围内，女师大附中是较早开始执行当时全国教育联合会提出的“六三三”学制的学校。这一年6月，第四届四年生毕业两个班，共59人。

8月6日，国务会议议决停办北京女子师范大学，改为国立大学。8月7日教育部即派员接收，因学生拒绝未能成功。8月10日，教育部正式对女师大发出停办之训令。8月17日，教育部召集部务会议，决定将女师大改组为国立女子大学，教育部部长章士钊自任筹备处处长，刘百昭为筹备处主任，各佥事、司长均为筹备员。教育部报告认为：“前北京女子师范学校，所收学生，不过二百余人。中国之大，人口之繁，博道宏京，号称太学，所容女生止于此数，而又办理不善。以钊之愚，宜即京师创设国立女子大学一所，务令天下高才女生，各依其愿欲之所至。”

9月，修建公卖室及体育器械室共四间，修订学则。

10月，重订《本校组织大纲及办事细则》，明确职务要领、会议规程，拟定各科课程标准。

1925年9月，教育部令本校改名“国立女子大学附属中学校”，招收初中一年级生两个班，高中文、理科一年级生各一个班，全校共11个班320余人。

11月，北京临时政府规定中学以“四二制”为原则，以“三三制”为例外，并令已实行“三三制”的学校改行“四二制”。此时，中国境内的中学，两种学制并存。

12月30日，女师大百余师生整队由宗帽胡同新校址出发，返回石驸马大街女师大旧校址，受到当时国立女子大学400余人欢迎。女师大学生将章士钊亲笔写的“国立女子大学”校牌去掉，重新挂上了女师大的校牌。执政段祺瑞下令：国立女子大学及国立北京女子师范大学均继续兴办，责财政、教育两部妥善办理。

1926年9月4日，教育部令各附校更名。训令致北京女子师范大学中小学校两主任，略云女子师范大学既经国务会议议决与女子大学合组称女子学院，该附属中小学应遵照原决议改称“国立北京女子学院中学部及小学部”。附中主任欧阳晓澜及附小主任孙世庆依议改换招牌。

12月，校名仍为北京女子师范大学附属中学校。

1927年6月，国民党中央政治局会议通过了蔡元培等人的建议，在全国实行大学院和大学区制，改教育行政委员会为大学院。北京九所高等院校合并为“国立京师大学校”，原北京师大与北京女师大分别变成了国立京师大学校的第一与第二师范学院。两校之附中亦分别更名为某某附属第一、第二中学。

据《国立北平师范大学暨附属中小学十八年度概况·校史概略》记载：“（民国）十六年（1927年）……八月，北京国立九校被改组为京师大学，而本校改称为京师大学师范部，仍聘张贻惠为师范部学长，同时附属中学小学亦改隶于京师大学……十七年（1928年），六月，革命军入北京，本校恢复原名，附属中小学亦来归……”

6月28日，女附中举行成立十周年纪念会。

1928年民国政府统一之后，中国的现代教育在反复的变革中迅速发展，并逐渐走向稳定。这一时期，女高师并入北师大，学校遂改名为“北师大女附中”，办学逐渐走上正轨，也留下了相对完整的学校管理制度方面的资料。

8月，国民党二届五中全会宣布“军政时期”结束，“训政时期”开始，实行“以党治国”。为加强中央集权统治，国民党中央全会决定设置教育部，大学院同时取消。本校则从部令，改名为“国立北京师范大学附设女子中学校”。

11月，国民政府着令原女师大改称“国立北平大学第二师范学院”，李书华代理院长。附属中学、小学、蒙养园又改隶北平大学，继续聘任林砺儒为附属中学（国立北平大学附属第一中学）主任、韩定生为附属小学主任、欧阳晓澜为国立北平大学附属女子中学校（国立北平大学附属第二中学）主任、孙世庆为附属女子小学主任，另聘李光华为附属蒙养园主任。

1929年初冬，北平大学的女子师范学院（俗称“女师院”）要把北平大学的附属女子中学（俗称“女附中”）降为自己的附属学校。女附中的金少曦等一些教师与学生家长认为，学校积十多年之经营，成绩斐然，校誉日隆，女师院此举明显是出于门户之私，遂群起反对，与女师院当局抗衡。无奈因学校经费控制权操于对方，延续将近一年的学潮注定失败。之后学潮结束，金先生退出女附中。

1930年前后，全国各中学逐步统一为“三三制”学制。

1月26日，教育部指令北平大学，女附中应改隶女子师范学院，北平大学21次校务会议决遵令执行。因女附中附属问题发生风潮，师生分别致电教育部，反对改隶；学生家长致电教育部，认为没有改隶的必要。女师院徐炳昶院长致函师生及学生家长，说明女附中隶属女师院理由。女附中学生以护校会名义拒绝执行教育部改隶命令。

6月，徐炳昶被女附中索薪教职员殴伤，法院传讯女附中教职员，调查事件经过。徐炳昶、刘复前往法院，陈诉女附中教职员索薪及被殴经过。女附中师生要求徐炳昶辞职。

7月1日，女师院院务会议宣言，对女附中经费问题明确表态：不属于女师院，就不应领取女师院的经费。如果女附中放弃隶属关系，女师院将另行筹设附中。12日，教育部致电女师院，拨给女附中经费。女师院徐炳昶院长认为，教育部对院校权限划分办法对解决女附中隶属问题无补，是非不分，请教育部批准其辞去女师院院长一职。女师院教职员致电教育部，对拨给女附中经费问题表示异议。

8月，女附中重新隶属于女子师范学院，以杨荫庆为主任，但接管时却被师生逐出。女师院遂另设“女附中”于和平门迤东顺城街46号，进行招生，筹备开学，定名为“国立北平大学女子师范学院附属女子中学校”，计11个班230人。8月9日，杨荫庆致函女附中学生家长，请携带函件到校注册；女附中在临时校舍筹备开学。

1931年2月，教育部决定北平师大与北平大学女子师范学院合组北平师范大学，任命徐炳昶为师大校长。附中杨荫庆主任辞职，徐炳昶院长兼代，由院秘书宗真甫代行主任职务，至是年8月。2月14日，女师院毕业生致函徐炳昶，要求改善对女附中的管理。这一年随两所大学的合并，女附中自然要与男附中合并。当时女附中并无男生，而男附中招有女生，所以合两校为一校，统称为“附中”，以南、北校分之，两校相距四里。这种一校两处的办法一直延续到七七事变。两校同属师大，但经费与管理均各自为之，实际上直到1935年，才由教育部指令实行两校行政统一领导。

3月，北平师范大学附属中学接收辟才胡同旧校址，添招初中一班，全校共12个班359人。

4月，女师院与师大合并，称为“国立北平师范大学”。学校遂奉令改为“国立北平师范大学附属女子中学”，又称“附中北校”。

6月，初中生毕业两个班，高中生毕业一个班，共61人。

7月1日，北京女子师范大学与北京师范大学正式合并，学校成为北京师范大学附属女子中学。19日，时任北师大校长徐炳昶考察校务后，致电教育部，说明因学校积欠教职员薪金已近40000元，而财政部仅拨3500

元，无法进行校务，请求辞职。

10月，时任学校领导徐金淙辞职，本校行政由校务会维持。

1932年2月，徐金淙返校仍为主任。同时增建大门东楼房22间。

6月，初中学生毕业两个班，共60名，高中学生毕业一个班，共21名。

在这一时期，女附中已是一所有口皆碑的好学校，“其教学质量在北平女子中学里首屈一指，同男附中一样，成为全国著名的好中学”。[1]

学校的校训

7月，刊印出版《国立北平师范大学附属女子中学概览》（以下简称《概览》）。《概览》由黎锦熙[2]题签，汉字皆有注音符号。《概览》记述了附属女子中学自1917年成立起之诸年发展沿革、组织机构设置、各项条文规章、教职员工情况、历届学生姓名，并附照片若干。《概览》规定学校以“实施中等教育，兼供师范大学实际研究，实验中等教育的新进展”为办学宗旨。前者同于普通中学，后二项则是学校的特点。《概览》还阐述了“勤肃信毅”的校训和训育方针及实施概况。

《概览》对校训“勤肃信毅”的解释：

二十世纪的教育及其目的，恰与十五六世纪宗教黑暗时代神权鼎盛，道

① 邓云乡：《文化古城旧事》，中华书局，1995年，第97页。

② 黎锦熙（1890—1978），中国语言学家。湖南湘潭人，1911年毕业于湖南优级师范学堂，早年参加同盟会。曾任北京女子师范大学教授、北京师范大学中文系主任。1928年前后十年“国语罗马字及注音符号”推进运动时期，即以黎锦熙、黎锦晖、钱玄同等为代表人物。

德观念深潜于人民脑际的陈腐教育不同了。大体言之，现在教育之目的，是要造成社会有用的一员；健全而有劳动力，渗透着社会的意识，组织化的行为，认识而且理解自己在自然界及社会中的位置，明白其四周的现实，能以应付他的一切环境，并富有建设与改造社会之精神。绝不是墨守陈篇，遵守固有文化，用传统讲学法，授以食而不化的学说，就算尽了教育的功能。对于学生不仅以其智识之优劣为前提，要以其脱离学校生活走入社会，是否能发挥其所学运用于实际为要务。本校训育，即本现代教育之趋势，与现社会之环境，而有训育上之一切计划、组织和设施；对学生切实训练之，领导之，俾得实际之能力，使社会亦收相当之效果。

《概览》提出“以教育宗旨为归依的训育方针”：

训育方针，应以教育宗旨为归依；以本校校训为目标，所以本校训育方针为：

（1）不专讲独善，而兼重从公；

（2）不专重静默，而兼尚活泼毅勇之风；

（3）不仅服从，且能领导；

（4）不专重智力发育，并重体格锻炼，勤苦耐劳；

（5）不禁锢社交，而导以社交之方法；

（6）不单注意个人生活，而且注意团体生活。

此校训、教育宗旨和训育方针，言简意赅，直指“教育”的本质，即使以当今的教育眼光来看，也不乏先进之处。说明真正“文明”与“先进”的风采具有“传统”的属性，并不会因为时间的流逝而磨损消亡。对于一个具有悠久历史的民族而言，所谓文明的本质，不是创造，而是传承。女附中之所以能够在漫长的岁月中始终保持青春的光彩，由此校训精神可以窥见一斑。

第三节　南北校合并的过程

在20世纪30年代，北京师范大学有南北两个附中，南校即前男师大附中，北校即前女师大附中。在当时，就两校的合并与管理问题，曾经展开过一系列的争议。

1934年8月，徐金源主任辞职，聘黄敬思为主任。

9月18日，由部长王世杰签署《教育部关于师大附中南北两校合并的指令》(教字11354号)。

令国立北平师范大学　呈一件：据附中呈为筹设专任教员等项请增加月经费5200元转请核准由。

呈悉：该附中拟专设教员并充实设备，自系正办。惟际此国库艰难，且本年度预算早经办结，更属无法追加。查此案前据本部视察员报告称：该附中分为南北二校，南校即前男师大附中，北校即前女师大附中。现呈称合并，究因地隔两处，行政上仍为两个体系，两校各有教务事务等主任，所有经费及行政事项亦均完全划分。男校现有高初中18个班，内女生6个班。北校纯为女生，现有高初中11个班。两校教职员人数皆嫌稍多等语到部。是该附中行政组织既未统一，男女生编制亦欠整齐，亟应趁此实施专任教员颁发之际，将南北两校实行并合，用人行政统一支配。该附中女生既较多，应即以原南校为女生部，北校地址为男生部，庶几编制整齐，管训便利。过去两校女生参差之弊，自可以渐纠正，而南北两校分裂之名称，亦予以消灭，似此通盘筹划，当可稍节开支。如果仍有不敷，除以学费收入抵充外，可由该大学在停办研究所经费项下酌拨补助，以资救济而收实效。仰即遵照，并仰转饬遵照。此令。

中华民国二十三年九月十八日

部长　王世杰

由此指令文述可知，此前两校即已同属师范大学，但“因地隔两处，行政上仍为两个体系，两校各有教务事务等主任，所有经费及行政事项亦均完全划分”，或可言“一校两制”，各行其是。至1934年才因谋经费“可稍节开支”等缘由而“呈称合并”。

1935年1月11日，附校设计委员会决定，遵部令合并南北附中，由常道直、易价、黄敬思起草组织大纲，成立审查委员会；附中男校本年度停止招收女生；修订附中课程标准，减少课时。另查1935年1月15日《北平师范大学致附中男校函》，可知其间曾有以男女生部对换地址之议，但“因事实上设备关系，困难甚多，拟从长计议”而未及实行。并由此函内容判读，上引部长王世杰指令中所言之“原南校为女生部，北校地址为男生部”并非错讹，实乃“指令”并未全数遵照执行之故，而后才有女校在北而男校在南之沿承事实。

4月，附中女校（北校）因对时任学校领导韩秀峰主任不满，发生风波，学生大会呈文学校请求撤换。

8月，黄敬思主任辞职，聘姬振铎为代理主任。七七事变以后，姬振铎随北平师大附中迁赴陕西，行至天津，因患病兼年事较高、子女及夫人劝阻而留滞。

第四节　抗战中艰苦卓绝的办学历程

抗日战争爆发之后，附中随北师大西迁，作为西安临大的高中部在西安办学。之后又翻越秦岭，在汉中城固作为国立西北联大附中继续办学。在当时北平的旧校址上，在日伪政权之下，学校仍继续维持着。

（1）玄风桥的西安临大高中部

北平沦陷以后，师大附中随北平师范大学西迁陕、甘，转移到西北大后方西安，与国立北平大学、国立北洋工学院等合组为国立西安临时大学。

自1934年9月18日教育部指令师大南北两附中行政合一起直至七七事变时，师大附中在北平校址虽分两地，南校在和平门外南新华街，北校在西单辟才胡同，实为一校。设校主任一人，时为姬振铎；有两位教务主任：韩桂丛（南校）、冯成麟（北校）；两位训育主任：郝家麟（南校）、刘道纯（北校）；一位事务主任：张焘（全校）。

七七事变后师大迁往西安时，上述六位负责人中除韩桂丛离校他去之外，其余五位皆随校内迁。

他们到达西安后，奉师大校长李蒸之命，会合陆续来到的原附中教师高崇信（字元白）、金保赤（字少曦）、魏元雄（字庚人）、赵慈庚（字雾春）、萧士珣（字涤全）、王毓琦（字景韩）、王心正（字钧衡）、王化三（字作楫）、徐兆民（字知良）、杨占三（字祝华）、贾占豪（字晰光）、王功隆、马永春、鹿笃根及新聘的教师许长生（字忆痴）复建附中，暂时先成立了高中部，附属于西安临时大学。

高中部教务主任、训育主任、事务主任由原在北平就担任这些职务的冯成麟（字书春）、郝家麟（字圣符）、张焘（字建侯）分别担任原职，教务主任冯成麟代理高中部主任。他们三位与前面提到的十五位教师，被戏称为在大后方复建附中的“十八罗汉”。原附中北校的训育主任刘道纯到西安后，又随其丈夫（山西铭贤学院院长）前往成都，转赴四川金堂，参与铭贤学院的迁校工作。

原东北军老将朱庆澜先生退伍后从事慈善事业，“九一八”事变后组织东北抗日后援会，支援东北义勇军，此时寓居西安。金少曦通过附中学生路媛之父，托朱先生借得西安东大街玄风桥22号，原张学良将军的卫队营房50余间作为西安临时大学高中部的校舍。金少曦把一块木制的校牌挂在门口，来到西安无处落脚的教员便陆续搬来居住。

玄风桥建校的同时便开始招生。最初借西安几个中学的教室为考场，每处分配两位教员监考。虑及敌机轰炸的威胁，试场规则规定之一是“如遇空袭警报，考生将试卷置留桌上，由监考人整队赴防空洞，不得交头接耳”。发榜之后，定制的课桌、黑板都已齐备，旋即开课。这次高中三个年级各收学生两个班，男女合班，计有学生200余人。开课后不久，把附中的旧校歌谱写出来，印发给学生，让其维护“正正堂堂本校风”，莫忘了校训“勤慎诚勇”。这是附中的传家宝。尽管当时规定全国用“礼义廉耻”作为统一校训，附中却仍然用“勤慎诚勇”。

第一辑

师大附中校歌

学校校歌

（2）西北联大附中：巴山北麓古路坝的琅琅书声

1938年春，由于日寇频频轰炸关中，临时大学难以在西安维持。故翻越秦岭，到达汉中，改称“国立西北联合大学”，校本部设在城固。

2月，李蒸任命教育系教授方永蒸（字蔚东）为西安临时大学高中部主任。原代理主任冯成麟（后名成林）任教务主任兼国文教员。自西安建校至抗战胜利，从未脱离附中的教师，仅有方、冯二人。由于年初战局急转直下，临汾失守，晋南战事吃紧，日军威胁潼关。

3月，西安临时大学决定南迁。全校分为四个大队，高中部、临大全体教工和女同学编为第一大队殿后。高中部购置的教具由王伟烈、杨祝华、贾晰光三位教师押车先走，魏庚人、高元白、王化三、金少曦四位教师乘汽车南下，其余教师、主任12人和学生一同步行。16日晚乘西去专列，次日午后抵达宝鸡，夜宿渭水之南的大湾铺和益门堡。19日由大湾铺启程，师生沿建设中的川陕公路徒步行进，途经东河桥（驿）、黄牛铺、草凉驿、凤县（今凤州）、双石铺（今凤县）、南星，在庙台子停留两日，又经留坝、马道驿，终于4月1日到达褒城。这次南迁，穿越秦岭，行程255公里，历时13天。

师大师生西迁越过秦岭

4月11日，西安临时大学宣布：奉教育部令，更名为“西北联合大学”，附中随之更名为“西北联大高中部”。

西北联大校舍分配：联大师范学院本部在城固县文庙；体育系与高中部在巴山北麓的古路坝，在县城南20公里。附中（即当时的高中部）校舍是意大利人所建天主教堂西部的一个四合院，有46间房。占地约1000平方米。南、北、西三面楼下，开辟了六个教室。七位教师住在教堂东部一座小楼里，东楼的另外部分供女生居住。之后，附中和体育系在西坡下开辟了垒球场，马九斋老师为附中缝制了第一个垒球。秋季，学校增加了一个初中班，并更名为“国立西北联合大学附属中学”。

1939年春，学校安寨于城固东关外关帝庙内，为解决附中校舍问题，联大师范学院在城固东关外邻近师院旧址的老关帝庙址迤东添购农田20亩，由事务主任张焘督工建筑校舍。

校舍总计3排6幢草房，每排东西两边共23间，作为教室和宿舍；中间为中央大道，直通面积为8亩的长方形操场；西边第三排草房之后修建10间草房，称“十间房”，为教师宿舍；庙址稍加修葺充作校部。旧庙大殿3间，扩为礼堂，两厢各5间，多由行政人员居住；南屋3间为办公室兼教员食堂。学校主要建筑是庙东偏北的3排大草房，每排分两段，西段各13间分四大通间，东段各10间分三大通间，共有12大通间作为教室，其余为宿舍。教室以南为占地8亩的长方形运动场。北端有图书馆3间。学校东面是一望无际的稻田，离校不远是汉江。学校没有围墙，坐落在青山绿水之间，在秋风欲破的百间草房中，培养出千余名优秀人才。

7月，城固校舍主要工程竣工，学校从古路坝迁出。附中在古路坝前后住了16个月。

陕西城固校舍

8月，定址城固的北平师范大学从西北联合大学中独立出来，更名为“国立西北师范学院”，附中亦随之改名为“国立西北师范学院附属中学”。学校组织机构：主任（校长）方永蒸，教务主任、训育主任、事务主任、图书馆员、文书员、训育员均由教师兼任，专职职员仅23人。先后在校任教的教员计98人。

（3）在沦陷区的痛苦之中坚持存在的师大附中

北平沦陷后，和平门外师大附中（南校）女生部并入辟才胡同附中（北校）。

1937年8月，附中校务由教务主任张敬峰代理。31日，伪北平市维持会要求，所有各小学教科书中，凡有关爱国教育的内容均要删除。

9月，附中留在北平的部分教师组织校务维持会，在原校址沿用原校名继续办学。

10月，附中被伪地方维持会接管。

11月，成立伪华北教育总会。

12月14日，日本侵略者扶植的北平伪政府成立。

1938年1月，附中被置于伪教育部隶属。

1938年初成立了伪北京市教育局。此后，又相继成立了伪“新民学院”、伪“北京大学”、伪“北京师范学院”（在北平师大原址）、伪“北京女子师范学院”（在李阁老胡同）、“定一中学”、“觉生女子中学”（在二龙路）等一批日伪学校。这些学校统一使用“新民教科书”，强制推行日语。为其子女计，日本侵略军还开办了一些日本学校，如北京日本中学校（西安门内），北京日本高等女学校（东长安街），北京日本东城第一、第二寻常小学校（分别在东城帅府园1号、贡院西大街35号），北京日本西城寻常小学校（在西安门大街光明殿）。与此同时，北平各级学校备受摧残，高校除迁出者外，尚有十余所停办或遭封闭。仓促迁出者，图书、仪器来不及运走，多遭劫毁，校舍亦为日伪强占，损失惨重；仍在开办的十余所学校均不同程度地受到日伪控制和压迫。中小学情况大抵亦然：中学除迁出者外，尚有十余所停办；小学停办者也有十几所。勉为其难继续开办者，则学生锐减，经费困难，惨淡维持。

5月，沦陷区北平临时政府教育部公布《教科图书审查规程》，规定未经教育部审定的教科书一概不得发行或采用。

7月，“奉部命”划归敌伪政权所设“国立北京师范学院”（后又改称“国立北京师范大学”），成为其附属中学。

在日伪统治下，学校设有兼职的日本“顾问”，日本宪兵经常来校巡视。学校图书馆中有关抗日和传播民族意识的书籍报刊被搜罗殆尽，运走有数卡车之多。女附中也被派来日本教官，施行奴化教育，进步学生有的被传讯，有的遭逮捕。但是学生仍然还会在语文课上听到屈原忧国忧民之情，在历史课上听到岳飞、文天祥的英雄事迹，地理老师徐楚波每天上课必讲十分钟时事，低声介绍苏联，听见窗外有脚步声，立即“言归正传”。

很多学生课下议论国事，有的不辞而别，奔向抗日根据地。

8月，附中聘赵少侯为主任。

11月，赵少侯辞职，改聘曹经武为代理主任。

1939年，在沦陷区，学校仍有维持，并增建大门西楼房18间。

1940年，曹经武主任辞职，改聘戎春田为主任。

7月，增建过廊大楼18间、游廊22间，并添置玻璃罩棚教学仪器等。

8月，添招高初中新生各一个班，全校共14个班。

1942年8月，添招高初中各一个班，全校共18个班，完成高初中每年级3个班。

1943年8月，戎春田主任辞职，学校聘李抒纯为主任。

1943年从女附中初中毕业的白扬灵，在2006年7月23日回忆：

（自己曾）于1941—1943年在师大女附中上了三年初中……那时师大女附中校址在西单辟才胡同中段偏西路南，拱形门墙，黑色大门，前院有一红色小楼，木梯看似单薄，但质量不错，学生们上来下去时，没有摇晃不稳的感觉，我们班就在二楼靠西边的教室。学校有一个大操场，进入学校左右有两个月亮门，靠操场两墙一排六七棵杨树均约十米高，春天时，风吹动树叶哗哗响，非常迷人，夏天一片阴凉，是躲避烈日的好去处。操场内有一架很高的“秋千”，我们常去荡秋千，荡到高处美滋滋，非常惬意，后来秋千上吊绳的铁环，日久磨薄断裂，曾将一位同学摔下来（幸未伤重），而停止了这项娱乐锻炼。体育课时老师教我们健美操。

当时北京已是日寇侵略统治，但学校并未蹚浑水，盲目参加支持日伪统治者的活动，仍坚持以教育学习为主，所以在校三年从没有参加日伪号召的聚会游行活动。夏天竹布小褂黑裙子，冬天蓝布大褂（外面可以套毛衣），秩序严格，一心读书，生动活泼，整齐一致，在外界有良好的反响。

（4）从萧条到希望：抗战胜利前后的师大附中

1940 年，西北师院决定迁往兰州，整个搬迁过程长达四年。

1943 年春，按国民政府教育部计划，为支援大西北教育，西北师范学院要迁往兰州。附中主任方永蒸赴兰州筹建新校，城固附中校务由教务主任冯成麟代理。当年起城固附中停止招生，稍后，附中在兰州十里店设立分校，1943 年招初一、六一（六年一贯制第三班）及师范部各一个班。

此时在兰州，因十里店新建校舍尚少，附中在兰州安定门外借用西北公路局房屋成立安定门分校，当年招高一、初一、六一（六年一贯制第四班）各一个班。

1944 年，国民政府行政院和教育部颁布《全国师范学校学生公费待遇实施办法》，规定对师范生免收学费、宿费及图书、体育、医疗等杂费，学校并供给膳食、制服以及参观实习经费，新生到校及毕业报到的旅费也由学校补助。

1945 年 5 月，附中在城固的 46 届、47 届（含六年一贯制）、48 届（含六年一贯制）三个班迁往兰州，45 届的两个高中班和一个初中班在城固毕业。至此，附中全部撤离城固。

7 月，卢筱庵被派回北京女附中与王明新、曲平、樊巧组成女附中党小组，不久成立了中共女附中党支部，支部书记卢筱庵，组织委员王明新，宣传委员樊巧。

8 月，抗战结束，民国政府正式接收北平的女附中。

1946 年 8 月，学校改名为“国立北平师范学院附属女子中学”，变主任制为校长制，李抒纯主任辞职，石砺磊为校长（自 1946 年 8 月至 1949 年 2 月，5 月交接后离校）。奉令减招高初中各一个班，全校共 16 个班。同时，女附中添招初中一个班，全校共 17 个班。

10月，女附中新增缝纫教室。教育部同意恢复北平师范大学。学校改名为“国立北平师范大学附属女子中学”。而因印信迄未领到，仍使用“国立北平师范学院附属女子中学”钤记。

1948年暑假，附中在兰州的安定门分校结束，全部集中于十里店校本部。

至1949年，女附中计有班级17个，在校学生653人。

附：原皮库胡同24号（今实验中学西城区二龙路甲14号地址）的历史

在民国时期，皮库胡同24号最初为京师济良所和妇女习工厂，这两家单位搬走后，皮库胡同24号由北平私立自励中学使用了三年。1931年“九一八”事变后，由张学良捐助国币一万元作为开办费，接收了北平私立自励中学，在这里收容“九一八”事变后从东北流亡到北京的学生，后来在此成立北平东北中学。

东北中学南迁后，校址在北平沦陷八年期间成立北平私立觉生女子中学。抗战胜利后，觉生女子中学被国民政府接收，改为私立文华女子中学校址。1949年，由于文华女中学生人数少，北京市人民政府遂于1949年下半年将其停办。1952年，北京师范大学附属实验中学的前身师大女附中迁入文华女子中学所在地，即今天实验中学的校址——西城区二龙路甲14号。

现在在北师大实验中学主校区操场东侧有一堆残石，经辨认，是一座石制大门的残留；并于南墙内发现一些遗物，计有大门石匾额一块，上刻“东北中学校”五个字，王化一题；另有门侧石一对，表面原被水泥覆盖，清理后显露出绿色隶书字迹，分别为“强中自立咸与维新”（右），“法外施仁教之以正”（左），庆珍博如题，题字时间为“光绪乙巳□月”（即清光绪三十一年，公元1905年）。从现存的照片来看，东北中学校的正门是西式铁栅门，因此这里可能是侧门，是将京师习艺所石门匾额题字铲去重刻、将门侧石上的字迹用水泥盖住而成。

第二章　师生的学习与生活

民国时期的附中，最初师生只有几十个人，后来则名扬天下，引领了中国基础教育的潮流，主要依靠的正是当时追求卓越的办学精神和一流的教学质量。

第一节　日渐充实的学生规模

学生是学校办学最基础的指标。从各类档案资料中可以整理出部分学生数据方面的珍贵史料，这些内容可以真实地反映出当时学校从最初的两个班，到规模越来越大、质量越来越高的过程。

1918 年 7 月，添招新生两个班，分为甲乙两组，全校共四个班 150 余人。

1919 年 8 月，学校添招新生三个班，全校共七个班 280 余人。

1920 年，添招新生一个班，废止补习科。全校共八个班 320 余人。

1921 年 6 月，学校第一届四年生毕业一个班，毕业学生 33 人。8 月，招考新生一个班，全校仍系八个班，共 300 余人。

1922 年 6 月，第二届四年生毕业两个班，毕业学生 59 人。

1924 年，招考初中一年级生两个班，高中文、理科一年级生各一个班，唯本届所取高中学生多由初中三年级选拔者，全校共九个班 320 余人。

1925 年 6 月，旧制第五届学生毕业一个班，共 36 人，初中第一届学生毕业两个班，共 62 人。

1926 年 6 月，女师大附属中学送走了第二届两个班的初中毕业生，共计 49 人。

1925 年毕业生合影

8 月，女附中添招初中一年级生两个班，高中文、理科一年级生各一个班，全校共 12 个班 330 余人。

民国初年，女附中的学生淘汰率很高，以 1929 届一个理科班为例：入学时，全班 30 多人，由于家贫、疾病、退学、留级等原因，到毕业时只剩下 11 人。

1929 年初中第五届毕业生合影

1932年，女附中共有学生348人，皆为女生，高初中共12个班。学生年龄在11—19岁之间。学生籍贯以河北省为多，江浙次之。学生中工农子女为数极少，出身于知识分子家庭的比重最大。自1917年创办至1932年的16年间，高初中毕业生累计为948人。

民国初年京师人口、学龄儿童数量与女附中人数

年份	京师人口数量			学龄儿童数量			百分数（%）			女附中人数			
	男	女	总	男	女	总	男	女	总	教工	班级	学生	毕业
1917年	498824	293250	792074	46079	38824	84921	58.8	84.2	10.7		2	79	
1918年	480192	299521	779713	55169	39963	95132	62.4	72.4	12.2		4	150	
1919年	493137	303462	796599	58571	49261	107832	61.5	84.1	13.5		7	280	
1920年	511801	313540	825341	57427	43081	100508	61.3	75.0	12.1		8	320	
1921年	520634	313738	834372	58366	40332	98698	60.3	69.1	11.8		8	300	33
1922年	648327	586425	1234752	84532	64816	149348	90.5	76.9	12.1		8		59
1923年	620832	432402	1053234	82165	72669	154834	69.6	88.4	11.7		8		95
1924年	796344	686952	1483296	78591	68657	147248	86.3	87.4	9.9		9	320	59
1925年	730277	490554	1220831	88000	62140	150140	67.2	70.6	12.3	50	11	320	36+62
1926年											12	330	49

资料来源：①京师人口及学龄儿童数等摘自《京师教育概况》，中华教育改进社，1926年。

②女附中教工及学生人数根据《北京师范大学附属实验中学校志》（1917—2007年）资料汇集整理。

抗战期间

西北：1938—1942年共招收学生16个班，截至1948年毕业学生574人，修业652人，共计1226人。

北京：1941年，招高初中各一个班，全校共16个班。其中一些学生不满现实奔赴解放区。

国立北平师范大学附属女子中学 1938—1948 年初高中毕业生人数（1964 年 8 月 30 日）

年份	初中	高中	总计	年份	初中	高中	总计
1938 年	59	21	80	1944 年	124	86	210
1939 年	50	27	77	1945 年	104	100	204
1940 年	105	63	168	1946 年	113	92	205
1941 年	87	55	142	1947 年	102	58	160
1942 年	105	55	160	1948 年	125	66	191
1943 年	124	68	192				

注：表格内数字为人数。

资料来源：北京实验中学档案。

第二节　朴素大方的学生风貌

俭朴的生活、优良的学风能从民国时期学生生活的细节中探知。通过多处走访，曾经在民国时期就读于附中的前辈们留下了丰富的回忆。从这些回忆中，可以看到民国时期附中学生的点点滴滴和当时学生的风采。

民国初年，女附中学生制服：夏天是白衣黑裙，白袜黑鞋；春秋是灰衣黑裙，白袜黑鞋；冬天是蓝衣黑裙，白袜黑鞋。发式一律是盘辫双髻。

1937 届甲班欢送 1935 届甲班同学毕业合影

20世纪20年代，北京女子师范大学附属中学位于辟才胡同中部路南的一个小胡同里，每天有轿车、洋车到胡同口来接送上下学的学生。1926年，北京女子师范大学附属中学高中学费每年24元，杂费2元，分两期交纳，这在当时是相当高的学费。有人回忆，中华人民共和国成立前，从女子师范附中毕业的女生很多是民国政界要员和社会名流的千金。

1927年8月7日，《顺天时报》刊载《女附中拒绝剪发女生入校》新闻一则，说："西城辟才胡同女附中主任欧阳晓澜女士自任校长后，不惟对于该校生功课认真督责指导，即该校学风，由女士之严厉整顿，亦日臻良善，近闻该校此次招考新生，凡剪发之女学生前往报名者，概予拒绝与考，因之一般剪发女生多有望洋兴叹之慨云。"

1924届校友徐尔秀回忆：

学校校规很严，在服装方面虽无制服，但是春夏上身穿浅色衣服，下身穿黑裙、白袜，秋冬则穿蓝布上衣，下身穿黑裙、黑鞋，头上一律盘两条辫子，盘成圆饼，不准穿奇装异服。有一次陆问梅同学披了一条手织大围巾，还遭到学监夏葛二老师的批评。

1928届校友陈受鸟回忆：

女附中入学考试一关把得很严，在校同学一般都能专心学习。学生穿校服，对整齐朴素习惯的养成起一定的作用。发式一律是盘辫双髻，1926年前，自动剪了发的在学校还不得不装上假髻，当时学校在北京是以它的优良学风闻名。严肃朴素的校风并不能阻碍少女们的活泼天真，校内组织运动会、游艺会、课外演奏学习、球类比赛、新年开始的迎新会、学年末的欢送会都是学生们驰骋活跃的场所。

在国民政府统一全国前后，全国掀起了剪发的热潮。从此以后，女附中的学生也开始追随潮流，发式变成了短发，进而短发成为学校的统一发式。

1929 届校友陆士嘉回忆：

一进女附中，庭院整洁，打扫得很干净，秩序井然。学生穿制服，朴素大方，整齐精神，没有一点儿脂粉气。欧阳主任和夏老师本人以身作则，非常朴实。她们要求女同学把时间精力都用到学习上，学生们因此一律短发，不加装饰。

1936 届校友浦安修回忆：

女附中有很好的校风，首先是它的朴素。女附中的学生在生活上是俭朴的。我们上学的时候，有统一的校服，很整齐，很大方。即使家庭条件十分优越的人，也不能例外，否则会受到舆论的谴责。在我们的心目中，朴素大方是一种美德。

1936 届校友杨锡钧回忆：

20 世纪 30 年代，女附中的篮、排球校队在北平是颇负盛名的，高于我们年级的几个班打得尤为出色。每当校际比赛在我们的操场举行时，不需要任何动员，我们都会前去加油助兴。平时，操场里也极为活泼，哨声、球声不绝于耳，班级比赛经常开展。我非常喜欢打球，尽管我打得不好，总是被我班校队队员彭瑢和恭哲溜得浑身大汗，但我还是要打。是母校培养了我对体育的爱好，锻炼了我的身体。一直到我五十多岁，我还是爱摸摸球。那时，我国的电气化程度远远不能和现在相比，可同学中近视眼并不多，戴眼镜的更是寥寥无几。

女附中的学生生活是丰富多彩的，除了文化课，我们还有家事（或家政）课，相当于今天的劳动课。不过不是学工、学农，而是学习缝纫、烹调。学校给我们创造条件，让我们学了之后，自己制作，自己出售。此外，我们还有选修课，如演讲，有时学校举办演讲比赛。举办成绩展览时，各班同学无不精心构思，把大礼堂布置得五彩缤纷，琳琅满目。新年来临，我们可以演出自编的剧本，甚至还演英文剧。

写到这里，我不禁想起一个同学在班上演讲，引得全班哄堂大笑的情景。仿佛又看到了我们制作卤牛肉时的那番兴奋、忙乱劲儿，甚至还闻到了那股香喷喷的味道呢。

1942 届校友宋书如回忆：

学校对学生要求很严，提出“发不过耳，袖必过肘”，每天早晨，学监徐老师（同学背后叫她徐妈）站在校门口检查，如发现谁的头发长，就拦住她，用剪刀齐耳一剪，然后轰回家。同学们因为害怕，虽然很想留长发也不敢。

1943 年从女附中初中毕业的白扬灵，在 2006 年 7 月 23 日撰文回忆：

我同班同学现在想起的有：张群玉、华克文、方克勤、何慧君、茹竞华、寇大德、张淑碧、张良琛、陈织章。

我在班上有点儿淘气，有一年学校联欢会，我们班出节目，华克文、方克勤和我演小品，我演一个笨学生，华克文是我师傅，方克勤要考查我的学习成绩，在黑板上写了“天益斋”三个大字教我念，我念成了“大盖齐”。那次高二班里演话剧《雷雨》，卢小厂（音“安”，后来是刘仁同志的夫人）演大少爷。这次联欢会令我印象深刻。我家穷，勉强上了三年初中，那时学校三年功课在 80 分以上保送高中。学校把信送到我家原地址，可我们已经搬家了，后来遇见原房东才知道学校有信，但那时我已上护校了（那时男女分校）。

第三节　博学敬业的教师印象

教师是学校的精神和灵魂。从诸多就读于附中的前辈的回忆中，可以看到民国时期附中教师们广博的学识，敬业的精神，庄重中又带有活泼的精神风貌。

欧阳晓澜主任重视培养女子独立自主的能力，强调读书救国，聘请了许多学识丰富的教师。优秀的师资、良好的校风，成为社会公认的吸引力。当时学校师资阵容整齐，不称职的很少。个别不称职的，不久就会停聘。学校聘请了许多学识丰富又有教学经验的老师（有的还在大学任教，如师大、女师大、北大等校）教课，文理并重。这样，同学们在原有的基础上也得到扩大知识面和提高学习能力的机会。如傅种荪、陈荩民、程春台、韩满庐、夏宇众、浦洁修、许伦（李四光夫人）、石评梅、闵嗣鹤等都在学校教过课。学校还经常聘当时的社会名流来校讲演，如马寅初等。

1928届一位陈姓校友回忆：

1917年女附中成立开始，主任一直是欧阳晓澜，到1928年我离校后，国民党取得了统治地位，欧阳和全体职员（我印象里是三人）都被撤换，她们不得不离开了曾经灌注十几年心血的学校。欧阳主任是江西人，日本留学生，四十岁左右，小小个子，单身，不苟言笑，严谨有余，和蔼不足，对事非常认真，包括执行上级命令。她有一个班子，舍监夏联芳、教务徐慕贤，除了她们，我没有见过其他职员，所以至今我认为她们既是全部领导，又是全部职员。其中夏联芳管学生生活，徐慕贤管教务。欧阳和夏经常在教室门外听我们上课，我估计是看老师讲得如何，课堂秩序如何，学生搞不搞小动作，偷看闲书与否等。她们没有白费力气，因为附中的教学秩序是井然的。她们三人，白天巡视教学，坐办公室，处理日常教务，考核教师学生的出勤，夜间住在学校。她们以校为家，无论星期日和假日，都在校内；因为都是中年单身，一心扑在事业上，无后顾之忧。当时在校学生有三百多人。

欧阳和一般同学接触不多，夏联芳和同学相处很好，一方面有舍监必须有的威严，一方面很爱学生，对学生生活十分关心。她鹅蛋脸，有雀斑，常常面挂笑容，看出她对我们这些女孩子是打心里疼爱的。

1928年大换班子的时候，她极其伤心地离开了学校。

学校的任课教师，例如韩满庐、李宇涵、程春台、金宝赤、焦树藩、王者馨等，授课认真严肃，对学生要求严格，着重培养学生的思考能力，为学生打下坚实的基础。语文、英文都选名著背诵，由于文字内容较好，教法又生动，学生大多数都能流畅背诵。数学、物理选用美国大学一年级的教材，韩满庐老师讲课深入浅出，启发学生思考，留做的题目难易结合。当时功课虽紧，又背又写又算，但大家还有余力看外文参考书和参加课外活动。

1930年左右，国民党势力已伸入华北教育界，学校换班，欧阳晓澜去职。随着祖国民族命运的浮沉，女附中也历尽沧桑。人事虽然多变，但始终还有一批业务精良、作风正派、怀有教育救国思想的教师，如胡絜青（老舍夫人）、赵德先、赵静园、徐楚波、关秉衡、王明夏、张玉寿等在校任教，使学校优良学风和校风得以保持，不致中断。

女附中有不少富于爱国主义思想和正义感的老师，通过各种途径对学生进行爱国主义教育，在语文、历史、地理课上尤其突出。从那时起，“国家兴亡，匹夫有责”这八个大字就牢牢地印在女附中学生的心上。

1936届校友杨锡钧回忆：

我的母校最令人难忘的还是我们的老师。长须白发的书法老师，我们经常去他所住的静生博物馆。在那里，我们可以自由自在地观赏各种动植物标本，听取他老人家对书法的指点。我的字一直写得很糟，针对我的具体情况，他耐心地指导我学习欧阳询的字体。写来写去，我不仅画虎不成，并且连猫也不像。日后走上工作岗位，我经常后悔，后悔当初没认真接受他老人家的教诲。地理老师王钧衡，一贯认真负责，严格要求学生，每堂新课开始前，总要提问。王老师善于启发诱导，地理课上得生动活泼。一门副科，成了我们最爱上、最渴望上的学科。20世纪30年代的国文课本中多收集古典文，老师讲解也以古文为主，对现代文，只要求我们朗读或阅读，在课堂上并不做深入的挖掘和分析，对作文也不强调精批细改，但很注意背诵、示范，注意培养学生对语文的兴趣。正是在这些老师的诱导下，我从初中一年级起便爱上了文学。虽然我以后上大学不是学文学专业，但至今这种爱好不衰。尤其令我难忘的是图书馆那位女老师，她常征求我们的意见，问我们需要看哪些书。记得我和刘志兰开列的一些古今中外文学名著和进步文学作品，只要能买到，她都购置了。像这样的事例，是我以后无论读大学或教中学时都未再遇到过的。很惭愧，至今我再也回忆不起她的姓名了，但她的事迹却永远不能从我的记忆中消逝。

在我的记忆中，从来没有哪个老师对我们是绷紧了面孔，动辄严加训斥的。至于体罚、留下不让回家更是见所未见。我最喜欢吃学校食堂做的包子，一次，课间买来两个，来不及吃了，上课后，便悄悄地咀嚼起来，猛不防，感到一只手搭在肩膀上，抬头一看，冯主任就站在我身旁。我赶紧把嘴里还没吞下的一口吐到手绢里，端坐听讲。再斜眼看看他，只见他亲切地笑了笑，并没听他说："下课到办公室来！"

1935年冬，"一二·九"学生运动如火如荼地开展起来。寒假里，党领导的学联组织了南下扩大宣传，我和刘志兰还有高二乙班的贝锦玉都参加了。但我们都不敢和家里明说，一分钱也没有，便向老师去求援，教英语的江琳老师慷慨解囊，资助了我们50元。出发那天，四面城门紧闭，警戒森严，我们插翅难飞，有了江老师的资助，我们才能租用小汽车闯过了这一关。也幸好有了江老师的资助，我们也才能在南下途中，看到学联组织遇到困难时，捐献一部分给他们。没有老师的支持、帮助，我们是不会有机会深入农村经受锻炼的。当时，党决定巩固扩大宣传的成果，把参加的人组织成"中华民族解放先锋队”。就这样，靠江老师的支持，我们三个才有机会成为“民先”的首批基本队员。

几十个春秋过去了，母校的容颜、校风，老师们的声音笑貌，无一不深深铭刻在我记忆中，每当有人问起我青年时代读哪个中学时，我总是自豪响亮地回答:“女附中！”不管离开多久，母校六年给予我的教益永不忘。

1937 届校友凌大瑢回忆：

女附中校风严谨，老师因材施教，善于发掘学生的特长并予以指导，仅我们班就培养出来不少优秀人才。如：林菊英同学获南丁格尔奖。在艰难困苦环境中，女附中的老师抱着上“最后一堂课”的心态，他们富有极端的敬业精神，教学严谨，从品德、才能、健康几方面培养学生。老师也很从严要求自己，起榜样示范作用，对学生也严格要求。学校每年为学生查视力，查肺活量，上课时坐要端正，双膝并拢，坚持上体操课，课间操铃响后，要迅速跑到操场上，横成排竖成行，由女老师鹿笃根（？）喊操，动作整齐，不放松锻炼身体。

1947 届校友杨鹤龄回忆：

“附中，正正堂堂本校风。我们，莫忘了勤慎诚勇……”这质朴的校歌，体现着母校校风朴素、教风严谨、学风扎实的特色。母校对我在德育、智育等方面的栽培，深入我的灵魂，终生难以磨灭。

胡絜青、赵云青等语文老师用生动、优美的辞藻，带领我们敲开文学宝库的大门，陶冶着美好的情操。她们抑扬顿挫的语调，至今还萦绕在我的耳旁。生物老师梁希唐先生，以幽默、诙谐的比喻，深入浅出地讲解生物发生、发展的规律，引起我们对动、植物课程浓厚的兴趣。数学老师们对公式和定理的娴熟，简直使我惊服，尤其是关秉衡先生把毕生精力贡献给教育事业的精神，为我树立了做人、做事的楷模。英语老师们又是那样严格、一丝不苟地为我们纠正发音，甚至有时会使我们害怕，但同学们还是敬爱她们的。也清楚地记得，家事课老师不厌其烦地教我们裁剪衣服、蒸蛋糕和做萨其马，可惜我们太淘气，辜负了老师们的一片苦心，今天想起仍引为憾事。

最使我难忘的，还有母校的钟声和敲钟人。他不分节假日，不论阴晴雨雪，从清晨六点到深夜十点，常年如一日地迈着坚定、稳健的步伐，沿着固定的路线，走到固定的地点，用固定的姿势和振幅，敲出有节奏、有规律的钟声。那钟声悠扬、深沉，发人猛醒，引人向上，是母校校风严谨、认真、淳朴、端庄的象征。

校友汪爱群回忆中的王明夏老师：

在众多的老师中，我最敬佩的是王明夏老师。当我好不容易度过艰苦的数学课——三角、几何以后，高中二年级时，王明夏老师开始给我们讲大代数，最初我对她的印象是好奇，想看看这位演《渔光曲》的电影明星王人美的姐姐，她们有什么不同之处。听了几堂课后，使我感到吃惊的是，我这个对数学没开过窍的脑子，竟有了转变，开始对它有了些兴趣，也不感到太困难了。

王明夏老师讲课简单明了，不急不躁，对同学不远不近，不薄不厚，一视同仁。我答不上她的问题时，她抿着嘴似笑非笑，没有轻视，没有不耐烦的劲儿，使我感到亲切和不好意思，反而更想努力好好学习它，弄懂它。高二大代数我的成绩有了转变，高三解析几何我竟得过几次满分。我从小就不喜欢念数学，这方面的脑子不灵光，小学四则题“鸡兔同笼”老绕不过来弯来，可是王明夏老师是用怎样的方法把我这样一个自认为对数学方面弱智，有自卑心理的人转变过来的呢？王明夏老师在中华人民共和国成立后被评为全国特级教师真是当之无愧的。

王明夏老师和她的学生们

王明夏老师的另一名学生在回忆老师的文章中是这样写的：

王老师的讲授，全是严密的逻辑推理，没有一句多余的话，甚至一个多余的字也没有。听她的课，不由得使你集中全部的注意力。因为在她的启发、引导、推理与判断中，你会隐隐约约感到有一种力量在吸引你，甚至在征服你。只有在她将黑板全部写满，并说“今天就讲到这里，请同学们看黑板复习，提出问题”时，我才惊讶地发觉，硕大的长方形黑板，简直变成了一页翻开的书，不过是放大了很多倍的书。我敢说班上的每一个人都在惊讶。哪个同学见过这样的板书呀！字是那么工整美观，行是那么直，行距是那么均匀，整个黑板面，真算得上是一个完美的艺术品。漂亮的板书并不是绝无仅有的，难得的是她永远能写成那样；更难得的是她必定是每节课写满一黑板，中途从不使用板擦，连错写一个阿拉伯数字或数学符号的时候都没有过。不仅如此，王先生总是在下课前三五分钟时结束讲授。她留给我们看板书、看课本，以及提问题的时间总是那么充裕。王先生改作业也严格到了极点。哪怕是小小的疏漏，或是格式不合要求，卷面不干净，甚至字体不工整等，她也要用红笔画出记号，或写出批语。在王先生的手下得五分可不是一件容易的事。然而先生那威严的外表下面，却包含着一颗慈爱的心。先生的严谨作风，带出了学生的良好作风。她教过的学生，无论作业还是考试，大都是卷面整洁，条理清楚，格式完整。由上可见，教师形成教学艺术风格的确不仅是个人的事情，而且是关乎学生成长的重要教育影响源。

汪爱群同学回忆教地理课的万老师：

万老师终生教地理课，对中外地理十分熟悉，对世界各地的地理状况、物产、习俗十分了解，讲得很生动有趣，使人爱听。只要一想到万老师，我脑海里便出现一个个子不高、身体很敦实的中年人，夹着地图和教科书，略歪着头，十分和蔼可亲地向我们走来。万老师的名字正好和北京酱园——始于康熙八年的老字号王致和差不多同音，同学们便由此给万老师起了一个不雅的外号叫“臭豆腐”，其实外号是外号，并不能与老师的威望画等号。我们还是尊敬万老师和爱戴万老师的，谁也不敢当面直呼其外号，只是背后感到有趣悄悄地叫。

校友孙亚英回忆教语文的马老师：

原先就听说过马先生非常严厉，真正听她的课后，才知果然如此，师姐们言之不虚。第一次上课，马先生就给我们立了几条规矩：第一，老师讲课时，同学们绝对不许在课堂上讲话。她又强调了一下，这是绝对不允许的，她以往教过的班历来如此；第二，不许在课堂上削铅笔。当时我们听课做笔记，大多用铅笔，而且必须把笔削尖，只有这样才能把字写小。往往用一会儿铅笔就不尖了，必须用刀子把它削尖。而这个动作是要发出声音的，如果几个人同时削，声音就不小，若相继削，则此起彼伏，声音不断，马先生不允许这种声音扰乱她讲课；

第三，作业和作文必须按时交，没有特殊原因，不准带回家去做；第四，在课堂上，需要写字时，可以伏案，不写字只听讲时，必须把手放到背后去。马先生说，这样做是因为高中同学身体正在发育，手放到背后，身体倚在椅背上，自然会昂首挺胸，不致弯腰驼背，另一个好处是，两手在背后，有助于专心听讲，不去做别的动作。

马先生讲课有一种特殊的本领，任何一篇古文，一经她讲解，都有声有色，十分吸引人。听马先生的课，几乎不希望下课的钟声响，而希望多听一会儿。有时从布告栏里看到马先生请病假的条子，同学们会很失望，觉得今天缺了点什么。我想，有这个感觉的，班上绝不止我一个人。

校友白扬灵（1943 年初中毕业生）于 2006 年 7 月 23 日回忆：

初中每年级分甲、乙、丙三个班，每个班 40 人左右，我在丙班，有一位胖胖的庶务老师，人很和蔼，有些口音，“初二丙”说成了“乐儿冰”。

数学赵老师（可能是我们的班主任）上课时声音洪亮，很威严，因头发“秃顶”，学生称之“司令”（当时电灯泡的牌子。这个外号是以前传下来的，并不是我们班的创造）。

语文老师是一位年轻的黄老师，人挺漂亮的，举止温柔，庄重亲切。一位年龄大些的赵老师，个子不高，总穿高跟鞋，被暗称“赵高跟”。同学们对语文很感兴趣，课后常三五人一起背诵课文，至今对《琵琶行》《桃花源记》等课文尚能背上几句。

胡絜青先生当时也在学校教语文，她只教甲、乙两个班，没教过我们，但我们都知道她是老舍先生的夫人，很尊敬她（我喜欢看老舍先生的小说）。

生物老师姓杨，是位年长者，很有学问，前院有一棵核桃树、一棵柿子树，据说是杨老师嫁接成功的。每年我们都能得到一个核桃（带绿皮的）和一个柿子，同学们爱如至宝，向家长炫耀。核桃叶味香，揉搓后手中会散发出“肉香味”。

地理老师可能姓曹，讲课认真，声音清脆，有条理，看出来他是很努力的，黑板板书写得稍差些。

家政老师脾气好（可能视力稍差些），她带我们到作业室教做月饼，一层用水和面，一层用油和面，包上枣泥馅儿上火烤后，给我们吃，热热闹闹，大家很高兴。她还教我们做针线活，缝竹布小褂（学生服上衣），老师看见我在班上缝纽襻，夸奖我，给我打了 98 分。

日语老师姓沈，很严肃，批评同学时类似“挖苦”，暗地里被叫成“后婶”。在当时日伪统治下，人民生活艰苦，对日本恨之入骨，有抵触情绪，不愿好好学日语，日语老师上课时班上秩序不太好（小动作、看小说等），男老师亦无奈，只是温柔地批评批评，学生不以为然。

校友杨淑颖回忆：

学校的主业，当然是教学。虽然环境艰苦，但当时女附中名师如云，教风学风之严谨远近闻名。我现在还能记起来的，有代数关秉衡、王明夏，三角张玉寿，几何李振纯，物理张继恒，历史高文莺等老师。两位张老师和李老师中华人民共和国成立后都被评为特级教师，王老师编的教材是我们的课本。李老师不用圆规，徒手就可在黑板上画一个规范的圆。高老师上课行礼后转身就在黑板上画出长江、黄河，然后把在这里曾发生的故事娓娓道来。她们教给我知识和做人的道理。真不知我们的石校长用了什么办法，能够聘请到这么多优秀的老师来校授课。

石校长还热心改革。记得我初一的英语老师就是她从师大请来的。这位老师教学不是从字母而是从说话开始。第一课是“Stand up, Sit down. Come here, Go there.”上课时大家边说边做，站起来，坐下；走过来，走过去。课堂生动活泼，学得会，学得有趣，而且记得牢。高中毕业后我被“动员”不上大学，直接到中学做教师，教历史。在英语老师生病时还曾经带过英语课，并得到好评。这主要就源于我的英语基础扎实而且喜欢英语课，成绩比较好。真要感谢母校的培养，而这一改革正是石校长操办的。现在回想，这种教法就是“听说领先，读写跟上”。可惜的是，1949年以后一律改学俄语而中断了这一改革。今天，女附中已改名北京师范大学附属实验中学，办学成绩优秀，知名度很高，培养出一批又一批卓越人才。石校长在天有灵，一定会感到欣慰。

第四节　丰富多样的学习生活

民国时期的附中，在1922年新学制的推行等不少制度变革上均走在时代前列。同时，附中的学校生活既有严谨的一面，也有活泼的一面。严谨的课内学习与多样化的课外生活共同构成了附中学习生活不可缺少的部分，使附中的学生在多样化的学习环境中获得了更好、更全面的发展。

（一）严谨的学风

据回忆，民国时期的女附中学风非常严谨，在教学上一直是严格的。它在当时就是全国最好的几所中学之一，在教学上有不少值得总结的长处。教师注意基础知识的训练，让学生学得扎实。比如女附中一向重视语文教学，重视字、词、句的训练，重视读、背、写的训练。特别是作文，老师多详批细改。好作文贴在墙上，让同学们互相学习。那时初中一、二年级还设有书法课，要求学生把字写好。

1919年4月，学校召开首次运动会。

在此期间，附中和三中、四中等学校开设美育课程，开展丰富多彩的活动，举办音乐会，组织歌咏队、管弦乐队和图画、摄影、话剧、京剧等小组，定期活动，参加全市性比赛。

1921 年 9 月，学校组织各科教学研究会推举学科主任。

1922 年，附中采用新学制，改为三年制初级中学。

3 月，女高师国文部学生来校见习，是为本校接受教育实习之始。

女高师部分学生来校见习

8 月，招收新生两个班，率先实验三三新学制，称为初级中学部，三年毕业。

新学制将修身改为公民，博物改为动植物和生理卫生，体操改为体育。除一部分选用教育部审定的教科书外，各科教师也可以自编讲义或由学校组织编选教材。

9 月，修订学则，实行三年制初中各科课程标准，并施行分组选科和学分制。

1923 年 6 月，第三届四年生毕业三个班，共 95 人。

8 月，附属中学招考新生三个班，为初中一年级。

1924 年 4 月，学校召开运动会。

1929 年，市教育局制定中学课程标准，增设党义和军训两科。学校除执行增设课程外，在课程设置、各科周课时数及必修选修课等方面与四中、辅仁附中均不尽相同。

学生在做棍棒操

师大女附中不仅校风严谨，而且教育、教学管理科学、严格。

从 1932 年《国立北平师范大学附属女子中学组织大纲》记载中，可以看到学校不仅制定了关于教学管理方面的许多细则，而且可以看到校训精神的贯彻，教员师资率先垂范。女附中的光荣传统，就在于她能够始终保有优秀的教师队伍，在教学管理中传承着学校的文化精神。

1935 年 1 月 17 日，常道直、易价、李建勋、黎锦熙、刘拓、袁敦礼组成附中组织大纲审查委员会，审查通过由黄敬思起草的《北平师范大学附属中学组织大纲》，大纲规定共 20 条。其中第二条规定附中"除供师范大学教育研究及实习外，依照《中学法》第一条之规定，以实施下列各项之训练为宗旨：①锻炼强健体格；②陶融公民道德；③培育民族文化；④充实生活知能；⑤培养科学基础；⑥养成劳动习惯；⑦启发艺术兴趣"。此一组织大纲，由教育部长王世杰签署指令（发普备参 43 第 2061 号令）"暂准备案”。

7月，出版《师附一九三五甲班纪念册》。

1946年8月，修葺全校校舍，增建卫生设备、烹饪教室、缝纫教室，添购化学实验仪器，以利于学生分组实验，研修实验新的教学方法。

附：国立北平师范大学附属女子中学组织大纲（1932年）

第一条　本校设主任一人总理全校校务，由师范大学校长聘任之。

第二条　本校设教务、训育、事务三课分任全校职务。

第三条　教务课设主任一人，教务员若干人，商承教务主任，分任下列各股事宜：

注册股、管课股、成绩股、统计股、图书股、仪器股。

第四条　训育课设主任一人，训育员若干人，商承训育主任，分任下列各股事宜：

设计股、检查股、课外股、卫生股、舍务股。

第五条　事务课设主任一人，事务员若干人，商承事务主任，分任庶务会计各事宜。

第六条　本校设文牍员一人，商承主任办理文牍各事宜。

第七条　各科教员担任教课，管理学生，并辅导师大教生实习。

第八条　本校设学级主任若干人，分任各级训育事宜。

第九条　由各科教员推选学科代表一人，分筹各科教导进行事宜。

第十条　本校会议分下列八种：

（1）校务会议为本校最高会议机关，由主任、教务主任、训育主任、事务主任、文牍员、各级级主任及教员代表二人组织之，遇必要时得请学科代表参加，以主任为主席。

（2）教务会议审议全校教学进行事宜，由主任、教务主任、教务员及学科代表组织之，遇必要时得请训育主任或事务主任参加，以教务主任为主席。

（3）训育会议审议全校训育进行事宜，以主任、训育主任、级主任、训育员、舍监组织之，遇必要时得请教务主任、事务主任、体育教员及校医参加，以训育主任为主席。

（4）学科会议审议各科教学进行事宜，由主任、教务主任、各该科代表及教员组织之，以该科学科主任为主席。

（5）事务会议由主任、事务主任及事务员组织之，遇必要时得请他课主任参加，以事务主任为主席。

（6）级务会议由该级主任及该级教员组织之，以该级主任为主席。

（7）经济监察委员会审查本校经费收支状况，由教职员中选举九人组织之，主席由各委员临时推定之（主任及事务课职员无被选举权）。

（8）全体职员会议、全体教员会议、全体教职员会议遇必要时均得分别开会，均以主任为主席。

第十一条　各项规程及各课办事细则，由各课分别拟定，交校务会议通过后施行。

附则　本组织大纲如有未尽事宜得由校务会议修正。

（二）良好的教学声誉

在民国后期，附中的教学成绩享誉京城，在学生家长的心中具有崇高的地位。能够进入附中学习是当时无数学生的梦想，而成为附中的学生在当时具有极高的荣誉。

老女附中的教学，从20世纪20年代以来就有以下特色：①文、理并重，根据学生的特长、爱好，曾在高中分文、理班；②重视基础知识和基本功。如语文教学重视佳作名篇介绍，重视字、词、句的训练，重视读、背、写的训练，教师对学生作业详批细改。数学考试同一答题会因计算错误扣分，又会因动脑筋巧算而加分；③注意因材施教，扩大学生的知识领域，曾开设文、理科多种选修课，采取学分制。如有英文名著选读，第二外语（日、德、法语），文字学，外国文化史，修辞学等。据1929届校友、著名的女航空动力学家陆士嘉教授回忆，老女附中师资力量雄厚，教师的教学严肃认真，学生学习勤奋，遵守纪律，尊敬师长。毕业生除个别学生因家境困难等原因外，都能考入高等学校。所以，女附中治学严谨、校风朴素已为当时社会所公认。

“扛榜咱们也要进师大女附中上学。”这是民国后期当时一位北京大学教授的“名言”。此位教授的女儿小学毕业后报考了三所中学，女附中发榜最迟，而且她的名字在榜尾，“扛着”上面百个名字。她表示不想上女附中，要选择考了第三名的某校，但父亲不以为然，并且动情地劝导女儿要选择最好的学校，“扛榜咱们也要进师大女附中上学”。当时女附中的社会影响力，由此可见一斑。

1947届校友孙亚英回忆自己考女附中的经历：

> 我小学毕业是1941年，母亲为我四处打听考哪个中学好。当时北京的中学分三种：一种是国立的，一种是市立的，一种是私立的。据说国立的最好，私立的学校虽好，学费最高，这当然不在我家的考虑之列。最后，母亲为我选了两所学校，即市立女一中和国立师大女附中。若论离家较近，是南长街的女一中；若论师资阵容强、牌子硬，当然是师大女附中。我当时虽然不太懂事，但小小的好胜心，已使我把重点放在师大女附中上了。
>
> 考试那天是母亲送我去的，我当时浑浑噩噩，并不懂得害怕，每一门课就那么答下来了。以后就是一串等待的日子，等着发榜。女一中先发的榜，我考上了。母亲问我：“你是就上女一中呢，还是等女附中发榜？”我毫不犹豫地回答：“等女附中发榜。”
>
> 女附中发榜的那天，还是母亲和我一起去看的。毛笔写在大红纸

上的榜文，就贴在校门内的墙上，不少人都在看榜。我似乎比母亲眼尖，先从榜上找到了自己的名字，马上嚷了起来：“妈！有我，在那儿！”母亲顺着我的手看过去，把我的名字端详了半天，喃喃地说：“真考上了，还不错呢，一百多人里，你在十多名上。”我抬头看看母亲，她脸上浮现出一种不常见到的微笑。

附：国立北平师范大学附属女子中学三三制学则

第一章　宗旨

第一条　本校以实施中等教育，兼供师范大学实际研究为宗旨。

第二条　本校宗旨之要项如左：

1. 培养健康身体。

2. 发展基本知能。

3. 培植高尚品格。

4. 养成良善公民，增进社会效率。

5. 预备升学。兼培养职业能力。

6. 实验中等教育之新进展。

第二章　分级　分科　学额　修业年限

第三条　本校设初级中学、高级中学，高级中学暂设普通科。

第四条　初级各班，以四十人为定额；高级以三十五人为定额。

第五条　初高两级修业年限各三年。

第三章　学科　学分

第六条　本校学科分必修、选修二种。

第七条　各科均用学分制。须课外预备一小时以上之科目，每周授课一次（每次五十分钟），满一学期者，为一学分；课外预备较少之科目，每周授课一次，满一学期者，为半学分。

第八条　初级以修满一百七十八学分为毕业；高级以修满

一百六十四学分为毕业。

第九条　各学年学科、学分，及其选习程序，另表定之。

第十条　高级普通科学生，除必修科外，第一学年每学期合计选修科目，须有六学分；第二学年每学期须有八学分；第三学年每学期须有八学分。但得依其学业成绩，照左列规定加习学分。

（1）上学期各科成绩均及格者，本学期得加习至三十学分；上学期各科成绩均及格，而其中有二分之一列乙等以上者，本学期得加习至三十二学分。

（2）加习后不能保持其原有成绩者，下学期得令其减习。

第十一条　两班以上共选之学科，不满十五人时，不得开班。

第十二条　选科确定后，其中途退选者，以缺少学分计算。

第十三条　选修科目，得斟酌情况，随时增减之。

第四章　成绩考查

第十四条　评定成绩：以八十分以上为甲等，七十分以上为乙等，六十分以上为丙等，不满六十分者为丁等。

第十五条　每学期各科成绩列丙等以上者，为及格，给以学分。列丁等者，得按下列规定，令其留级或补考。

（1）一学期内学生缺少学分已达规定学分总数三分之一者留级。

（2）一学期内学生缺少学分无上列之情形者，令其补考，如补考后仍不及格者留级。

（3）选修科目不及格者，如经补考后仍不及格，得令其改选他科。

（4）毕业时学生仍有不及格之学科，若不欲在校重习，得给予修业证书，注明其及格不及格之学科；或在外补习，于学期之末，来校补考及格者，补给资业证书。

（原文缺第十六条）

第十七条　一学期内，学生于某科上课时间，缺席在三分之一以上者，该科不给学分。

第十八条　各学科成绩，及操行成绩，其考查方法，另定之。

第五章　学年　学期　休业日

第十九条　遵照部令

第二十条　休业日，除日曜外，为暑假五十六日（自七月一日至八月二十六日），年假二十一日，春假三日，孔子诞生纪念日（八月二十七日）、国庆纪念日（十月十日）、总理诞生纪念日（十一月十二日）、中华民国开国纪念日（一月一日）、总理逝世纪念日（三月十二日）、黄花岗七十二烈士殉国纪念日（三月二十九日）、国民革命军誓师纪念日（七月九日）、本校纪念日（八月二十三日）各一日。

第六章　入学　退学　休学　毕业

第二十一条　受初级入学试验者，以六年小学毕业及相当程度者为合格；受高级入学试验者，以三三制初级中学毕业为合格。

第二十二条　入学试验之项目，为学科试验、体格检查、心理测验及口试。

入学试验之科目：初级为党义、国文、算术、历史、地理自然科；

高级为党义、国文、英文、算学、历史、地理、理化及博物；

本校初级毕业生，某科毕业成绩列在九十分以上者，得免去该科高级入学试验。

第二十三条　入学试验，于每学年开始前行之。

第二十四条　凡应试学生，须填具投考愿书，呈验合格证书，并缴最近四寸半身相片及试验费二元，取录者，相片证书，均存校备核，未取录者发还。试验费无论取录与否，概不发还。

第二十五条　取录之学生，须依布告期限，随同家长或在本市有职业之保证人来校填具入学愿书及保证书（此项保证书每学年开始时重填一次），并缴纳一切费用。逾期者，取消其入学资格。

第二十六条　学生因事退学，须由家长或保证人来函叙明理由，经校核准，酌予转学证书。

第二十七条　学生犯左列各项之一者，命其退学。

（一）操行过劣者。

（二）学业过劣者。

（三）继续留级至二次者。

（四）一学期内旷课满一星期者。

（五）身心病弱者。

（六）其他事故认为不适于修学者。

（五）（六）两项，得酌量情形，命其休学。

第二十八条　一学期内学生请假逾授课时间三分之一者，得命其休学，候至下学年归入相当年级肄业。

第二十九条　初高两级学生，习满规定学分，并操行成绩及格者，均给予毕业证书。

第七章　缺席

第三十条　学生因不得已事故缺席者，须先时由家长或保证人来函叙明理由，签字盖章，代为请假；倘因急事不及先时请假者，限三日内补函证明，过期不交，作为旷课。

第三十一条　凡缺席而不请假者，均作为旷课。每学期中旷课满五小时者，其操行成绩不得列甲等；满十小时者，不得列乙等；满二十小时者，不得列丙等。

第三十二条　迟到半小时按一小时计算，但是得家长或保证人来函证明迟到理由者，以请假计，三次迟到者按旷课一小时计算，三次忘带通知表者，以缺席一天计算。

第八章　奖励　惩戒

第三十三条　一学期中，学生智德体三育成绩均列甲等，而家道清贫由保证人或当地教育机关证明者，得免下学期全部学费。

第三十四条　操行学业均属优良，不迟到、不缺席或为本校公益服务特别尽职者，由学校酌量情形给予奖章或奖品。

第三十五条　学生有性行不良或学业荒废者，得酌量轻重，施以左列之惩戒：

（一）口头训诫。

（二）惩戒。

（三）特别惩戒。

（四）退学。

（五）本校寄宿学生，须遵守本校宿舍一切规则，如有违犯，得酌量轻重，施以相当惩罚。

第九章　纳费

第三十六条　每学期学费：初级九元，高级十三元；课业用品费：初级三元，高级五元，体育费一元，损失赔偿费一元，扩充图书费一元，均于开学前缴纳，未交清者，不得入学。课业用品费、损失赔偿费，均盈余发还，不足补缴。

第三十七条　本校备早午膳，用膳次数及每月膳费，临时酌定。

第三十八条　制服、运动衣、图书用具等项，归学生自备。唯制服及运动衣，必须遵照本校之规定。

第十章　附则

第三十九条　本学则自公布之日施行。

（摘录自《国立北平师范大学附属女子中学概览》，1932年）

第五节　在日占区求学的回忆

抗日战争爆发以后，大部分老师和学生均随学校西迁陕西，而在当时日占区的北平，附中仍在日伪政府之下坚持办学。当时的教师与学生一面忍受着日伪政府的压迫与屈辱，一面坚持学习爱国内容，直至抗日战争的胜利。

1941 届校友张树政回忆：

附中的校风确实是很好的，同学们努力学习，团结互助，尊敬师长，遵守纪律，勤劳朴素。在老师们的热心教诲下，学习成绩一般是较好的，但是好景不长，七七事变后，各大学都迁往内地，附中则由老师们组织起来，维持了一个阶段。我们高中毕业的那年，校名是国立北京女师学院附中。

当时中国灾难深重，大家生活在日伪统治之下，都是怀着满腔悲愤，忍辱含怨地过日子。有一次地理课，万方祥老师讲到各种物产的“世界第一”时，说中国只有大豆、高粱产量是世界第一，同学们都难受得落下泪来。课后大家说起《流亡三部曲》，唱到“还有那，漫山遍野的大豆高粱”时都哭起来了。我们都有爱国热情，但不大懂得革命的真理，大家抱着“读书救国”“科学救国”的信念，希望能用自己的所学报效祖国。

1943 届校友楚大江回忆：

我是在日本帝国主义侵略，北京沦陷的时期上的中学，当时北京的大街小巷日本大兵横行，前门外繁华地带大烟馆、白面房和妓院林立，人们的口粮由掺杂大量花生皮的混合面代替，衣着由类似麻包样的再生布补充，报纸上连篇累牍的是些什么“大东亚共荣圈”“中日共存共荣”的帝国口号和那些中不中、日不日的殖民地文字。文化被摧残、正义遭侮辱、真理被遮蔽，国家的未来、个人的前途紧紧地压在我们这些十三、十四、十五、十六岁的孩子们身上，中国往何处去？

一些师友，胡絜青老师，卢小厂、张洁璇、申小丛、宋雅贞等同学悄悄地走了，但大部分同学走不脱。而当时的母校，回想起来，就像黑夜大海中的一艘舰艇、一座孤岛。外面狂风暴雨，波涛翻涌，她把无助的孩子们牢牢地保护在自己的领地上。在这里听不到泛滥一时的什么《五月的风》《何日君再来》等靡靡之音，这里孩子们唱的是《春来临》《燕子》和填词的古典音乐，这里的图书馆里能借到中外文学名著和爱国主义的反法西斯书籍，在这里看不到认贼作父的奴才嘴脸，看不到卑怯的顺民眼睛，孩子们的目光是纯洁的、渴望的。何况，每逢地理课上徐楚波老师会生动地讲起在世界的另一个角落上有英勇地抗击侵略者的南斯拉夫游击队，讲起铁托军靴上的鞋钉，讲起戴高乐将军，讲起苏德战场，特别是当他谈起《政治经济学批判》序言，谈起那个震撼世界的《宣言》，并用深沉的男中音吟诵起那美妙的诗样的词句“无产者在这一革命中失去的只是锁链，而得到的将是整个世界”“让统治阶级发抖去吧”的时候，似乎课堂里的空气也凝固了。今天的孩子们不太爱看政治书籍，他们不知道当年在汉奸傀儡政权、反动阶级的统治下，这些书是绝对买不到、看不到的。徐楚波老师低声吟背出来的词句，对生活在侵略者铁蹄下的敌占区的孩子们来说，是多么悦耳动听，多么光彩夺目。它打开了孩子们苦难彷徨的心扉，在她们的内心深处播下了理想的种子。

1944届校友田崇铮回忆：

1939年至1944年夏，我就读于北京师范大学女附中，先后五年半，老师们的精心培育奠定了我一生的思想基础。1939年前后，正是七七事变后日本占领我国大片领土的时期，日寇妄想吞并中国，已非一朝一夕。但他们也认识到，灭亡中国，光靠武力镇压是不行的，必须从精神上进行瓦解。给我印象非常深刻的一点是当时电台上放的“音乐”，不是诬蔑中国人的歌曲，就是像什么《何日君再来》，一天天喇叭里响的令人生厌。那时我们的语文老师马芳吾先生常常指着这些所谓的“音乐”，语重心长地对我们讲：“靡靡之音，亡国之道。”虽然仅仅简短的八个字，却在我幼小的心灵上播下了爱国的种子，使我初步懂得了帝国主义对我文化侵略、精神腐蚀的可怕可恶，幼小心灵上对应爱什么憎什么有了明确的界限，聂耳的抗日救亡曲虽已被查禁了，但我们还是暗暗地哼唱。

地理老师徐楚波先生的讲课，同学们都爱听。徐先生每次讲课之前，先讲一段时事，是当时的书本上没有而学生们又最关心的，比如他介绍第二次世界大战的形势、分析国际形势、介绍苏联的情况等，都深深地吸引着学生，而他的态度严肃、冷静、沉着，使同学们也感到是在严肃认真地上这堂课。

当年的训育主任徐幕贤先生经常拿把剪刀，在院子里等着那几位好留长发的同学，强令她们剪掉那长而“卷边”的头发。加上当时“训育主任”这个称谓本身就给人印象不佳，所以一般同学都觉得徐主任很凶，我也不例外。但初中毕业后有几件事，完全转变了我的看法。1941 年五六月间，我班同学杨素行、彭望真去了解放区，不幸中途被捕，出狱时，初中毕业考期已过，拿不到文凭，误了升学的机会。有一天徐先生找我，叫我去通知杨、彭，让她们来补考，这样，她二人又继续升了学。高中一年级，我班同学张良瑜因对当时社会不满，声称要“改造社会”，这话被日文先生“阎和尚”（绰号）听到了，对张无理斥责，当场拉出了教室。由于张的抵制不服，“阎和尚”一句话就开除了张良瑜的学籍。事后，徐幕贤先生对我讲：“你们帮张良瑜找所学校，我去给她开一个转学证，让她转学。”这样，张良瑜才有可能到女三中去上学。

经过这么几件事，我清楚地认识到，徐先生虽然对不遵守校规的同学很厉害，暗地里却在保护进步同学，她的立场十分鲜明。

1947届校友孙亚英回忆：

当时我们师大女附中的师生们，在力所能及的范围内，对日本侵略者进行一些反抗行动，有些老师给了我们很好的影响，不动声色地向我们灌输爱国主义。譬如几位教音乐的老师，不在课堂上，而是在私底下偷偷教我们唱抗日歌曲。不敢印歌片，老师口传心授，她教一句，我们唱一句，如《松花江上》《放羊的王二小》《保卫黄河》等。给我印象最深的是一首叫作《流亡三部曲》中的第二部，唱起来真让人热血沸腾。我至今还记得它的全部歌词：“泣别了白山黑水，走遍了黄河长江，流浪，逃亡，逃亡，流浪。流浪到哪年？逃亡到何方？我们的祖国已整个在动荡，我们已无处流浪，已无处逃亡。哪里是我们的家乡？哪里有我们的爹娘？百万荣华一刻化为灰烬，无限欢笑转眼变成凄凉，哪还有个人幸福？哪还有自己安康？谁让我们流浪？谁让我们逃亡？谁让我们国度沦丧？谁让我们民族灭亡？来来来！来来来！我们休顾自己幸福，我们休顾个人逃亡，我们应当团结一致，跑上战场，誓死抵抗，打倒日本帝国主义，争取中华民族的解放！”这首歌是我们当时最爱唱的，几个同学聚在一起，唱了一遍又一遍，但从来不敢高声唱。尽管如此，祖国在我们心里是神圣的，对侵略者我们有无比的仇恨，爱国主义在我们心里日渐生根发芽。

国文老师也用文学作品向我们暗示，讲完正课之后，给我们讲陆游的诗：“王师北定中原日，家祭无忘告乃翁。”素称颓废的李后主词，也成了激励我们的作品:“故国不堪回首月明中。”老师只讲解原作本身，不讲题外多余的话，可是同学们都听出了弦外之音，明白老师的弦外之音，大多人咬住嘴唇，强忍住泪。甚至连辛稼轩的“醉里挑灯看剑，梦回吹角连营，八百里分麾下炙，五十弦翻塞外声，沙场秋点兵”都使我们产生向往和憧憬。老师和同学们的心里，不约而同地都藏着四个字:“抗日救国。”

在和平的岁月里，中学的外文课只有英文一门，可是在全面抗战的八年中，国立和市立中学的外文，却变成了两门，日文和英文，日文所占的课时比英文还多。初中时，教我们日文的老师是一位中国的女老师，名叫刘孝懿。当时在同学中有一种普遍的心理状态，大家对日文这门课，都很反感，像牛不喝水强按头一样，都不愿意学，都不用功，仿佛谁在日文上用功，谁就成了汉奸一样。那时大家还不懂得学好一门外文，将来是一种工具，对日文这门课像对日本侵略者一样恨。刘老师似乎很能理解我们这种心理状态，上课时她只管讲，同学们偷偷在底下看别的书，她也不管，考试也不十分严格，只要说得过去就行，因此，我们对刘老师从来都不当面恶作剧，只是背后戏呼她为“刘小姨”。

后来，换了一个日本男老师，叫篠原利逸，矮矮的个子，戴着一副黑边圆眼镜，鼻下留着一小撮日本胡，脚步声很重，一副武士道的架势。他不太懂中国话，但对我们很严厉，可以说彼此都存在着敌意，有时他故意折腾我们，我们也有意和他对抗。例如上课时，他要我们起立，齐声说:“篠原先生早安！”然后一个九十度的鞠躬礼。全班将近五十位同学，只要有一位同学鞠躬不足九十度，或超过九十度，全体都要重来，所以每次上课光行礼这一件事，往往就要折腾一刻多钟，同学们都憋了一肚子气，于是就想法收拾他。“篠原先生早安”这句话的日文说法，用中国话音来表达就是："希诺哈拉森赛，喔哈哟呜！"我们就利用他不懂中国话之便，大家齐声说时，故意说成"稀里哗啦孙子，唉哟！"。"孙子"是当时北京最普遍的骂人的话，他当然听不懂我们说的是什么意思，可是他听得出来味道不对，愣了一阵，叫我们一个一个地说，当我们每个人单独说时，他听着又都是对的。全班都说完了，大家再一起说时，又成了不对味的，折腾了半天，他找不出毛病在哪里，只好作罢。这可以说是我们的一次胜利。下课之后，我们把这事讲给中国老师听，中国老师也大笑不已，但也为我们担心，叮咛我们说："你们要小心，他们日本人可讲究打学生的。"

有一次，我们全班真的挨了打。有一段时间，篠原上课喜欢穿一身白西服，我们发现他有一个习惯动作，就是把手撑住讲桌两边，身子往讲桌上一靠："哇咧哇咧哇。"然后把背往黑板边上一靠："哇咧哇咧哇。"我们抓住了他这个特点，就商量好办法，派一个同学到教室门口看着，只要他拐到往教室来的这条路上，就发出信号，另一个同学马上从墨盒里把带墨的丝绵拿出来，迅速地往讲桌边上抹一下，往黑板边上抹一下，然后规规矩矩坐在座位上等。上课之后，果然，他的两个习惯动作来了，结果自然是雪白的西服上，前边一道黑，后边一道黑。我们原希望他下课之后再发现，不幸的是他在课堂上就发现了。这下他怒不可遏，用半中半日的话狂吼起来："什么人的干活？说！不说，打板子，通通地！"我们知道他要打了，还是坐在座位上不动。他把一块一尺多长、大约二寸宽的板子摆在讲桌上，怒目环视着全班，似乎在等待有人怕挨打而说出来。可是教室里鸦雀无声，同学们面无表情地看着他，就这样，大约对视了有五分钟。最后他耐不住了，叫同学们一个挨一个到讲台前去领责。他大概没有想到，这样的一群小女生，竟会那样从容，一个一个走到讲台前把左手举得平平的，把头转到另一边，每人两下，任凭他打得多重，没有一个人叫，也没有一个人哭，更不用说会有人说出什么。打完了，同学们还是静静的，他没有别的办法，只有气鼓鼓地下课了。全班同学手都肿了，可是我们心里很解恨，这不能不说是我们的一个小小胜利，我们班没有人服软，没有人出卖同学，看吧！这就是中国人的骨气！中国人是不可战胜的。

后来，篠原似乎把这件事告到校长那儿去了，训育科的老师到我们班谈过一次话，并没有追究和责罚的意思，只是说："同学们的心情可以理解，以后要注意些，不要太出格了，免得给学校惹麻烦。北平到底被日本人统治着。"没过多久，换了一位日本女老师，对我们比较客气，同学们也和她相安无事。

1945年夏天，学生正放暑假。一天学校忽然通知，第二天都到学校去，我们也不知道有什么事。第二天早上，我在书包里简单带了点文具就赶往学校，进了校门之后，就感到气氛不同于往日，老师们在快步走来走去忙着什么，好像在憋着一股强烈的喜气。同学们看着神情凝重的老师，心里有些茫然。过了一会儿，老师要我们都到大礼堂去，一进礼堂，我们都愣住了，眼睛都睁得大大的，礼堂正中挂的不再是日本的膏药旗，竟出现了青天白日满地红的旗帜，而且中间还挂着孙中山先生像！我们面面相觑，简直不敢相信，是不是日本真的战败了？我们是不是在做梦？大家都被一种将要被证实的巨大欢喜冲击着。有人脸上已经挂着泪水了，这完全是可以理解的，八年了，我们再没看到过中国自己的国旗，多么亲切的中国国旗！再也不挂那个屈辱的太阳旗了！我们怎能不喜极而泣呢？正式开会了，校长石砺磊先生郑重宣布：日本军队无条件投降，中国人民的抗战终于取得了胜利。这句话刚出口，礼堂里一片欢呼声，同学们都互相拥抱了起来，脸上是挂着泪的笑容。

当校长、老师、同学代表到台上相继发表热烈的庆祝讲话时，我忽然感到背后有人拉我的衣襟。我回头一看，当我和这位同学四目相对时，谁也没说话，可马上明白了要干什么事。我们七八个同学，一起从礼堂的后门跑出去，向后院的教师宿舍狂奔，我们要去找篠原，去跟他算这八年来的账！要清算八年来他向我们的作威作福。跑到他的屋门口，门是虚掩着的，我们推门进去，立刻大失所望了，原来，早已是人去屋空，只有一个打碎了的热水瓶在地下躺着。

1942 届校友俞惠珠回忆：

当时有一位日语教师筱原先生是个五短身材，整个人长得像个圆皮球似的。当时北京处于沦陷区，在日本军国主义铁蹄下的中国人，对于日本人差不多都是敢怒不敢言的。作为中学生的我们，只把日语当作一门外语来学习，对日语教员筱原先生没丝毫好感，同学们当面都叫他“稀里哗啦先生”，反正他也听不懂，不明白稀里哗啦是怎么回事。记得在大操场上许多同学在练球，他环抱着双手站在一边看着同学们打球，有的同学便使劲地扔球给他，假意装着叫“接球”，其实是用球砸他。我当时很烦他，讨厌他，但不敢像陈柏生同学那样当面顶撞他。陈柏生上日文课不读日语，叫起来也不读，还狠狠地瞪“稀里哗啦”，气得筱原先生把她从椅子上拉起来要推出去。

第三章　社会活动

诞生在新文化运动时代的附中，从成立之初便热心于各类社会活动。附中的师生与中国社会一起经历了北洋政府时期的兵荒马乱，共同见证了旧中国历史的跌宕起伏，真正做到了与中华民族同呼吸、共命运。

第一节　热心参与爱国进步运动

从1919年的五四运动到1935年的“一二·九”运动，附中的学生均曾经热心地参与其中。

（一）参加民主进步文化运动

“风声雨声读书声，声声入耳；家事国事天下事，事事关心。”这副对联，正是女附中传统的写照。从1917年到1949年的老女附中时期，中国正处在新民主主义革命阶段，风雨如晦。有不少富于爱国主义思想和正义感的老师，通过各种途径对学生进行爱国主义教育。女附中学生学习勤奋，成绩优异，读书未敢忘国忧国难，在学习期间积极参加了一系列的革命斗争。

1919年的五四运动，学校部分学生参加了游行。此外，学校的学生与女高师进步学生也有联系，她们传阅《新青年》等进步书刊，受李大钊的革命思想“冲决历史的桎梏，涤荡历史的积秽，新造民族之生命，挽回民族的青春”的影响很深。女孩子也要反帝、反封建，争自由、求解放，外出演讲，查封日货，不少同学学习李大钊“铁肩担道义，妙手著文章”的精神，参加“五四”游行，手持三角小旗，上写“打倒卖国贼，还我山东”，高呼口号“外争国权、内惩国贼”。

在1926年“八·一三”惨案之后，女附中学生陈受鸟、陶强等多人参加追悼会，随女师大抬血衣游行，为死难烈士送葬，声讨段祺瑞政府卖国求荣、镇压学生的罪行。不久即有学生朱爱江、罗素同等人南下参加革命。

1936年3月，浦安修等参加“北平学联”在北大法学院为死难烈士郭清召开的追悼会，徐锦宜代表女附中学生上台演讲，会后抬棺游行，抗议国民党反动派镇压爱国学生的罪行。王淑静同学（后改名为林葳）受吴文中老师爱国主义教育的启示，参加了“抗日民族解放先锋队”，发展何庆兰、何庆蕙、袁永保、袁永厚、袁永敷、杨素行等七人，从事秘密传送文件、药品，组织同志去解放区等活动。

6月13日，在“民族先锋队”组织下，学校同学积极参加“六·一三”要求宋哲元抗日的请愿示威。学校当局秉承国民党北平市党部旨意，用突击考试、警告、开除、勒令离校等手段打击进步学生，郝诒纯成绩优异，本该直升本校高中，却被勒令离校。

1936届校友朱经兰回忆：

在进步教师和亲友的影响与引导下，我们也在觉醒，开始读进步书刊，议论时事政治。我们还在刘志兰（1936届校友）家里秘密办起了小图书馆，放学之后，假期之中，就去那里看书，有艾思奇的《大众哲学》，马列的著作，鲁迅的杂文、小说，还有苏联的小说《母亲》《铁流》《毁灭》等。就在此期间，我们熟悉了共产党这个名称，听到党的名字我们心情激荡，好像是寒夜里吹来了一阵春风。女附中的学生们学习勤奋、成绩优异，可并不是两耳不闻窗外事的书呆子。

（二）参与领导“一二·九”运动

1935年12月9日晨，清华大学、燕京大学、东北大学、北平第一女子中学、北师大女附中等大中学校学生冲破军警阻拦，结队前往行政院驻平办事处所在地中南海请愿，“一二·九”运动爆发。

在1935年“一二·九”爱国学生运动中，女附中学生为自己写下了光辉的篇章。

山河破碎，国难当头。中学里的女孩子们也要爱国抗日。女附中初中三年级学生郝诒纯（后为中国科学院学部委员、著名的女地质学家、九三学社副主席）等，组织了集体滴血宣誓活动。她们事先串联，全班40多人一致同意参加游行。那一天清晨五点钟全班都到齐，用床单遮住了教室门窗，在黑板上写有“天下兴亡，匹夫有责”几个大字和誓词。誓词的大意是：全班要精诚团结，誓同生死，为抗日救国而努力奋斗。宣誓完毕，每个人都刺破左手的食指，在郝诒纯写好誓词的国旗上，滴上一滴鲜红的热血。正当她们在滴血的时候，教室的门被推开了，班主任吴惠兰老师走了进去，她们当时还以为要受到老师的批评，不料吴老师却默默而严肃地走上讲台，对她们的行动表示支持和嘉许，鼓励她们一定要言行一致，努力实践誓言。吴老师还谈了她的感受，老师讲得热泪横溢，哽咽难语，而郝诒纯及其他同学都伏在课桌上泣不成声。在以后的岁月里，每每回忆起这件事情，她仍不免有激动的泪水夺眶而出。

郝诒纯的文章回忆：

> 在“一二·九”学生运动发生的时候，多数班级的进步同学已都串联起来，和外面联系的几位高中同学，在头一天晚上已将“一二·九”要游行示威的消息带给了大家，并且约定第二天中国大学的游行队伍经过学校时，进来动员学生参加。“一二·九”当天是星期一，学校照例举行周会，高中学生浦安修（后为彭德怀夫人）、刘志兰（后为左权夫人）、杨锡钧、朱经兰、徐绵宜等，按事先商定，由劳成之跳上台讲话，打断校长训话，向全校同学阐明这次活动的意义，动员大家投入抗日救亡的斗争。与此同时，中国大学的一支队伍来到女

附中，大学生董毓华上台动员，他的讲话虽然简短，却是慷慨悲愤，充满爱国激情，激起了雷鸣般的掌声和口号声，同学们振臂高呼："一切不愿做亡国奴的人，团结起来！""停止内战，一致抗日！""打倒日本帝国主义！"各班学生当场响应，立即整好队伍，跟着中国大学的同学们，高唱《义勇军进行曲》《国际歌》（这些歌曲都是音乐教师李惠年教给我们的），奔向校门，与墙外的游行学生呼应。在中国大学游行队伍的声援支持下，进步学生几经抗争，冲破关锁的学校大门，走上街头，撒传单，高歌救亡歌曲，手挽手，臂扣臂，冒着反动派军警的棍棒、水龙头的袭击，参加到伟大的抗日救亡运动行列。上述那个集体滴血宣誓的初中班同学恪守誓言，全体参加，没有一个中途退却。

"一二·九"是一次大规模的学生抗日救亡爱国运动。年仅15岁的郝诒纯在这次活动中得到了锻炼，从此坚定不移地走上了革命的道路。"一二·九"运动之后，郝诒纯及其同学们在一周之内就通过民主选举成立了代表全体同学的"学生自治会"，并且加入了"北平学生联合会"。她们当中的一部分积极分子还参加了"全国妇女救国会"（简称"妇救会"）。为了把"一二·九"的火种播到南方去，北平的大、中学生在"北平学生联合会"的组织下，于1935年寒假，组织南下宣传团。郝诒纯作为初中代表也参加了。但是出发那天，宣传团出于安全考虑，将郝诒纯和其他初中的同学留了下来。而其他人组成的宣传团徒步南下，向广大农村群众宣传抗日，到达河北固安时，遭到国民党军警的拦截而被迫解散。解散之前，他们集体倡议，回北平之后成立一个永久性的抗日救亡组织"中华民族解放先锋队"（简称"民先"）。

1936年，女附中学生杨锡钧、浦安修、杨慧洁、刘志兰、朱经兰、贝锦玉等参加地下党组织领导的"北平学联"南下宣传团，徒步南下，向广大农村群众宣讲"停止内战，一致抗日"。她们都是背着家庭，身无分文，得到教英语的江老师慷慨资助，才能在军警戒备森严下租乘小汽车闯出城门；在中途，她们还把江老师资助的钱拿出一部分帮助有困难的学联组织。经受这次锻炼后，这几个学生就成了“民族解放先锋队”的首批基本队员，即女附中的第一个“民青小组”。

在此期间，附中的初一年级有童子军课，学习如何打各种绳结。据1937届校友邵清华回忆，学校当时还开设了战地护理课。1937年4月4日，儿童节，宋哲元将军亲临检阅，时任北京市市长秦德纯讲话，1942届的同学每人得到一块标有“宋哲元”字样的小手帕。

（三）三枝红梅告别书斋

1935年，浦安修、刘志兰、杨慧洁都在北师大女附中读书，都读高三。浦安修和杨慧洁在乙班，刘志兰在甲班。当时浦安修的生母和父亲已分居，但母亲手里依然有些“老底儿”，再加上大姐已工作，所以家境还算殷实。杨慧洁的父亲是大学教授，收入也较高。因此她们俩给人的印象都是“大家闺秀”，性格比较内向。而刘志兰的父亲已过世，靠出租家里的房屋和母亲为租房者洗衣做饭维持生计，家境较为困难。生活的艰辛把她磨炼成一个激情外向、很有个性的姑娘。

同年，根据《何梅协定》，要在12月9日成立“冀察政务委员会”的筹备会，河北与察哈尔将被“独立”出去。在这样危急的国情下，中共北平地下党领导了历史上著名的“一二·九”学生抗日救亡运动，浦安修、刘志兰、杨慧洁都被卷入这场洪流之中。从此，她们告别书斋，义无反顾地走上革命道路。

12月9日，星期一，是北师大女附中的全校集会日。正当全体同学都在礼堂听校长讲话时，一支游行队伍冲进女附中的礼堂，高呼：“打倒日本帝国主义！反对成立‘冀察政务委员会’！同学们快去游行！”同学们一下子激动起来，向外冲去，想要参加游行。但校长却下令，学生各回各班，关闭学校大门，但最终大家都冲了出去。当时冲在最前面的就有浦安修、刘志兰、杨慧洁。三个女孩相互注视，点头微笑。

继声势浩大的“一二·九”游行示威后，中共北平地下党又领导了“一二·一六”大游行（1935 年 12 月 16 日，原定“冀察政务委员会”成立日）。因校方早有准备，紧锁大门，及至浦、刘、杨和同学们冲出去时已有些晚了，她们跟着北师大的队伍，在琉璃厂十字路口被二十九军拦截，大家分散冲过去，历尽艰辛，终于到达天桥主会场。这时，大会已结束，开始了大游行。

这次游行后，浦、刘、杨三人便成了密友。在中共地下党的领导下，北师大女附中成立了学生会，刘志兰被推举为负责人之一，经常外出活动，每次从校外回来，她都将外面的消息告诉浦安修和杨慧洁。后来，学生会主席杨锡钧被捕，刘志兰接任学生会主席一职。此后，浦、刘、杨三位好友均成为学生会的骨干。紧接着，中共北平地下党领导成立了党的外围组织——妇女救国会，在北师大女附中发展了一个小组，组长是刘志兰，浦安修、杨慧洁都参加了妇救会小组。

“一二·一六”大游行之后，北平学生、市民的抗日热情空前高涨。北师大女附中的进步学生响应市学联的号召，成立了纠察队，举行罢课示威，并多次到校外宣讲抗日道理。面对这种局势，蒋介石政府宣布提前放寒假，想瓦解学生的抗日救亡运动。假期里，中共北平地下党组织了南下扩大宣传团，号召青年学生走与工农相结合的道路，南下宣讲抗日。刘志兰、浦安修都参加了南下扩大宣传团。她们在冰天雪地里出发，一路受到军警的阻挠、殴打，但她们坚持和大家一起走到了保定，最后被军警包围送回北平。

1936 年春节，在总结南下扩大宣传团工作的大会上，他们决定建立“中华民族解放先锋队”，以便团结更多青年，将抗日救亡运动进行到底，浦、刘、杨立即响应，由妇救会会员转为“民先”队员。

1936年的暑假生活结束了，浦安修考上了北师大；杨慧洁考上了北大工学院；刘志兰因做“民先”外联，引起特务注意，上了“黑名单”，有关当局认为她会在学校“滋事生乱”，不允许她上大学。经“民先”研究决定，刘志兰当上专职“民先”干部。就这样，三姐妹暂时分开。北师大党的力量强，浦安修最先入了党。紧接着，她成为杨慧洁的入党介绍人。1936年11月，杨慧洁加入了中国共产党。1937年2月，刘志兰也在大学校园外加入了中国共产党。

附:《浦安修述说“一二·九”》

1935年日本帝国主义调集大批军队入关，威胁平津，国民党亲日派头子何应钦与日军天津驻屯军司令梅津美治郎秘密签订卖国的《何梅协定》，答应撤退河北的军队，取缔一切抗日活动。日寇猖狂到了极点：军队在平津随便巡逻，飞机在低空盘旋侦查，坦克车在大街上横冲直撞，大小汉奸公开游行、为非作歹，大批爱国志士被日本宪兵、国民党特务逮捕杀害。日寇在策划“华北五省自治”，把华北的河北、山西、山东等变为他们的殖民地。

“抗日则生，不抗日则死。”中华民族处在生死存亡紧急关头。这时传来中国共产党长征到达陕北的消息，全国抗日热潮高涨，救国图存呼声很高。在中国共产党的领导下，北平的学生首先行动起来了！12月9日，我们还在大礼堂开会，一群大学生冲进来，激动地呐喊：“这么大的华北，已经安放不下一张平静的课桌，我们要求抗日，反对投降，拯救中华民族，参加抗日救亡工作。同学们，赶快行动起来吧！……”我们响应，立刻冲出校门，汇入到游行队伍中。我们手挽着手，肩并着肩，排着整齐的队伍，高唱《抗日救亡歌曲》《义勇军进行曲》，呼口号、撒传单。反动军警挥舞着皮带、木棒向我们冲来。一个倒下，大家把她扶起来，继续高喊：“反对华北自治！”“停止内战，一致抗日！”“一切不愿做奴隶的人，团结起来！”“打倒日本帝国主义！”“打倒汉奸卖国贼！”“把日本帝国主义赶出中国去！”凭着我们的满腔热血，与他们搏斗。有的同学被打伤，有的同学进了监狱，有的被杀害。这激起我们更大的愤怒。第二天，全市学生大罢课。

后来，我和同学们参加了北平市学联为死难烈士郭清在北大法学院召开的追悼会，会上展览受伤同学的血衣，会后抬棺游行，控诉国民党反动派逮捕、迫害进步青年的罪行。经过血与火的战斗洗礼，我们变得更坚定、更坚强。“一二·一六”运动爆发了。我们女附中的同学，秘密地商定好：在西单北大街假装逛商店，听哨声一响，便集合游行。我们要求宋哲元“抗日，中国人不打中国人”，我们取得了胜利。不久，革命青年团体——中国民族解放先锋队（简称“民先”，共产党的外围组织）成立，女附中为小分队，妇女救国会、读书会等革命组织纷纷成立，我们在一起阅读简易哲学、政治经济学、进步文艺书刊，在一起商讨抗战、救国救民的道理，对我们青年树立革命人生观起了很大作用。

浦安修述说『一二·九』

■丹琳

编者的话

在纪念“一二·九”运动70周年之际，我们选编了70余岁的革命儿童文学作家丹琳同志交给我们的她珍存的手稿。这是她多年前访问其校友、彭德怀元帅夫人浦安修后写就的。每到“一二·九”，她总要想起她访问多次的北京师大女附中（北京实验中学）的校友、原北京师大党委副书记浦安修给她讲述的、她所参加的“一二·九”爱国运动。现将此文编辑刊出，以示对“一二·九”爱国运动的纪念。

1935年下半年，在北京师大女附中高中三年级读书的浦安修，一门心思地要考大学深造。然而，“一二·九”运动爆发，她毅然决然投笔从戎，投入革命洪流之中，后奔赴革命圣地延安。1937年抗日战争全面爆发，她随八路军总司令部，东渡黄河，开赴华北抗日前线……

回忆起亲历的“一二·九”爱国运动，浦安修曾满怀激情地对我说——

我们师大女附中校风很好：学风严谨，生活朴素，即使家庭条件好的同学，夏天白上衣黑裙子，冬天蓝布褂，整齐、大方，若有例外，就受到议论。在同学心目中，朴素大方是一种大家热心追求的美德。更主要的是有不少富于爱国主义思想和正义感的老师，真是“出淤泥而不染”，在腐败的旧中国，用

1940年彭德怀与浦安修同志在太行山王家峪

国文、历史、地理课等进行爱国主义教育，“国家兴亡，匹夫有责”这八个大字，深深地刻印在我们心上。1935年日本帝国主义调集大批军队入关，威胁平津，国民党亲日派头子何应钦与日军天津驻屯军司令官梅津美治郎秘密签订卖国的《何梅协定》，答应撤退河北的军队，取缔一切抗日活动。日寇猖狂到了极点：军队在平津随便演习，飞机在低空盘旋侦察，坦克车在大街上横冲直撞，大小汉奸公开游行，为非作歹，大批爱国志士被日本宪兵、国民党特务逮捕杀害，日寇在策划“华北五省自治”，把华北的河北、山西、山东等变为他的殖民地。

“抗日则生，不抗日则死。”中华民族处在生死存亡紧急关头。这时传来中国共产党长征到达陕北的消息，全国抗日高涨，救国图存呼声很高。在中国共产党领导下，北平的学生首先行动起来了！12月9日，我们还在大礼堂开会，一群大学生冲进来，激动地呐喊：“这么大的华北，已经安放不下一张平静的课桌，我们要求抗日，反对投降，挽救中华民族，参加抗日救亡工作。同学们，赶快行动起来吧！……”我们响应，立刻冲出校门，汇入到游行队伍中。我们手挽着手，肩并着肩，排着整齐的队伍，高唱《抗日救亡歌曲》、《义勇军进行曲》，呼口号、撒传单。反动军警挥舞着皮带、木棒、水龙头向我们扑来。一个倒下，大家把她扶起来，继续高喊：“反对华北自治！”“停止内战，一致抗日！”“一切不愿做奴隶的人，团结起来！”“打倒日本帝国主义！”“打倒汉奸卖国贼！”“把日本帝国主义赶出中国去！”拼着我们满腔热血，与他们搏斗。有的同学被打伤，有的同学进了监狱，有的被杀害。这激起我们更大的愤怒。第二天，全市学生大罢课。

后来，我和同学们参加了北平市学联为死难烈士郭清在北大法学院召开的追悼会，会上展览受伤同学的血衣，会后抬棺游行，控诉国民党反动派逮捕、迫害进步青年的罪行。

经过血与火的战斗洗礼，我们变得更坚定更坚强。“一二·一六”运动爆发了，我们女附中的同学，秘密地商定好：在西单北大街假装逛商店，听哨声一响，便集合游行。我们要求宋哲元“抗日，中国人不打中国人！”我们取得了胜利。不久，革命青年团体——中国民族解放先锋队（简称“民先”，共产党的外围组织）成立，女附中为小分队，妇女救国会、读书会等革命组织纷纷成立，我们在一起阅读简易哲学、政治经济学、进步文艺书刊，在一起商讨抗战、救国救民的道理，对我们青年树立革命人生观起了很大作用。

这时，党及时指出学生运动要和工农群众的武装斗争相结合。于是，北平、天津的大中学生利用假期组成南下宣传团，到河北广大农村进行抗日救亡宣传活动，进一步发动了全国各阶层人民群众抗日救亡运动。

我们“民先”组织了西山夏令营，唱《国际歌》，接受国际主义和爱国主义教育；参

《浦安修述说“一二·九”》

这时，党及时指出学生运动要和工农群众的武装斗争相结合。于是，北平、天津的大中学生利用假期组成南下宣传团，到河北广大农村进行抗日救亡宣传，进一步发动全国各阶层人民群众投入抗日救亡。我们“民先”组织了西山夏令营，唱《国际歌》，接受国际主义和爱国主义教育；参加军事训练，锻炼走路，吃野菜。从西山走到北大，再走到西直门，大家虽然累得很，可热情很高，没一个叫苦的。我们以苦为荣、精神振奋，经受这样的锻炼，为我们以后参加民族解放战争做了思想准备……

（摘编自《中国档案报》，2005 年 12 月 9 日）

第二节　地下党革命运动的先锋

女附中是地下党革命运动的先锋。从 20 世纪 40 年代开始，女附中地下党参与甚至领导了许多追求民主与进步的革命活动，成为中国新民主主义革命过程中重要的组成部分。

1942 年 5 月，中共晋察冀分局城市工作委员会和分局社会部均曾派人来校，其中城工部派王若君来京开展工作，与女附中高中学生卢筱庵、樊巧取得联系，发展卢筱庵为中共党员。8 月，学生李瑞英（后改名为秦风）赴山东参加抗日活动。

1943 年 8 月，在沦陷区的北京，戎春田主任辞职，学校聘李抒纯为主任。9 月，一些追求进步和爱好文艺的同学会同部分校外同学自发组成海燕社，定期出版自编自写的地下油印刊物《海燕》。后被中共地下党发现并积极引导，《海燕》从开始的 6 人迅速扩展到师大男女附中、男三中、河北高中、女一中等 20 多所中学和个别大学，共 120 多人。

地下党通过在同学中组织读书小组开展工作，通过同学中的地下社团

《海燕》社开展工作，它象征同学们向往着做一群搏击浪涛、迎着闪电呼唤暴风雨的海燕。地下党还曾先后把《海燕》社成员 40 多人分批送往解放区参观学习，然后再把他们派回学校开展工作。这些同学从亲身见闻中认识到中国共产党领导的新社会有前途，中华民族的抗日战争有希望。认清了中国人民所应走的道路，回到北平后，他们开展了大量的宣传组织工作，为后来北平学运准备了干部和创造了广泛的群众基础。据粗略统计，女附中仅 1944 和 1945 两届高中毕业生（共二百多人），在中华人民共和国成立前先后参加共产党的就占半数以上。

1944 年 6 月，卢小厂等 20 多人奔赴解放区，先后去了晋察冀的西城分部。

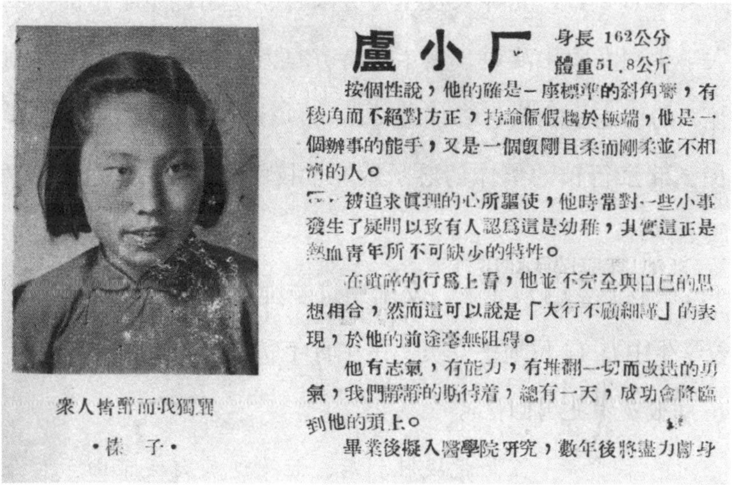
盧小厂　身長 162公分　體重51.8公斤

按個性說，他的確是一座標準的斜角磚，有稜角而不絕對方正，持論偏頗趨於極端，他是一個辦事的能手，又是一個既剛且柔而剛柔並不相濟的人。

被追求眞理的心所驅使，他時常對一些小事發生了疑問以致有人認爲這是幼稚，其實這正是熱血青年所不可缺少的特性。

在瑣碎的行爲上看，他並不完全與自己的思想相合，然而這可以說是「大行不顧細謹」的表現，於他的前途毫無阻碍。

他有志氣，有能力，有推翻一切而改造的勇氣，我們靜靜的期待着，總有一天，成功會降臨到他的頭上。

畢業後擬入醫學院研究，數年後將盡力獻身

衆人皆醉而我獨醒

•樣 子•

卢小厂（甘英）中学毕业照

国民党接管女附中后，反动势力打击民主，迫害进步学生。女附中的地下党利用学习、体育、文艺活动团结群众；运用民主方法选举了为进步力量所掌握的学生自治会；传阅着以章回小说为伪装的《中国社会各阶级的分析》《新民主主义论》。

1946 年 4 月，北平地下党发起在中山公园音乐堂举行反对国民党选举伪“国大”代表的集会，女附中师生几十人参加筹备和组织工作。会上有特务破坏，砍石子、吹口哨、扔臭鸡蛋。女附中学生陆元灼（后为北京大学教学处党总支书记）第一个被臭鸡蛋击中后脑勺，之后会场大乱，女附中学生退出会场。

12月，学生参加地下党领导的为“沈崇事件”抗议美军暴行的示威游行。是年中共女附中党总支委员会成立，樊巧（现名卜毅）任总支书记。

1947年2月，根据城工部中学委指示，在校内建立党的外围组织，最初以“读书会”形式出现，以后即成立“民主青年联盟”，最早加入者计30余人。

5月，在地下党领导下参加反饥饿、反内战、反迫害的示威游行。

1948年4月9日，北师大发生特务殴打、逮捕进步学生的“四九”血案，师大学生到女附中演讲，展示了特务打人的凶器、血衣。女附中学生群情激愤，纷纷走上街头，参加宣传游行，有同学还参加了北平学生到新华门国民党北京行辕的集体请愿示威。学校将校门上锁，不许学生出去，学生愤怒抗议。

6月，在地下党的领导下，女附中进步师生投入迎接解放和护校的工作，在校学生中有14位地下党员，民主青年联盟成员100余人。

1946届校友罗兆男回忆：

1945年“八一五”抗战胜利后，北平这座大城市由于蒋介石反动派一贯执行“抗战消极、内战积极”的政策，他来不及从峨眉山上下来摘这个桃子，便仍让它控制在日伪汉奸手里。当时，在西单十字路口，高高垒起麻袋沙包和铁丝网，鬼子兵端着上了刺刀的冲锋枪警戒着；插着日本旗的坦克车，满载着杀气腾腾的鬼子兵一遍又一遍在大街上来回巡逻示威。就这样，才陆续空运到一些“国军”和接收大员来“劫搜”。

当时，为了制止内战危急，毛主席肩负全国四万万五千万人民的和平意愿飞往重庆进行国共第三次和谈。而这时，美帝国主义派出海军陆战队来华到处登陆，并积极帮蒋介石运兵，阴谋从解放区人民手里抢夺胜利果实。

那时我刚从阜平解放区回来不久。十月底或十一月初的一个晚上，杜璇（张洁璇，1944届）来找我一起上街偷偷贴传单去，传单内容便是抗议和揭露美帝国主义帮蒋介石反动派运兵破坏和平打内战。我们的行动和全市的一样，都是从晚上九点开始到九点一刻结束，我们俩管界是旧帘子胡同、绒线胡同、安福胡同和北新华街一带。

我们一边打糨糊，一边悄悄商量好行动计划，把冒着热气的糨糊桶藏在书包里，挂在自行车上，她推车带刷糨糊，我负责警戒并张贴传单。有些人家，我们把传单偷偷塞进门缝，有的把传单折叠一下包块小石头从墙外轻轻扔进院子里；当我们急急走脱时，已经听到被惊动的犬吠。在寂静的夜晚，那声音听起来特别刺耳。因为当时社会动乱，胡同里十分冷清，路灯昏暗，偶尔才走过一两个行人或个别骑车的。

我们走到当时中央电影院（中华人民共和国成立后为音乐厅），两人假装去看好莱坞电影明星的海报，嘴里争论哪个美，见周围没人便急忙在海报上粘贴几张传单。看看时间到了，绕了几条胡同便分手凯旋。

第二天一早，我还骑车遛了一圈，发现电影院海报前一些人正在围着看传单，而其中有一张竟被我在慌乱中贴倒了。

1953届校友杨淑颖于2007年3月27日回忆：

我从1947年入北京师大女附中读书，到1953年毕业。其中有一半是中华人民共和国成立前，是在石砺磊校长领导下学习。到现在我还能回忆起她那微微发胖的身躯，以及戴着眼镜微笑的面庞。作为一个普通的学生，我和她并没有多少直接的接触，但我能从学校生活中感受到校长的思想。

当时正是中华人民共和国成立前夕，学生运动风起云涌。北京的大学生反饥饿、反内战的运动势不可挡。北京师范大学的进步学生常在周六下午到我们女附中教唱进步歌曲，如《国民党一团糟》《山那边好地方》《茶馆小调》等，也教过一些民歌像《半个月亮》《达坂城的姑娘》，还教我们跳集体舞。这些歌曲至今我还能唱。唱歌在音乐教室，跳舞则在大操场。这些活动使我朦胧中认识了国民党的腐败，模糊地感觉有一个幸福的地方。那时学校的面积并不大，这些活动石校长肯定知道，但“学校当局”从没干预过。她采取了默认亦即允许的态度。

不久，更严重的事情发生了。大约是1948年春，国民党特务闯入北师大校园大打出手，制造血案，打死打伤若干学生（这事件在学运史上应该能查到，大约叫“五二〇惨案”）。第二天，大学生带着血衣来到学校，站在操场领操台上演讲，声泪俱下，愤怒控诉国民党的暴行。我们在台下听得群情激愤，痛恨反动政府，同情受难学生，高呼革命口号。这件事在我这个13岁的少年心中种下了革命种子。那时，我所在的班里就有地下党员，她还问过我是否愿意加入民联这一外围组织。据校史记载，女附中的地下党组织曾长期存在，国民党当局不会不知道，但他们却从未到校搜捕过共产党员。我们今天已经无法弄清楚作为校长的她究竟是如何应付的。当时石校长虽曾是“伪国大代表”，但事实上却对共产党的活动听之任之，不动声色地支持同情学生运动。在当时的局面下，她需要费尽心机，冒着风险做许多工作，才能保护住她的学生。这样的校长实在难得。

第二编　中华人民共和国成立后的峥嵘岁月

——再上征程

中华人民共和国成立后，女附中焕发了新的生机。随着育才学校在内的一些学校并入附中，女附中迁入新的校址。之后，校名变成了北京实验中学。归北师大管辖时，校名又更改为北师人附属女子中学，『文革』期间女附中曾归西城区管辖，校名为北京市第一五〇中学，『文革』结束之后，校名更改为北师大附属实验中学。从中我们不难窥见中华人民共和国教育发展的历史进程。

第一章　合并壮大　焕发生机

第一节　合并接管时期

（一）华北育才中学女生部并入

1949 年 2 月 27 日，北京师范大学及四所附校由北平军事管制委员会文教部接管。北平市军事管制委员会主任叶剑英于 2 月 17 日委派文化接管委员会钱俊瑞等人来校接管，工作仍旧由原代校长汤璪真负责。

3 月 23 日，文管会令成立“育才附中合并事务临时办事处”，学校推总务主任王友石先生为代表，接洽办理华北育才中学女生部与女附中合并事宜。

5 月，师范大学委派彭文为女附中校长，原留守校长石砺磊卸任。9 日，文书组长赵家骏拟就公函，移交附属女子中学“各件表册”，石砺磊校长签发。华北育才中学女生部与女附中举行合并仪式，彭文任校长。彭校长代表组织宣布，原华北育才中学与原女附中正式合并，校名仍为师大女附中。她勉励老师们互相学习、齐心协力，把学校办成新型的学校。此时，学校分为两个校区，华北育才中学校区女生部时称为二部，当时校址在旧刑部街 20 号，女附中原校区时称一部，当时校址在辟才胡同 57 号。27 日，召开两校合并后的第一次校务会议，两处主任教员及学生代表参加。

6 月 1 日，文书组长赵家骏拟“为汇报本校交接情形连同清册共十七份谕鉴核备案由”致师范大学文，由卸任校长石砺磊、监交人张鸿来、接任校长彭文、总务处主任王道远、教务处主任丁丁共同签署。3日发文送达师范大学。

附：华北育才中学简介

育才中学的前身为晋察冀边区联中。由1946年9月人民解放军撤出张家口时随军撤离的张家口市立中学、市立女子中学、回民中学合并组成。联中最初的校址在原河北省建屏县东西黄泥村，1948年移至石家庄附近柏林庄。暑假后，晋冀鲁豫的行知学校与联中合并，改校名为“华北育才中学”。校长周扬，副校长郝人初、彭文，之后校址又迁到河北阜平县陈南庄。这是一所在解放战争炮火洗礼下诞生和成长的革命学校。

育才中学合影

在动荡的环境中，育才中学始终坚持以育人为中心，抓紧对学生的教育和教学。战局紧张时，学校就要转移，为躲开敌机搜索扫射，常要夜行军，太阳落山背起行装出发，跋山涉水，天一亮就宿营。行军中要求学生严守纪律，锻炼意志，宿营后自己搭炕、打草、铺炕，遵守三大纪律八项注意。师生住在老乡家中，并与人民共甘苦。在土改运动中，师生和贫农团结一致斗地主，用各种文艺形式向群众宣传《中国土地法大纲》，演出《白毛女》《血泪仇》《赤叶河》等剧目，师生和贫苦农民共忆阶级苦、民族恨，共享翻身解放的喜悦和欢乐。

学校经常教育学生关心革命战争。在学校里一提参军，就人人报名。有的学生仅读了一年书，就因革命需要奔赴前线。未被批准入伍的，就利用课余时间赶做军衣、军鞋、军被。学校还经常教育学生生产自养，读书不能脱离劳动。师生在课余要开荒播种，要纺织捻线，生活极为艰苦，常以粥拌野菜。当时组织上每月发给每人六斤小米的津贴费，语文老师白堤就抓住这个机会进行教育，要求学生以《六斤小米》为题写一篇作文。每个孩子都以此倾吐心声，写出了真情实感。在艰苦条件下，老师争分夺秒地向学生传授文化知识，师生用土坯垒成桌椅，用黑锅烟刷黑板，用桦树皮当纸。校长、教师想尽一切办法搜罗书籍，供学生阅读。教师讲课认真准备，精心编写教案，发扬教学民主，随时听取学生意见。遇有敌机轰炸，立即搬到丛林中继续上课。在育才学校，尊师爱生蔚然成风，教师关心学生学习、起居、饮食、疾病。一次敌机轰炸，油印室的几位同志不顾个人安危，用担架抬起生病的学生迅速躲进树林，这样的事例还有很多很多。可以说，育才中学的师生为解放战争做出了贡献。

（二）接管文华女子中学

1949 年 6 月 6 日，学校庆祝“六六”教师节。7 日，收到师范大学来函，“据汇报交接情况暨清册十七册等由准予备案由”，文书组长赵家骏签办收文并“拟通知石前校长”，新校长彭文、教务处主任丁丁签署：“可以通知石前校长。”28 日，北平市人民政府教育局函请接管私立文华女子中学。文华女中之校长为刘秉哲，监交人为张鸿来；师大女附中校长彭文签字接收。

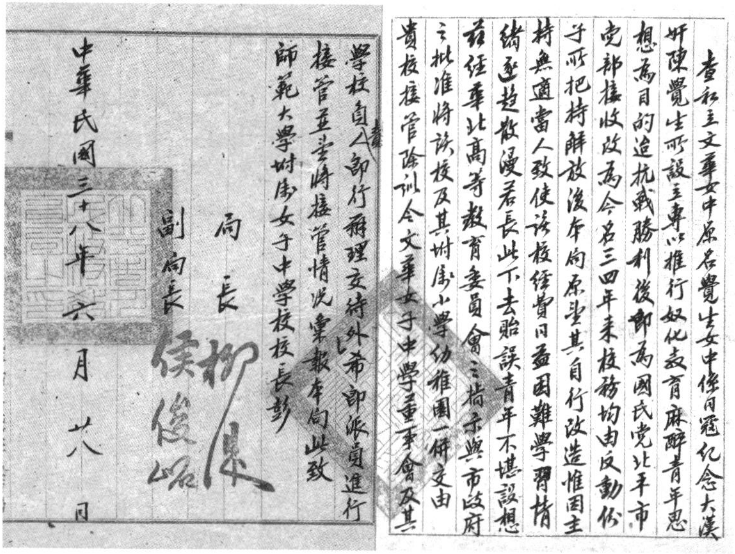
查私立文華女中原名覺生女中係日寇紀念大漢
奸陳覺生所設立專以推行奴化教育麻醉青年思
想為目的迨抗戰勝利後即為國民党北平市
党部接收改為今名三四年來校務均由反動份
子所把持解放後本局原望其自行改造惟因主
持無適當人致使該校經費日益困難學習情
緒逐趨散漫若長此下去貽誤青年不堪設想
茲經華北高等教育委員會之指示與市政府
之批准將該校及其附属小學幼稚園一併交由
貴校接管除訓令文華女子中學董事會及其
學校負責人即行辦理交待外希即派員進行
接管並將接管情况彙報本局此致
師範大學附属女子中學校校長彭
局長　柳湜
副局長　侯俊岩
中華民国三十八年六月廿八日

接收私立文华女中的文件

7 月 21 日，交接完成。

8 月 1 日，学校以“师女中字第一〇三号”函致北平市教育局请予备案。16 日国立北平师范大学致函附属女子中学，称“接华北人民政府八月二日批复称：师大附属女子中学接收文华女中事，准予备案”。

9 月 24 日，苏灵扬任副校长。27 日，中国人民政治协商会议决定定都北平，改称北京，北平师范大学及其附属中小学相应改称北京师范大学及附属中小学。到此，校址（二部）迁到皮库胡同 24 号（今二龙路 14 号），辟才胡同 57 号校址仍为一部（校部）。

12 月，统计校图书馆已有藏书 6763 册。

1950 年，学校实行一长制，即校长负责制。

2 月，北师大学生来校实习。

5月，拟定了《北京师范大学附属女子中学规程草案》，这是校史上转折性的指导文件，明确指出了学校的方向。

1951年，师大女附中建立了工会委员会，主席：阎伯铭；副主席：胡立；组织部：胡立（兼）、高鹤声、马伯陵（兼财委）；文教部：杨建章、徐士萍、谢莹、刘伯奇；福利部：田大猷、王积堂、安春佑；女工部：董玉振。截至1951年5月，全校共有师生员工1327人。

7月12日，报请任命苏灵扬为女附中校长。28日，中央人民政府教育部（52）人字第486号批复“同意”。

8月2日，接师范大学抄知：“……所请正式任命苏灵扬同志为附属女子中学校长一节，我部同意。”9月20日以（52）师女中字第93号发文布告。

9月30日，学校公布《学生学习优良奖励办法》及《教师、职员、工友奖励办法》。

1954年5月，召开返校生座谈会。

7月，制定《成绩优良奖励标准》及《1955年初中直升高中标准》。

9月25日，女附中收到北京市人民政府教育局（8月31日）文件，抄转中央人民政府教育部（54）中行林字第391号函《关于在中等学校应进行必要的保密教育问题》，抄转政务院在中学生中加强保密工作的通知。学校领导苏灵扬、卞仲耘、毕秀英、王道远、赵德先分别批示签阅，说明当时对此事格外重视。

同年，全校班次增至39个，在校学生1865人，其中住校生1115人，在校就餐学生1500余人。

这一年，学校新建的南、北教学楼先后交付使用。图书馆藏书由1949年的六千多册增加到四万册。原任副校长丁丁调中央教育部中学司工作。

女附中行政领导干部暨各部门负责人名单（1955年10月14日）

职别	姓名	备注	职别	姓名	备注
副校长	胡志涛	兼党总支书记	语文教研组组长	任熙宁	
副校长	赵德先		语文教研组组长	刘可兴	
秘　书	王道远		数学教研组组长	王明夏	
教导处主任	卞仲耘		数学教研组副组长	于宗英	
教导处副主任	毕秀英		物理教研组组长	王青漪	
教导处副主任	刘致平		化学教研组组长	谢　莹	
教导处副主任	白　耀		生物教研组组长	刘彩祥	
总务处主任	李天义	兼工会副主席	历史教研组组长	高文鸾	兼工会主席
总务处副主任	康辑元		地理教研组组长	李德风	
党总支副书记	吴　秀		俄语教研组组长	段成章	
医务所所长	刘增贵		体育教研组组长	张婉容	
团总支书记	何淑萍		音乐美术教研组组长	吴德棻	
队总辅导员	刘文玲		工会主席	高文鸾	
托儿所所长	黄英俊		工会副主席	李天义	
			工会副主席	汪玉冰	

第二节　北京实验中学阶段

1955年9月，学校由中央教育部直接管理，并改名为北京实验中学，校名由郭沫若题写。

同年，接北京师范大学（55）附中字第1071号通知抄转教育部（55）小行陈字第87号通知“女附中和二附小归本部直接领导”。10月14日，女附中造具校产总目录及清册以（55）师女中第119号报告移交。10月17日收到教育部15日发出的（55）中教林字第151号通知称：“……兹决定自即日起将校名改称北京实验中学，随文附发校印一颗，希将印模及启用日期报部，并抄知有关单位。原有校印、条戳，向原颁发机关缴销。”至此，学校由中央教育部直管，是当时唯一的一所部属中学。

1955 年的校门

这一年，胡志涛校长去匈牙利参加了世界教育工作者代表大会。

1956 年 9 月，制定三年规划。学校被定为市重点中学，实行党委领导下的校长负责制，卞仲耘任党总支书记。

10 月，拟建理化、生物实验室及图书馆大楼。

12 月，与北京师范大学历史系订立互助合同。

这一时期，由于特定的历史原因，中华人民共和国成立初期许多中央领导人的女儿们在女附中读书，女附中也自然成为领袖们了解基础教育、了解青少年成长状况的窗口，学校也得到了领袖们更多的关怀。

北京实验中学 1949—1956 年各项人数统计

	1949 年	1950 年	1951 年	1952 年	1953 年	1954 年	1955 年	1956 年
校　长	2	2	1	1	3	2	2	2
主　任	6	6	6	6	4	6	7	7
教　师	64	69	79	90	90	93	92	88
职　员	35	30	43	38	42	37	36	32
工　友		42	39	56	58	64	62	61
初中班数	19	19	20	21	21	20	20	20
初中学生数	796	796	837	926	1062	1028	1036	994
高中班数	9	9	10	11	17	19	19	19
高中学生数	310	310	297	444	766	820	891	901
学生青年团员		534	580					
少先队员		224	324					
学生总数	1106	1106	1134	1370	1828	1848	1927	1895

资料来源：北京实验中学档案，原件。

1957 年 7 月 30 日，教育部以（57）中行林字第 106 号致函北京市人民委员会，提出学校由教育部转归北京市教育局领导。校名仍为北京实验中学。

为响应中央号召，实验中学也编制了 1958—1959 年的跃进规划。

1958 年，胡志涛校长因坚持治学原则，被全区批判，下放劳动。孙岩调师大女附中任书记兼校长。实验中学也在全校教师党员中开展“反右倾”运动，很多教师被批判。

1959 年，学校编写了《北京实验中学简况》，提到：

> 学校原系北京师范大学附属女子中学，成立于 1917 年。中华人民共和国成立后，与老解放区育才中学、北京华北中学、私立文华中学合并，仍由师大领导。1955 年改名北京实验中学，由中央教育部直接领导。由于中华人民共和国成立后的发展，学校设备能满足教学的需要，先后建立了三座楼房。图书自中华人民共和国成立前 1,1030 册增

至现在49,932册；现有仪器标本约100,000件，其中约半数是中华人民共和国成立后陆续添置的。

12月5日，在西城区各单位开展食堂评比竞赛会上发言汇报炊事工作经验。

1960年4月，制订《试行九年一贯制教学改革的工作计划》（1960—1961年卷2）：

一、试验目的

二、试验的规划

1. 准备4—5年时间试验使实验中学完全成为九年一贯制学校

2. 试验的步骤

3. 试验的范围

三、工作的进行

1. 组织领导

2. 工作重点

3. 具体工作的进行

4. 定期研究进行情况，并定出相应的工作制度

四、进行试验工作所需的基本建设

五、在进行教学改革的学习讨论研究中，除按总的精神进行外，要坚决按照陆定一同志的指示，贯彻适当缩短年限，适当提高程度，适当减少学时，适当增加劳动的精神。高初三老师在保证提高高初三教学质量的情况下，适当增加一些关键性的会议。

第三节　女附中至第一五〇中学阶段

根据1960年2月24日（60）普行林字第354号文关于北京师范大学

附属学校的校名校印的通知及北京市教育局3月16日（60）教计谭字第123号文通知西城海淀区教育局关于改变实验中学、46中、海淀师范三校领导关系的通知抄件，北京师范大学于4月29日以（60）教刘字第084号文发出《关于颁发各附属学校校印、校牌及制发校徽的通知》。

三校分别改名北京师范大学第一附属中学、第二附属中学、附属女子中学。

各附校校徽亦同时改换，由各校按照下述规格自行制发：各校校徽均为长方形，长48毫米，宽15毫米，边宽1.5毫米，中间校名一律采用毛主席题字。

教师的用红底白字，学生的用白底红字金边。随文颁发新校印、新校牌及毛主席题字照片。

1960年5月11日，实验中学改悬“北京师范大学附属女子中学”校牌，5月14日《人民日报》刊登更改校名的启事。5月28日由刘致平签发报告，自6月1日起正式对外使用新校名。

1962年，学校被教育局定为市重点校。给胡志涛校长平反，他返回学校继续任校长。

1963年，孙岩调市教育局，卞仲耘恢复党总支书记兼副校长。

1964年2月，制定《学校工作三年规划》（1964—1966年）：

一、加强学生思想政治教育

二、提高教学质量

三、改进体育卫生工作

四、培养红专队伍

五、学校规模、设备及修建

8月，学校由北京师范大学收回，恢复“北京师范大学附属女子中学”校名。

12月，学校改属师范大学，恢复师大女附中校名。

1965年7月26日，胡（志涛）、卞（仲耘）二位校长收到北京师范大学复函，同意师大女附中从下学年开始进行五年一贯制的试验，招生办法及招生人数，可按学校提出的意见办理。

1966年6月起，我们国家经历了“文化大革命”的十年浩劫，学校停课，学校领导、教师几十人遭到迫害，学校党支书记卞仲耘同志被学生游斗、殴打致死。当时在校的初一至高三的六个年级的学生在1968年前后被分配到农村接受贫下中农再教育（东北生产建设兵团，内蒙古牧区，山西、陕西等农村），这在中国历史上形成了一个特殊的群体——“知识青年”，简称“知青”。1977年、1978年高校恢复招生后，这些人中的一大批上了大学，他（她）们也是我国80年代、90年代各单位的骨干或领导，“知青”是一代乃至几代人永不忘记的群体。

1968年，学校结束了50年的女校历史，开始兼收男生。

1971年11月26日，接北京市革命委员会通知：师大一附中划归宣武区领导，师大二附中仍由师大领导，师大女附中则划归西城区领导。

1972年，学校划归西城区领导后改名为“北京市第一五〇中学”。宋克任革命委员会主任。北京市教育局指定西城区试办二年制高中。恢复招收“文革”后第一批高中生，两个班（后扩为三

北京市第一五〇中学的校门

个班）。

1973 年，开始接收外国学生就读。

北京市第一五〇中学

1975 年 3 月 13 日下午，宋克主持革委会召开行政会，研究插队问题，第一批 110 人，定于 17 日召开欢送会。肖淑同、张宝清、丁玉英护送前往。

4 月 9 日，欢送去延庆的同学。

同年，何钊调任北京市第一五〇中学，即今实验中学革命委员会主任兼党总支书记。她认为："学校就是要兢兢业业办学，一定要让我们的学生达到德智体美全面发展的程度。'文革'以后要拨乱反正，所以作为学校领导，首先就必须把注意力转到抓教学上来。实验中学有很好的传统，比如说数学组，老师都是很强的。有很有经验的老教师，像张玉寿老师，但是还要培养年轻人，向老教师学习，让老教师把经验传给青年教师，组织青年教师听她的课，也帮助她整理教学经验，成为学校的财富。"

1977 年 7 月 28 日唐山大地震期间，为保护学校教职员工安全，学校在操场统一搭建了较为安全的地震棚，供教工使用。

8月13日—9月25日，全国高等学校招生工作会议决定高校招生恢复统一考试、择优录取的方法。10月，国务院批转了教育部《关于1977年高等学校招生工作的意见》，恢复高考制度。这一年冬天，中华人民共和国关闭了十年的高考大门再次打开，570万人从四面八方涌入考场，学校部分教师和学生参加了高考。

10月17日，北京市第一五〇中学党支部、革委会向市委科教部报告，申请回属北京师范大学。

第二章　勇于探索的教学改革

第一节　汲取苏联教学经验

1949 年 12 月 30 日，教育部副部长钱俊瑞在第一次全国教育工作会议上的总结报告中，首次向全国教育工作者明确提出借助苏联教育经验的意见，并把学习苏联教育经验作为建设新教育的方向。重点是以苏联为“蓝本”制订教学计划，编译和采用苏联教材，在“苏联模式”的指导下编写教材。苏联的教育制度也被我国广泛地学习和仿效，制订全国统一的教学计划，规定教材和教科书。课程、教学大纲、具体目标、学年或学期学习的种种细目等，都照苏联方法规定得清清楚楚。各校学习苏联教育理论和经验，举办苏联专家教育讲座，参观苏联中学并参加教研活动。女附中在学习苏联的热潮中，一直坚持自己别样的选择，在自身特色的基础上推进学校教学工作的发展。

在教育和教学方面，1950 年 5 月，拟定了《北京师范大学附属女子中学规程草案》，这是校史上转折性的指导文件，明确指出了学校的发展方向，也指出教学以理论与实际相一致为原则，规定为了发挥教师的积极性及创造性，改造旧的不合适的教育方式，把一种学科或性质相近的几种学科的教师组成各种教学研究小组，民主选举正、副组长。

1950 年 10 月 25 日，学校教师编行壁报《教师的修养》。

附:《教师的修养》第一期目录

一、前言

二、对于教师的新认识 …………………………………… 张致恭

三、学习《列宁论教育》后的认识 ……………………… 高文鸾

四、我们应该积极学习，努力改造自己，以便更好地

肩负起自己的光荣任务来 ……………………………… 张守常

五、列宁论教师 …………………………………………… 钟书勤

六、学习《论教师的修养》第一次讨论会发言 ………… 张婉蓉

七、苏联为什么那样重视教师？ ……………………… 崔　华

八、旧教师为什么必须改造？ ………………………… 刘　漠

九、什么是儿童学派的曲解？ ………………………… 刘　漠

十、问题解答 ……………………………………………… 丁　丁

十一、论教师的清高 ……………………………………… 谢宽南

十二、史地教学组讨论情况 …………………………… 夏秀宏

十三、改造旧教师和从工农中培养新教师有无矛盾 …… 闫应清

十四、我们不但重要而且也更被国家重视，因为我们是

人民教师 ……………………………………………… 李德风

1952年11月，《教师月报》发表苏灵扬校长文章《学习苏联先进教育经验，把年轻一代培养成新型人物——我们是这样向苏联学习的》。文章总结了学校学习苏联教育的经验，强调学习苏联教育理论和先进经验，要发挥创造精神。这一时期，学校开始从教学形式、结构、教材和考试成绩评定等方面，拟定各学科的教学目的、任务、要求；试行五级分成绩考核制；部分学科开始选用东北人民政府教育部编译的苏联教材。在这些新尝试中，学校提倡大胆尝试要与周密计划、及时检查相结合，以避免可以避免的错误，防止轻率从事。在课堂教学方面，对旧的教学制度进行了一些改革，运用苏联课堂教学经验已成普遍现象；充分备课和计划性方面进了一步；巩固教学被普遍重视了；掌握直观原则方面也有进步；吸取新事物、新知

识来充实教材内容，等等。即使政治、体育课也在学习运用苏联教学经验，如体育开始学习苏联“劳卫制”，学生坚持锻炼，蔚然成风。

胡志涛在《总结才能前进——北京师范大学附属女子中学1952年第一学期教学工作总结》中提出，在教学工作方面：第一，学习先进经验，发挥创造精神。这是作为中心任务被提出来的。各科在这方面都多多少少有些收获……这些新尝试，虽然中间还存在着缺点，而且还只做了一学期，但已经见到了成绩。新的尝试中都会有问题的，要是怕出问题，就只好故步自封。自然，我们提倡大胆尝试要与周密计划、及时检查相结合，以避免可以避免的错误，防止轻率从事……第二，课堂教学在去年的基础上进了一步。其特点是运用苏联课堂教学经验已成普遍现象，即使如政治、体育课也在学习运用，而且有部分教师已熟练了……首先是充分备课和计划性方面进了一步……巩固教学被普遍重视了……掌握直观原则方面，这学期也有进步。……吸取新事物、新知识来充实教材内容。（摘自《人民教育》1953年6月号）

第二节　教学研究与教学改革

中华人民共和国成立初期，北京市教育局公布教育计划，课程设置为政治、国文、外语、数学、物理、化学、历史、地理、博物、体育、音乐、美术。废除国民党的党义、公民等课程，境内中学执行全市统一教学计划，新华书店统一供应教材。

1951年4月20日，《师大女附中校刊》创刊号发行。

附:《师大女附中校刊》创刊号目录

《师大女附中校刊》创刊号（一九五一年四月二十日）发刊词

一九五〇年度下学期教育计划大纲

介绍两个教学提纲 ………… 韩文佑、丁 丁、刘希璞、马瑶琴

我们在《辽尼亚和他的祖母》这课里是怎样进行启发教学的?

………………………………………………………………… 陈云徵

初一语文教学互助组是怎样进行互助的? ……………… 白 鸿

A3 +B3 和 A3−B3 分解因式的实物教学 ………………… 关秉衡

初中平面几何的启发教学 ……………………… 李振纯、于宗英

我怎样教初中化学"气体体积的计算法"? …………… 谢 莹

改进我们的团队工作 ………………………………………… 胡志涛

批改英语作业的方法 …………………………… 阎伯铭、赵德先

如何帮助个别学生进行学习? ……………………………… 赵玉璞

一周级任工作 ……………………………………………… 丁 丁

深入联系群众的开端——春假宣传简报 ………………… 仲 耘

本校托儿所概况

1952年12月,《教师月报》发表了学校副教导主任胡志涛的文章《培养学生自觉纪律的几点经验》。

1953年1月,学校举行第一次历史晚会,纪念太平天国革命102周年。

3月1日,《光明日报》发表闫应清的文章《我们的历史晚会》。

5月,为庆祝校庆召开家长座谈会。

12月,举行第一次数学晚会。

这一年,全国劳动英雄王崇伦、中华全国文学工作者协会副主席冯雪峰来校做报告。苏灵扬校长带领全校师生去钓鱼台打野仗,作家高玉宝、陆柱国参加。全校推行"红领巾"教学。担负师范大学实习任务,全年共接待实习生369人,举行观摩课66节。

学校的本职工作,应以"教学为中心"。但是,在中华人民共和国教育发展的历史上,曾经几次出现了严重偏离"教学中心"的倾向。例如,在

中华人民共和国成立初期，学校出现了社会活动过多的现象。为了纠正这种偏差，1954 年，政务院发出《关于改进和发展中学教育的指示》，指出“校长应对学校的工作全面负责，但必须以领导教学为中心，使教学工作成为学校的中心任务”。在这种思想指导下，学校秩序趋于正常，各级领导都重视教育质量的提高。随后，北京市委发布《关于提高北京市中小学教学质量的决定》，简称《五四决定》。学校制定提高教学质量方案，北京市组织现场会交流经验。

1954 年 2 月 18 日，《光明日报》发表了我校数学教研组的文章《我们的数学晚会》。

3 月 9 日，叶剑英同志复信胡志涛、赵德先二位校长，为 3 月 10 日的家长会议请假，并就学校教育教学提出建议。

7 月，组织数学晚会，内容有：七巧舞、介绍华罗庚先生、介绍古代数学和数学游戏。

1955 年 4 月，女附中组织俄语晚会活动。

1958 年 7 月，市教育局选择我校初一（5）班、初二（4）班、高三（4）班试点《北京市中学生操行成绩评定暂行办法》。

1959 年 9 月，孙岩校长在全校员工大会上讲话，这一年我校高考成绩优异，取得全区第一名。

同年，《教育通讯》第 4 期发表了谢莹老师的文章《谈谈化学实验教学中的问题》；第 6 期发表了赵静园老师的文章《字词教学的点滴经验》。

1960 年 1 月 9 日，《北京日报》发表了王清漪的文章《让物理教学和生产劳动结合起来》。

3 月 1 日，《北京日报》发表了张玉寿老师的文章《为党的教育事业贡献我的一生》。

同月，《教育通讯》第 13 期发表了梅树民老师的文章《谈谈我是怎样备课的》。

5月,《教育通讯》第39期发表了数学教研组的文章《对数学教学改革的初次尝试》。

1961年11月,《内部通讯》第2期发表了数学组的文章《教学改革一年来，我们在数学教学工作上的体会》。

12月,《内部通讯》第3期发表了语文组的文章《关于作文教学的命题、批改和评讲》。

1962年4月,《内部通讯》第5期发表了数学组的文章《数学课教学改革试验的初步成绩和体会》。

11月,《内部通讯》第6期发表了数学组的文章《初一几何教学小结》和数学教研组初一互助组的文章《初一代数有理数单元教学的体会》。

1964年5月,《教工园地》杂志创刊号发行。

附:《教工园地》杂志创刊号目录

12月,《教育通讯》发表了语文教师周学敏的文章《语文教学改革工作中的几点体会》。在20世纪60年代的《人民教育》中，曾有多期多篇文章介绍宣传周学敏老师的语文教学改革经验。如作文教学，周老师把学生作文中的问题梳理出来，排成序，配合上相关的选文组成单元，一个单元解决一个重点问题；虽然还是综合作文，但作文指导、批改、评分、讲评，都突出训练重点，符合训练重点的得高分，非训练重点的问题留待以后解决。这样实际上便形成了以作文技能训练为中心，读写结合，选文服从技能训练的语文教学模式。

周学敏老师，是当时我国中学语文教学改革的典型代表，曾经开创出一种全新的以言语技能训练为中心的语文教学模式。她的语文教学突破了文本中心，转为言语技能中心，由授之以鱼，发展为授之以渔。她在自己的教学中逐一且集中地解决学生作文中的一个个问题，教给学生一项项读写技能，或是口语交际技能，完成语文课程自身的目的任务。周学敏老师语文教学的一大特点便是充分调动学生的积极性，发挥学生的主观能动性。在她的课堂上，学生从被动的学习者变成主动的探索者，变成勇敢的尝试者。为此，周学敏老师进行了长期的积累、反复的斟酌和大量的尝试。她的语文课不仅得到学生的喜爱，同时也在北京市乃至全国推广，《人民日报》《光明日报》《求是》《中学语文与教学》等多家媒体和专业期刊多次持续报道，周学敏成为全国家喻户晓的语文教师。

1964年4月3日《人民日报》报道：

北京师范大学女附中语文教师周学敏，以前教语文时只靠自己讲，使得学生很被动，对语文课和作文长期不感兴趣，后来改进了教学方法，并且在出作文题时启发学生的思想，提高了学生对作文的兴趣。结果学生的语文和作文不久就有了飞速的进步。

2006年《中学语文与教学》刊载《回忆邓拓同志对语文教学的指导》：

记得从一九五九年起，邓拓同志就一再提倡认真总结、推广教师的先进经验，他认为这是提高教师水平、提高教育质量的有效办法。为此，一九五九、一九六一、一九六三、一九六四年市教育局和教师进修学院依次召开过总结交流教学经验会，张文松同志和孙国良同志亲自出席讲话。影响较大的、有代表性的是师大女附中语文教师周学敏同志的经验。周学敏同志从一九六一年就明确语文是学习和从事工作的基本工具，教语文要教学生知识、写字、阅读、作文，依次改革讲读和作文教学，通过读写技能教授学生并进行思想教育，彰显了语文课“文”与“道”的统一。

1969年，北京市革命委员会规定：学制改革，中学为五年制；减少课程，只设政治、语文、数学、工业基础知识、农业基础知识、军体、革命文艺和史地等课程；政治、语文、历史主要学习毛泽东著作；实行开门办学，学生每学年安排两个月学工、学农。

1971年以后，学校恢复外语课，增加了语种和课时。

1975年，学校将工业基础知识课恢复为物理和化学。

第三节　开展多样的课外活动

为了丰富学生的课外生活，学校自1950年起就成立了课外活动小组。其中包括：生理解剖小组、巴甫洛夫小组、地理模型小组、提琴组、高中音乐组、电机小组、航空模型组等。

附：1952年5月21日教导处《课外活动总结》目录

一、概况检阅

一部　现有无线电小组、动物小组、植物小组、航空模型小组、文学组、美术组、提琴组、钢琴组，参加总人数共一百七十五人。

二部　现有标本仪器组、无线电组、广播组、文学组、美术组、航空模型组、钢琴组，参加人数共二百二十三人。

通过这次校庆活动——主要是展览、墙报和表演三方面，同学们反映多是好的。参加小组的组员通过这些活动提高了对小组活动的水平和热情。如无线电小组的讲解员，为了准备展览时给大家讲解，自己就用心地学习了理论。很多小组通过校庆实际活动，情绪高涨，要求增加活动时间，同时通过这一次的小检阅也发现了活动中的缺点，如小组活动常从兴趣出发，没有系统，缺少计划，对理论学习得不够，感到是受时间和水平的限制。另一方面也感到对整个大组领导不够，需要整理小组，加强领导。

二、课外小组成立以来的经验教训

今后要进一步解决如下三个问题：

（1）如何加强对各课外小组的组织领导，如时间上的保证，情况的了解，组员组友的发展，计划的审查等问题。

（2）如何加强辅导先生的思想领导和业务指导，提高教学小组的辅导责任。

（3）如何培养同学在活动中的劳动纪律。

三、课外小组成立以来的收获

（一）通过课外小组的活动，培养了爱国主义感情和远大理想。

（二）培养同学在学习上的钻研性、创造性，扩大知识领域，使他们所学的理论知识与实际相结合。

（三）锻炼科学性和耐心。

（四）培养同学热爱劳动和劳动的果实，锻炼了学生的集体主义精神和意志力。

一九五一年二部课外小组工作介绍

各科小组人数统计与比例

一、标本仪器组 78人（团员9人，队员51人，同学18人）

物理组 16人（团员5人，队员7人，同学4人）

地理组 7人（队员3人，同学4人）

化学组 19人（团员2人，队员12人，同学5人）

博物组 21人（团员1人，队员18人，同学2人）

劳作组 15人（团员1人，队员11人，同学3人）

二、无线电小组 7人（团员1人，队员4人，同学2人）

三、广播小组 3人（队员2人，同学1人）

四、文学组 30人（党员1人，团员6人，队员19人，同学4人）

五、美术组 23人（团员3人，队员17人，同学3人）

六、航空模型组 70人（团员18人，队员43人，同学9人）

七、钢琴组 12人（团员4人，队员8人）

共计223人：党员1人，占0.448%

团员41人，占18.386%

队员144人，占64.574%

同学37人，占16.592%

社团：剧团 26人（团员11人，队员11人，同学4人）

舞蹈团 25人（团员4人，队员18人，同学3人）

（摘自《本校各课外活动小组活动材料》，实验中学档案（1951.7—1952.7））

舞蹈队在表演

1952年，组织了天文、航空、地质、建筑、文学等21种课外研究小组。

1957年4月16日，少先队大队委员会科技部主编的校园刊物《原子的梦》创刊。

5月15日，《原子的梦》印出第二期。

1958年12月23日，校刊《竹笛》创刊。创刊词展示《竹笛》宗旨，要成为"学校文化革命优秀作品和大家见面的园地"，编委会在党委和文学教研组领导下，由文化宣传委员会的部分委员和高二（8）班十位同学组成。

12月，校篮球队获1958年"三好五爱杯"篮球比赛女子青年组第二名、女子少年组第三名。女子排球第一名。学生毕克茜获西城区中学生1958年自行车比赛1500米第二名（3'49"1），吴孟娴获第三名（3'50"5），张敏良获第五名（3'57）。孙金桂获自行车比赛3000米第一名（6'53"6），郭庶英获第二名（7'17"8）。林梅梅获自行车比赛5000米第一名（12'27"2），张敏获第二名（12'28"3）。学校获女子组第一名（35分）。在西城区中学生1958年越野赛女子800米比赛中，实验中学学生周如玲获第一名（2'32"4），于力南获第二名（2'32"5），王文衡获第五名（2'46"5），张敏获第七名（2'48"7）。

1959年10月，实验中学获1959年航海多项运动竞赛女子乙组、女子丙组总分第一名。

1963年5月，春季中学生田径运动会，实验中学获女子甲组总分第一名，女子乙组总分第三名，女子丙组总分第二名。西城区中学生体操比赛，实验中学高中组获总分第一名，初中组获总分第三名。

10月，获北京市航海多项运动竞赛会中等学校女子青年组总分第一名、女子少年组总分第一名。25日，《北京晚报》文章《航海多项竞赛中学工厂组结束》报道"师大女附中蝉联五届女子少年组冠军称号"，并且提到:“从1956年起,师大女附中每年都向北京市航海代表队输送优秀队员。”

2017年高一研究性学习课题报告(节选)写道:

> 20世纪五六十年代,女附中曾经有过一支活跃在各个年级的运动队,大家都叫她舢板队。其实,她的全名应该是“航海多项运动队”①,划舢板的学名也应当叫“荡桨”,只是航海多项运动中的一项。
>
> 学校的舢板队最早成立于20世纪50年代。舢板队的辉煌战绩是从1957年到1959年,大、小舢板均连续三年获得北京市冠军,其中有些队员李林、张大均还参加了1959年的全运会比赛。1960和1961年比赛暂停,1962年至1965年学校小舢板队继续书写辉煌战绩。这来之不易的荣誉深深影响着一批批后来的舢板队员,“刻苦顽强、团结向上”成为舢板队一代又一代传承接续的精神财富。
>
> 舢板队的活动在校内得到娄金洲、刘家瑞等老师的指导和关怀;在校外,位于后海北岸的航海俱乐部的教员们为队员们的训练及知识普及倾注了大量心血。更重要的是,舢板队有一种由高年级学生给低年级学生担任辅导员的做法,学生自理自治的程度很高,不仅保证了日常训练、集训、比赛的顺利进行,还使得舢板队的优良传统能够代代承续,使同学们在独立工作能力、人际沟通能力、克服困难的能力及民主作风等方面得到锻炼。很多队员发自内心地说:“在舢板队的活动是中学时期最美好、最难忘、最快乐的时光!舢板队的锻炼使我们终身受益。”

(摘自《关于20世纪五六十年代舢板队(高忆凌)的采访报告》,课题组成员:张晓萌、陈泰伦、张释然、张楷阳、哈泠羽,指导教师:孙玲玲)

---

① 航海多项运动是国防体育运动,是在20世纪50年代水上运动的基础上,在学习苏联、推广劳卫制、普及军事体育活动的背景下于20世纪50年代正式在北京中学推广开的体育运动。

1963 年 12 月 5 日，《北京晚报》文章《市乒乓球赛中的“红领巾”》报道我校孙小红同学（14 岁）在全市乒乓球赛中取得女子单打第一名，陆汝耀为第三名。

同年，我校获西城区春季中学生歌咏比赛优等奖。

1960 届高三（5）班魏兰兰回忆：

我还参加了学校组织的坦克团军训、舢板训练、航空跳伞等军事题材的活动，增强了我到男子汉世界里去闯荡的勇气与信心。

1966 届高三（1）班张小青回忆：

当时我们在学校的时候，既有理想教育，也有现实教育，有很多课外小组，这些小组都是联系实际的。我当时是生物小组的，当时教生物的刘老师带着生物小组开展活动，非常活泼，丰富多彩，不光是课本上的，我记得就是咱们后面这片地方，还种了很多草莓。那是我第一次看到草莓，刘老师带着我们去摘草莓，我才知道草莓是在地上长的。当时我觉得课外活动很丰富多彩。

另外，每年夏收的时候，我们都去农村割麦子，然后住在那儿，我们和当地的老乡差不多同龄的孩子成为好朋友，回来以后，他们还到城里来看我们，有个孩子还在我家住过一宿。不光是理想主义教育，我觉得在联系实际的各个方面，女附中的教育，我们都受益匪浅。

1969 年春，举办了第一届军体运动会。

1971 年 4 月 4 日，举办了第二届春季军体运动会。

运动会主席团由李庆连、李凤生、陈万仓、王瑞光、李松文、娄金洲、吴观玉、赵宏勇 8 人组成；政工组有李松文、王章伍、刘文莲、郑宏等；指挥组有陈万仓、娄金洲、夏克若、刘嘉瑞、谭世和等；后勤组有吴观玉、朱俊峰、陈国忠等。

1953 届校友高树敏回忆：

我是1953年高中毕业，学校当时具有设备完善的实验室、藏书丰富的图书馆。而且还组织许多课外小组，使我们亲自参加了室内外的多样的科学实验，阅读了大量的课外书籍，开阔了我们的眼界，培养了我们的自学能力，增强了我们的革命事业心。

记得当时有化学、物理、生物实验室，此外还有音乐欣赏室、绘画室等，其中以化学、生物实验室最完善。上实验课时，可以两人一组使用化学仪器或显微镜。老师经常带我们上实验课，这不仅提高了同学们的学习兴趣，巩固了课内知识，而且更重要的是加强了学生的动手能力。

当时图书馆藏书很丰富。有一阵子我对生物学很感兴趣，在图书馆可以借到不少生物界名家的专著。这些丰富的专业书籍，对开阔学生的视野、培养学生在各个不同专业方面的爱好，对多出人才、早出人才很有必要。

学校的阅览室陈列着许多文艺书刊，学生可以随手翻阅。在母校的三年是我一生中学习效率最高的三年，培养了我读课外书的习惯和爱好。

学校组织了许多课外小组，有生物、地质、航模等，还组织了篮、排球代表队，课外生活十分丰富。

我在生物小组时，学校出钱让我们去买鸟、买猫，在实验室制作标本。

在地质小组时，地质学院的大哥哥们曾带着我们去西山红石口的菊花沟采集矿石。我们背着专用的背篼，手持小榔头，脚踏自行车，奔驰在祖国的原野上，欣赏着祖国的美好风光，采集着祖国的石子，抚摸着祖国的大地，心中充满了地质工作者的骄傲。祖国的河山和祖国的建设对我们来说如此具体，如此亲切。

第四节 开展劳动技术教育

1955 年 7 月 1 日，教育部发出“关于减轻中、小学学生过重负担的指示”，指出学生负担过重虽然是几年来一直存在的问题，但自 1954 年秋季起，发生了新的严重情况。

9 月，全市两次调整课程设置，数学课取消解析几何，生物课取消达尔文理论基础。

10 月，实施基本生产技术教育。

1956 年，制定《北京实验中学三年工作规划（草案）》（1956—1958 年），其中提到：“基本生产技术教育：（1）六科教师正确贯彻基本生产技术教育：①明确各年级贯彻的内容和范围。②系统地培养学生技能技巧。③充分运用直观原则，各科建立一套必需的教具设备。（2）生物、物理二科教师要掌握园地和工厂实习课所必要的技能和技巧。（3）1956 年起逐步开设实验园地及工厂实习和作业课，到 1958 年使学生获得必要的现代生产的基本知识及使用手工劳动工具的简单技能。（4）普遍开展科技课外小组，提高科技活动的质量。”

1957 年 3 月，毛泽东主席为我校高三学生王桂芹回乡劳动日记写了批语：“每年暑假回乡一次，极为有益。此文写得很好，住半月不够最好住一个月。”领袖批语教导学生，不要脱离劳动，不要脱离劳动人民，成为当时学校贯彻革命教育方针、加强劳动实践教育的巨大推动力量。

1958 年 2 月 20 日，《中国青年报》发表了毛主席对王桂芹暑假回乡日记的批语。

附：《毛主席批阅我的日记》

我的学生时代是幸福的，我曾受到毛泽东主席的亲切教诲和无微不至的关怀，在我一生中留下了最珍贵、最美好的回忆。

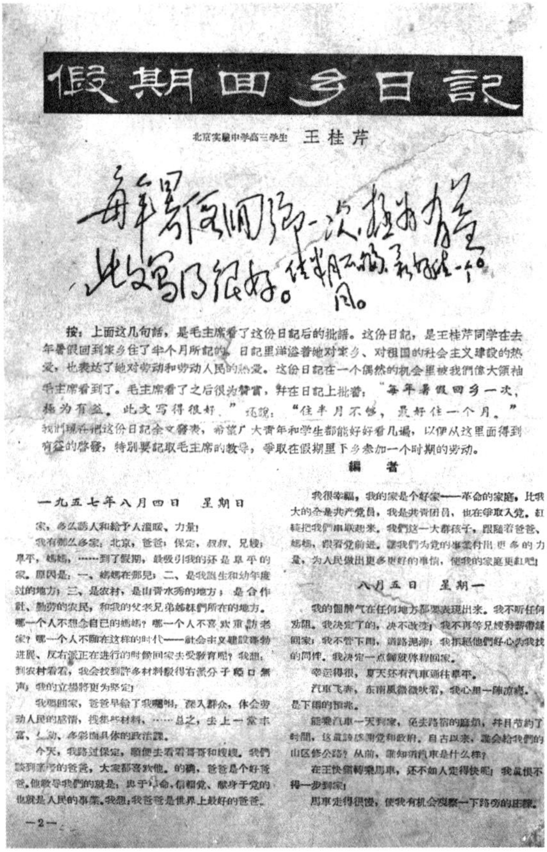

假期回乡日記

北京实驗中学高三学生 王桂芹

每年暑假回乡一次，极为有益。此文写得很好。住半月不够，最好住一个月。

按：上面这几句話，是毛主席看了这份日記后的批語。这份日記，是王桂芹同学在去年暑假回到家乡住了半个月所記的。日記里洋溢着她对家乡、对祖国的社会主义建設的热爱，也表达了她对劳动和劳动人民的热爱。这份日記在一个偶然的机会里被我們偉大領袖毛主席看到了。毛主席看了之后很为贊賞，并在日記上批着："每年暑假回乡一次，极为有益。此文写得很好。"还說："住半月不够，最好住一个月。"我們現在把这份日記全文發表，希望广大青年和学生都能好好看几遍，以便从这里面得到有益的啓發，特别要記取毛主席的教导，爭取在假期里下乡参加一个时期的劳动。

編 者

一九五七年八月四日 星期日

家，多么誘人和給予人溫暖、力量！

我有那么多家：北京，爸爸；保定，叔叔、兄嫂；阜平，媽媽，……到了假期，最吸引我的还是阜平的家。原因是：一、媽媽在那兒；二、是我誕生和幼年度过的地方；三、是农村，是山青水秀的地方；是合作社、勤劳的农民，和我的父老兄弟姊妹們所在的地方。哪一个人不想念自己的媽媽？哪一个人不喜欢重訪老家？哪一个人不願在这样的时代——社会主义建設蓬勃进展、反右派正在进行的时候回家去受教育呢？我想，到农村看看，我会找到許多材料駁得右派分子啞口無声，我的立場將更为堅定！

我要回家，爸爸早給了我囑咐：深入群众，体会劳动人民的感情，搜集些材料，……总之，去上一堂丰富、生动、多彩而具体的政治課。

今天，我路过保定，順便去看看哥哥和嫂嫂。我們談到亲愛的爸爸，大家都喜欢他。的确，爸爸是个好爸爸。他教导我們的就是：忠于革命，信賴党、献身于党的也就是人民的事業。我想：我爸爸是世界上最好的爸爸。

我很幸福，我的家是个好家——革命的家庭，比我大的全是共产党員，我是共青团員，也在爭取入党。紅綫把我們串联起来。我們这一大群孩子，跟随着爸爸、媽媽，跟着党前进。讓我們为党的事業付出更多的力量，为人民做出更多更好的事情，使我的家庭更紅吧！

八月五日 星期一

我的倔脾气在任何地方都要表現出来。我不听任何劝阻。我决定了的，决不改变！我不再等兄嫂夥帮帶錢回家；我不管下雨，道路泥濘；我拒絕他們好心为我找的同伴。我决定一点鐘就啓程回家。

幸运得很，夏天还有汽車通往阜平。

汽車飞奔，东南風微微吹着，我心里一陣凉爽。是下雨的預兆。

能乘汽車一天到家，免去路宿的麻煩，并且节約了时間，这真該感謝党和政府。自古以来，誰会給我們的山区修公路？从前，誰知道汽車是什么样？

在王快鎮轉乘馬車，还不如人走得快呢！我真恨不得一步到家！

馬車走得很慢，使我有机会观察一下路旁的莊稼。

—2—

毛主席为王桂芹返乡劳动日记写的批语

1952年，我从北京育才小学毕业后，被保送到北京师范大学附属女子中学初中部读书，1955年又被保送到本校高中部就读。

到了高中，我开始认真思考：人为什么活着？怎样活着才有意义？学校的教育、家庭的影响，使我认识到：人活着要有崇高的目标，要有更高的追求。我迫切要求入党，努力按照党的要求锻炼自己。

1957年，党中央、毛主席提出了德智体全面发展的社会主义教育方针，并号召知识青年参加体力劳动。学校很注重对学生树立革命人生观和确立共产主义理想的教育，对劳动教育抓得紧，每学期都组织学生到郊区义务劳动。当时我想，我老家在农村，何不利用假期回乡参加劳动。放假前，学校党组织已找我谈话，准备讨论我的入党问题。后来接到通知，支部大会的时间推后了。此时，尽管暑假已过去一多半了，我还是想回乡下去。走前，我父亲嘱咐我，回去要深入群众，多体会劳动人民的思想感情，可以搞些调查研究。说实在的，到了假期，最吸引我的地方是我的家乡，除了因为妈妈在那里，还想回家乡受教育。

我的老家河北省阜平县地处太行山区，山清水秀。阜平人民有着光荣的革命传统，早在第一次国内革命战争时期，就建立了党的组织。我的父亲、叔叔早年投身革命，是组建我县第一个农民支部的主要成员，我们村，我们家就是党组织早期活动和联络的地点。抗日战争时期，阜平是晋察冀边区唯一不被敌寇长期占领的完整县，每个村都是堡垒，每个人都是战士，绝非轻易撼动的地方。在革命战争年代，阜平出了很多可歌可泣的英雄人物，被称为“英雄的土地”。我热爱这块土地。

我母亲是老党员，我爱听我母亲和村里一些老党员讲的真实而动人的革命故事，它感染着我，教育着我，成为促使我为革命而学好本领的动力。每次回乡我思想上都有很大收获。

由于回乡晚了，我在老家只住了半个月。时间虽短，但生活是丰富的：下地劳动，访问农户，给农民读报纸，参加社员会，和乡亲们聊天、讨论问题……天天有新鲜内容，天天感受不一般，天天有心得、有收获，火热的生活促使我提笔每天写日记，共写了14篇，1万多字。这份日记，在一个很偶然的机会里，被毛主席看到了，他对我的日记全篇通读，精心批改，写了重要的批语和批示。之后，日记以《假期回乡日记》为题刊登在《中国青年》1958年第4期上，在全国，特别是青年中引起了很大的反响。

毛主席批改了我的日记，我高兴，我幸福，却不知道该怎么办。

开始，我想先保密，但又一想，这是一件大事，应该让我的同学、老师，我的集体来共享这种欢乐和幸福。于是，我先告诉了几个同学，她们又告诉了别的同学，很快在班上传开来。我们班沸腾了。同学们欣喜若狂，都激动得跳起来，有的同学高兴得掉下眼泪，有的饭也吃不下去了。“毛主席批改我们中学生的日记啦！”她们跳着喊着，快乐幸福的心情不知道怎么表达。

日记在同学中争相传阅。同学们都想及早看看毛主席的亲笔批语，都想快点阅读毛主席批改过的日记。开始，排队等着，一个人看完另一个人看；后来，干脆利用晚自习，推选出朗诵最好的同学来读，大家听，然后，进行热烈的讨论。我不在学校上晚自习，当时不在场。第二天早晨我来到教室，同学们把我围住了，争着说自己最想说的话。

“桂芹，写得太好啦！”

“我们太幸福啦！”

“快送到报纸发表。”

“我来抄。”

“我供纸。”

“放假，我们也到农村去。”

“桂芹，带我们回你老家好吗？”

……

毛主席批示日记的消息不胫而走，很快在学校传开了，特别是高三年级的同学，都来借日记。到1958年1月还有人给我写条子：“你的日记太好了，我们有很多人还没看，希望你能多借给我们一两天吧！”

喜讯带回家，全家都被这意想不到的幸福感动了。原来，谁也不知道我有这么一份日记，更想不到毛主席阅批过。我父亲非常激动，他仔细阅读日记，对毛主席批语和画圈的地方反复翻阅……

我父亲平时注重对我们进行思想教育，经常不断地给我们讲点政治形势和马列著作，叫我们听党的话，听毛主席的话，忠于党的事业。我每次回乡前，他总要嘱咐我，回去要多深入群众，调查研究，看望拜访老农和老党员。我回来后，他总要问家乡的发展情况，问曾经和他一起生活和战斗过的那些老人。我知道，父亲关心家乡的建设和发展，我汇报时尽量详细、具体。他听后总要给我讲点“挂帅”的东西。这一次，我父亲叫我们着重领会：毛主席为什么给一个中学生批改日记，意义是什么？寄托着什么？自己怎么办？父亲说：“毛主席对青年一直是非常关心和重视的。毛主席那么忙，还仔细批改一个中学生的日记，这是对青年一代的关怀和爱护。利用假期到农村，接触社会，参加劳动，接近劳动群众，学习劳动人民的优秀品质，对学生来说，是思想健康成长的重要途径。毛主席的批语，指明了方向。”父亲还说：“日记确实写得不错，这应当归功于党的教育，这也是学校教育的成果。个人总是渺小的。”他重复着他以往经常用来教育我们的话：“总之，你们要永远记住，没有革命就没有今天，没有共产党和毛主席就没有新中国，就没有我们的幸福生活。”

（摘自王桂芹《毛主席阅批我的日记》，《人物》1999 年第 12 期）

1959 年编写的《北京实验中学简况》记载：

去年，学生下乡参加了秋收。农民辛勤的劳动精神感染了他们，他们真正懂得了粮食来之不易。听到农民关于旧社会痛苦生活的追述，目睹新社会给农民带来的幸福，以及在公社化运动中农民那种迫切要求改变“一穷二白”状况的革命热情，都深入地教育了他们。在工厂劳动中，工人的团结互助、遵守纪律以及忘我的劳动精神，使他们真正认识到工人阶级的优良品质。劳动中，学生不仅学到一些简单技术，更重要的是受到锻炼，培养了他们热爱劳动和劳动人民的品质，更深刻地体会到“劳动创造一切”的真理。

通过劳动，通过一年多来的社会主义教育，学生的社会主义觉悟、集体主义精神、自觉遵守纪律的精神大大加强了。在集体工作中，他们争先接受任务。他们在劳动中，互相支持，互相督促；在日常生活中也能互相关心，互相勉励。

在1958年“大跃进”的年代中，学校大力贯彻了“教育为无产阶级政治服务，教育与生产劳动相结合”的方针。学生不仅努力学习书本知识，生产劳动也成为学生经常不可缺少的活动。根据上级的指示和我们的实际工作经验，劳动已正式列入课程。

为了使生产劳动更好地与教学相结合，为了根据女生的生理、年龄特点安排工种，学校与广播事业局北京服务部协作，在学校建立了三个车间，加上学校原有的机工车间，共四个车间，即金工车间、机工车间、绕制车间（变压器车间）、装配车间，这四个车间包括了装制扩音机、电子示波机等无线电仪器的生产的主要过程。

为了使教学、生产劳动更好地结合，物理教师和车间师傅还编写了车间教材，结合生产劳动讲授理论知识。教师在教学中注意理论联系生产实际中的问题。学生所学的几何、三角，以及物理学中的电、力、热学等部分的知识，在生产劳动中得到了运用和巩固。

在“大跃进”的形势鼓舞下，在教育方针的指导下，在进一步提高教学质量的号召下，全校教师工作的积极性和责任感有了很大的提高，教师已形成一个为贯彻党的教育方针，努力提高教学质量而奋斗的集体；他们积极钻研教材、教法，热爱并严格要求学生。学生的学习积极性也较过去有很大的提高，教学质量显著提高。

由于参加了生产劳动，生活领域扩大了，学生的见识增多，思想感情更丰富了，他们的作文的内容充实了，语言也更丰富了。学生所学的数理化知识在生产中得到运用，因而所学知识较过去更巩固和灵活。

学生成绩也有提高，如今年的语文、数学的学期考试成绩与去年比较：

科目	年级	1957 年	平均分	1958 年	平均分	增幅
语文	初一	72.3 分	79.1 分	85.4 分	88.5 分	增 9.4 分
	初二	81.7 分		88.75 分		
	高一	77.1 分		90.07 分		
	高二	85.4 分		90 分		
数学	初一	79.9 分	84.3 分	92.8 分	93.9 分	增 9.6 分
	初二	83.6 分		92.3 分		
	高一	80.9 分		95.36 分		
	高二	93 分		95.52 分		

今年学校高中毕业生投考高等学校的有 256 人，除 13 人外，均考入高等学校。

一年来，学校虽有不少进步，如何更进一步提高教学质量，以达到国家的要求还需要我们继续努力摸索，需要我们不断学习苏联及其他社会主义国家的先进教育经验；需要我们研究吸收一切国家好的经验；需要学习我国许多学校的经验来充实自己，我们将在上级领导下努力取得更好的成绩。

1960 年 4 月，高二年级准备“为革命而学习”的主题班会。刘少奇题词：“同学们应当立大志、攀高峰，这不仅是为了个人，而首先是为了大家，为了社会，把自己学到的知识看成是自己个人的私有财产，还是把它看成是社会的公有财产，是资产阶级知识分子和无产阶级知识分子的根本区别之一。”学校将题词制成红底金字立匾树立在教学楼内。

5 月 4 日，召开学生大会，发给每位三好学生一枚印有刘少奇题词的书签。

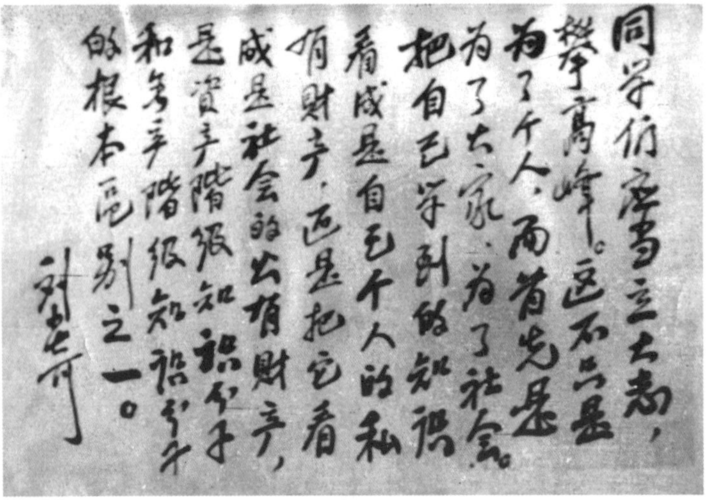

刘少奇题词

5月26日，我校总结两年来“坚决贯彻教育方针，使教育与劳动生产密切结合起来”的经验，提出“两条腿走路”的方针：即工业劳动和农业劳动不可偏废（当然在城市的学校里，应以工业劳动为主），分散劳动与集中劳动相结合，校内校外相结合，自办工厂和厂校挂钩并举的办法，为了更有效地结合教育教学，应创造条件，逐步向自办工厂过渡。

校办工厂学车工

第三章 日渐提升的师资力量

第一节 师资概况

据1949年5月19日填报材料，女附中当时有教职工85名（未包括工友34人），其年龄分布情况如下：

中华人民共和国成立之后合并后的师大女附中教职工年龄分布（1949年5月19日）

年龄	20岁以下	21—25岁	26—30岁	30—35岁	36—40岁	41—45岁	46—50岁	51—55岁	56—60岁	61岁以上	合计
人数	2	5	17	13	17	16	11	4			85

关于女附中教职员工的情况，在1949年5月19日与1949年11月1日先后两次填报的表格中亦有一定变化，其中职员增加5人，专任或级任教员增加9人，兼任或科任教员增加7人，教员总数共增加21人，工友增加7人。兹将表列数据附录于下，以备参考。

女附中1949年5月19日与1949年11月1日两次填报表格中的教职工人数

1949年5月19日填报的教职工总人数：119人						1949年11月1日填报的教职工总人数：147人					
职别	职员	专任或级任	兼任或科任	共计	工友	职别	职员	专任或级任	兼任或科任	共计	工友
男	25	18	5	48	33	男	27	24	5	56	39
女	8	27	2	37	1	女	11	30	9	50	2
合计	33	45	7	85	34	合计	38	54	14	106	41

数据来源：据《北平市各级学校概况一览表》，1949年5月19日、1949年11月1日分别填报。实验中学档案，原件。

在 1949 年 11 月 1 日填报的教职员 106 人当中，按服务教界之年资分列

工作年限		不足一年	一年	二年	三年	四年	五年	六年	七年	八年	九年	十年以上	共计
教员	男	3		2	1					1		22	29
	女	6		3	3	1	1	2	3	4	3	13	39
职员	男		4	2	2				1	1	2	15	27
	女		2		1				2	1		5	11
合计		9	6	7	7	1	1	2	6	7	5	55	106

资历		留学国外	研究院	华大或革大	师大毕业	师范教育学院	大学毕业	高师毕业	专门学校	师范学校	专科师范	简易师范	乡村师范	幼稚师范	高中毕业	初中毕业	私塾	其他	共计
教员	男		1	2	11		10	2	1		2								29
	女	1		5	15	4	9	2		1	1				1				39
职员	男						3	1	2			1			7	3		10	27
	女				5		3								1			2	11
合计		1	1	7	31	4	25	5	3	1	3	1			9	3		12	106

注：表格内数字为人数。

1955 年 10 月 14 日，北京师范大学附属女子中学领导干部名单暨教职员工人数统计情况是：

行政领导干部：11 人；

教员：92 人（内有 10 人兼任教研组组长）；

职员：35 人（包括团、队、托儿所领导在内）；

工友：62 人（内工友 34 人，炊事员 28 人）；

总计：200 人。

1956 年 2 月，王明夏、刘秀莹被评为 1955—1956 年度“北京市教育工作系统劳动模范”，市召开表彰庆祝大会。

同年，全市第一次评特级教师，王明夏、张玉寿获此殊荣。

1957年，在“反右”斗争中，女附中有12名教职工被划为右派，1978年全部改正。

师大女附中，中华人民共和国成立前夕，仅有17个班，学生650人左右，中华人民共和国成立后，四校合并，有27个班，学生1100人左右。现有36个班，学生1813人。学生均是女生，平均入学年龄13周岁，在校学习六年。现入伙人数1700人（全伙1300人，半伙400人），住校生450人。

1959年编写的《北京实验中学简况》记载：全校工作人员140人，校长2人，教导主任3人，办公室主任1人，教师80人，职工54人。学校教师大多系大专学校毕业，大专学校毕业及肄业两年以上者共67人，其中北京师大毕业者29人。多数教师具有一定的教学经验，教龄在25年以上者7人，10—25年者31人，5—10年者23人。

1960年11月24日，《北京日报》第2版以《精心保管和计划吃用大白菜》为题，报道“师大女附中管菜有办法，用菜有计划，并准备冬菜生产，汽轮机厂先吃次菜，后吃好菜，按人按量下锅，职工吃得好”。

1966年，“文化大革命”的浪潮悄然袭来。学校教学废止，教学时间多用于批判“资产阶级反动路线”。女附中浩劫空前，教职工百余人，遭殴打、被抄家、送劳改的竟有几十人。

第二节　教师获得的荣誉

1959年编写的《北京实验中学简况》提到：教师除教学活动外，还积极参加社会政治活动，学校有一位教师任市人民代表，两位教师任北京市政协委员，一位教师任西城区政协委员。

1960年2月，张玉寿、于宗英、王清漪、谢莹、朱静兰、梅树民、徐恩庆等参加了在人民大会堂召开的北京市教育和文化、卫生、体育等方面社会主义先进单位和先进工作者代表大会，市长彭真出席大会并讲话。张玉寿老师在大会上做了题为《为党的事业贡献我的一生》的发言。我校《办学的点滴经验》在北京、天津部分中学办学经验座谈会上发表。

同年，王明夏、张玉寿等十人被评为全国教育先进工作者，参加了群英会。4月，《北京晚报》刊登了访问学校老师王明夏的报道《关怀与希望》。

1963年5月5日，女附中师生为从教30年以上教职工举行了庆祝会。教育部长杨秀峰，副部长刘皑风、林砺如以及邓颖超、刘宁一等负责同志亲临祝贺，与受表彰的教职工合影，并参观了展览室。北京师范大学党委副书记、副校长马建民，女附中前几任校长，各行各业的老校友，学生家长等数百人到会。

会上，女附中副校长胡志涛介绍了十位老教职工的事迹，他们分别是：数学教师关秉衡、王明夏，语文教师赵静园，物理教师刘希璞，化学教师谢莹，写字课教师邓逸真，实验室管理员钱德福，会计李连珠，老校工许占魁和退休老职员焦东篱。王明夏代表老教师、老职工讲话。

郭沫若为大会题词："人才是决定一切的因素。因此，培养新生力量的教育工作，是国家建设事业中最基本的任务。"

林枫题词："希望同志们在马克思列宁主义、毛泽东思想的指导下，认真贯彻执行党的教育方针，总结经验，提高自己，继续用你们的辛勤劳动，把祖国的新生一代培养成为有社会主义觉悟、有文化的劳动者。"

邓拓题词："一世良师世世承，春风红雨会高朋，精勤教学看先进，攀到群峰最上层。"

5月21日，北京师范大学校刊《师大教学》发表杨述、韦君宜、魏传统、何其芳、吴伯箫诗作《贺师大女附中十位教职工从事教育工作30年》；报道女附中教职工事迹《辛勤育苗三十年——学校女附中庆祝从事教育工作30年老职工事迹展览侧记》《安于其业，忠于其职的人——记女附中王明夏老师》，以及青年教师王章伍的诗作《三十载勤耕颂——献给三十年以上工龄的老教职工》。

邓颖超与教职工合影

1977年，由北京市西城区革命委员会召开的《北京市西城区中、小学，幼儿园先进单位、先进集体、先进个人代表会议》上，第一五〇中学初中二年级组、高中二年级一组、农村分校被评为“先进集体”；王本中、于宗英、马成瑞、李令倩、杨敏年、张继林、谭雪莲、张锦斋、刘杰被评为西城区“先进工作者”。

第三节　学生眼中的老师们

中华人民共和国成立以来，女附中的教师队伍，可谓精英荟萃，一大批老年和中青年教师忠诚于党和教育事业。百年实验，教书育人，名师齐聚，诲人不倦。女师大附中，师资优秀，文理并重。如陈荩民、程春台、许伦、石评梅等都在女附中教过课。

特级教师王明夏，桃李满天下，她的学生每当回忆起她来，都无限怀念。当年学生都把能听她讲数学课视为一种幸福和享受。因为她讲课不由得使你集中全身的注意力，随着她的从容讲解，一行行公式，一个个定理，像阅兵场上的队伍出现在黑板上。最使学生难忘的还有她那绝妙的板书，整齐、美观，更难得的是她每节课恰好写满一黑板，中途从不使用板擦，连写错一个符号的时候也没有过。而且，在下课前三五分钟时必定结束讲授，板书也恰好同时结束，她留给同学生们看板书、看教科书以及提问题的时间总是那么充裕。她批改作业也是滴水不漏，哪怕最后一个步骤上小小的错误，甚至是格式上或卷面上的小小疏忽，她也要用红笔画出来。王明夏老师负责教研组时，制订计划、安排活动、组织听课观摩、组织教学研究、辅导青年老师备课，样样都是严肃认真，一丝不苟。从她那时候起到现在，数学教研组一直是学校的先进集体。

王明夏老师和特级教师张玉寿是同窗好友，在旧社会，妇女成才立业困难重重，她们没有成家，两人把自己的青春、自己的一生都献给培养青年的教育事业。中华人民共和国成立后，她们二人都加入了共产党。她们不仅都是学生的良师益友，青年教师的表率，还合力著书撰文，自奉节俭，在 1966 年各自把自己劳动所得的万元储蓄作为党费捐献了出来。在 1980 年张玉寿老师 70 岁生日时，有 1952 年毕业的一个班的学生向张老师献上了一本精美绝伦的相册，里面贴着的是分散在祖国四面八方的这个班原来的 50 个学生的照片。相册上写着：“我们五十个人都是您的女儿。”老教师手捧相册，热泪盈眶。

女附中的优秀教师是一个光辉的集体。例如，关秉衡老师教初中代数

40年，对教材倒背如流，教法娴熟自如，待学生亲如祖母；赵静园老师保留着她自己在中学和大学的上百篇作文，篇篇都有朱笔红批100分，她指导青年教师教语文课，辅导学生学习语文，都是既如慈母，又是严师。她们也都是献身教育，终生以校为家。

1952年至1958年的在校生王桂芹回忆：

我由一个试读生怎么成为保送生？1955年就是正赶上初中毕业和升高中的时候。我因为有病耽误了两个月的学业，回来正赶上期中考试。按照学校的规定应该是休学，要休学就得留一年。所以我也是恳切要求，希望能让我继续上学。那些老师，所有老师，各个科的老师都给我补课，他们不让我掉队，我最后还是跟上来了，不仅跟上来，还被保送高中。

对我影响最深刻的是关秉恒老师，他补代数，用业余时间给我讲代数，讲得非常细致、深刻，所以那时候我代数尽得5分，他也特高兴。还有教世界近代史的张老师，两本书，利用一个星期六的下午，一口气都给我讲完的，有的同学陪着我来听，我那时候身体还是弱一点，但是在老师对学生的爱心、责任心的鼓舞下，我也抖擞精神，集中精力，一边补课，一边听新课，期中考试绝大部分课程我都是5分。后来我们班有两名保送生，保送高中的，一名就是贾达理，咱们学校的历史老师，是我们班的，好朋友，再一个就是我。所以我说，这是老师把我送进了高中，保送的高中。

老师们不仅学识渊博、经验丰富，而且与同学们结下了深厚情谊。多名老校友在回忆中都曾饱含深情地写下对老师们的敬佩与感激。

回忆起语文刘超尘老师，校友罗治这样写道：

有一次我问老师《红楼梦》里到底写了多少个人物？没想到老师脱口而出："是721人还是774人，不同的统计口径结果不一样。"还没等我回过神来，他接着问我喜欢《红楼梦》的什么？最喜欢《红楼梦》中的哪个人物？看我张口结舌，刘老师便细细道来……而教历史的徐恩庆老师是讲课不紧不慢，滔滔不绝，简直就是一幕一人话剧，有引子，有背景，有故事，有高潮，正当你听得津津有味时，下课铃响了……还有"一条辅助线诱发思维风暴"的储瑞年老师、优雅大方的李令倩老师、"用音乐浇灌心灵"的吴德莱老师……女附中经验丰富、知识渊博的老师们简直说不完。

更可贵的是，女附中的老师们不是高高在上的智者，而是学生身边平易近人的益友，学生与老师之间结下了一种亦师亦友的特殊情谊。

金元老师回忆：

1967 年，"文化大革命"的第二年，我为被分配到东北兵团的四个学生送行，在学校的小商店给她们四个人买了四个苹果。2008 年 8 月 1 日，她们中的一个回来看我，执意请我吃饭后，还准备了四个馅儿饼给我当晚饭。四十年前四个苹果，四十年后四个馅儿饼。这一跃四十年的光阴，表达了多少师生之间的深厚感情，事情虽小，让人永不能忘。

2017 年高一研究性学习课题报告（节选）写道：

1967 届郝新平的回忆也一样叫人感动。回忆起李令倩老师，她说：我们，两个已不年轻的师生，挽着臂膀，走在西单附近这条少年时代熟悉的辟才胡同——如今已经扩展为车水马龙的大街上。猛然，她伸开双臂将我揽入怀中，我们就这样深情地相拥在红绿灯下，彼此温暖着，依依不舍。

女附中的老师与学生就是这样的有情有义、亦师亦友。对于出身不好的同学，李老师鼓励她们说，重在表现，并积极帮助她们入团。其实成绩优异的李老师由于出身问题，在高考中被划到"不宜录取"

之列，被剥夺了上大学的权利，留校当了老师。仅仅因为她父亲于中华人民共和国成立前在开滦煤矿做高级职员。女附中的老师没有屈于时代的浪潮，凭一己之力为学生提供坚实的臂膀。

（摘自2017年高一（7）班研究性学习课题报告，课题组成员：何佩熹、于洋、杨凌娴，指导教师：王宇飞）

校友罗治在《远去的女附中》一书中感叹道："时至如今，老师们的音容笑貌历历在目，大德厚爱充盈着我的心间。可以说我的理想、品德、价值观，我的素质、能力、做人的基础，均来源于此——我敬爱的老师们。"

第四章　学校生活丰富多彩

中华人民共和国成立后，附中的学校规模逐渐扩大，优秀的办学质量受到社会各界的关注。中华人民共和国成立初期，包括毛泽东主席的女儿在内的一批中央领导人的后代曾就读于附中，为附中的学习生活平添了更多值得记录和回忆的色彩。

第一节　学生生活概况

1949 年 3 月 5 日，国立北平师范大学附属女子中学共计有初中 9 个班（三个年级各 3 个班），学生 257 人；高中三个年级共 8 个班（高一、高二各 3 个班，高三 2 个班），学生 396 人，全校学生共计 653 人。

这些学生的家长职业分别为：①政界 42 人；②银行界 16 人；③商界 75 人；④工界 12 人；⑤交通 56 人；⑥农界 4 人；⑦教育界 121 人；⑧新闻界 4 人；⑨军界 7 人；⑩赋闲 278 人；⑪自由职业 38 人。

5 月 4 日，庆祝五四青年节，并将 5 月 5 日定为学习节，举行相关庆祝活动。

5 月 19 日，填报《北平市各级学校概况一览表》，各年级注册学生共计 855 人，其中“家长职业”栏备注项下说明“家长牺牲及不详者 6 人”。855 名学生中年龄最小的 12 岁（2 人），23 岁以上的 1 人，其年龄分布情况如下：

中华人民共和国成立之后合并后的师大女附中学生年龄分布（1949 年 5 月 19 日）

12 岁	13 岁	14 岁	15 岁	16 岁	17 岁	18 岁	19 岁	20 岁	21 岁	22 岁	23 岁以上	合计
2	48	118	147	153	150	136	74	22	2	2	1	855

注：表格内数字为人数。

对比 3 月 5 日与 5 月 19 日两次统计的数目可知，由于华北育才中学女生部的并入，使女附中学生人数增加了 202 名。

7 月，上年度初中毕业 102 人，高中毕业 58 人，本年度初中毕业 134 人，高中毕业 61 人。

9 月 22 日，应高教会要求，向师范大学呈报民国三十六至三十七年（1947—1948）度毕业生人数。

11 月 1 日，填报《北平市各级学校概况一览表》，记录了自同年 5 月 19 日以来学校情况的变化。据此表中记载，学校初一有 6 个班，初二有 8 个班，初三有 4 个班，高中三个年级各 3 个班，全校合计 1091 名学生，均为女生，住宿生 303 人。各年级学生的分布情况如下表，与 5 月 19 日填报的数据对比可知，到此时学生人数又增加了 236 人。

1949 年 11 月 1 日填报《学校概况》中的女附中学生人数

	初一	初二	初三	高一	高二	高三	合计
注册生数	248	348	169	133	119	74	1091
通学生	157	238	125	107	96	65	788
住宿生	91	110	44	26	23	9	303

1949 年秋季，中共女附中党总支委员会组织公开。

女附中历来重视学生的文化积累，重视提高学生的人文素养，营造良好的校园文化氛围。1949 年 11 月，由师大女附中新青年社主编的小报《新青年》创刊，为全校师生提供了“以我手写我心”的园地。11 月 14 日出版了第二期。

1950年9月，公布《宿舍暂行条例》和《学生宿舍住宿条例》。在复兴门外建立校办农场，占地20亩，学生分批去劳动锻炼。

从这年开始，女附中制定了发给成绩优良的学生以学习优良奖章的制度。这一年，全校学生中的28.7%获得了学习优良奖章。

1951年，延续自1950年开始的奖章制度，全校学生中的38%获得了学习优良奖章。

1952年，继续沿承自1950年开始的制度，对优秀学生颁发学习优良奖章，全校学生中的53.5%获得了此项荣誉。

同年，全校高中毕业80名学生，其中除去4名分配工作，2名因病休学，10名保送师大外，参加升学考试的64名学生中，被录取在留苏预备班的占20%，其他同学大部分都考取了第一志愿。

1952届校友王韬明回忆：

1949年北京解放后，我随着育才学校从老解放区河北省行唐县垒村迁到了北京，幸福地见到了由于战争分离多年的爸爸妈妈，又幸运地考入闻名全国的师大女附中。我记得入学考试作文题是《你为什么考中学》，我回答是“学本事，全心全意为人民”。当考数学时，第一道题就疑难起来，“−9+7”我误认为是油印时粗心大意在9前多了一横，答案写成16，肯定错了，其他题也答得不好，考得很糟。我难过极了，当年已经16岁了，难道还得重上小学吗？有几位同学考得也不好，学校很能体谅我们，彭文校长说：“你们是非常用功的学生，但是你们小学时是处在战争年代，学习得不到保障。现在好啦，让你们一律升中学，经过一段时间的努力，相信你们能赶上去。”校长的话鼓励着每个同学，都知道今天能在这明亮的教室安静地学习是来之不易的，一定要珍视这个学习的好机会，不辜负党和人民对我们的希望，不辜负各位师长。全班同学团结地亲如姐妹，互相帮助，过着愉快的集体生活，住同一个屋，吃同一锅饭，彼此间结下了深厚的友谊，直到现在还有紧密的联系。同学中一部分抗美援朝时参了军，一部分上了中专学校，大部分上了高等学校，还有的被选去苏联学习。

1954年，全校班次增至39个，在校学生1865人，其中住校生1115人，在校就餐学生1500余人。

1956年，制定《北京实验中学三年工作规划（草案）》（1956—1958年），提出在三年内："①基本上消灭因头疼、肺病而休学的现象（1952—1955年三年内因肺病休学的有35人，头疼休学的有23人）。②肺病降到1%（现在是2.5%）。③近视眼不再增加（现在是24%）；砂（沙）眼降到10%（现在是49%）。④全校能积极开展多种多样的体育活动，高三、初三毕业生到1958年达到劳卫制锻炼标准的占90%。"

《北京实验中学三年工作规划（草案）》（1956—1958年）还提到："①教员党员发展到占全体教员总数的三分之一。②职工党员发展到占全体职工总数的五分之一。③学生党员发展到占全体适龄青年总数的15%。"

1952年至1958年的在校生王桂芹回忆：

我在实验中学入了党。到了高中，我觉得学校这方面要求也很严格，对同学培养还是很下功夫的，不仅是在课堂上给我传授知识，而且对政治成长他们也倾注了很大力量。当时我们班主任叫赵祖军，他搞家访，特别和我爸提出来，要帮助我入党。后来在老师、家长的关心下，我们班几个要求进步的同学就成立了一个党章学习小组，我又递了入党申请书。1957年12月7日，学校党组织讨论我入党，就是在过去那个大礼堂，现在已经成了花园了，参加的人非常多，几乎占了一多半礼堂。当时学校同学们求进步，政治空气非常浓，这实际上是和学校的教育、老师们的帮助分不开的。

1963年，共青团西城区委表扬我校学生王槿芳为中小学少年儿童学习雷锋积极分子。

同年，唐敏丽、王正志获北京市中学生数学竞赛二等奖，苏慧获三等奖，杨庆林获表扬奖。

1965 年 12 月，女附中在学生中发展党员 16 人，49 人报名上山下乡。学生张英伯在数学竞赛中获奖。

20 世纪 50—60 年代，我校毕业生几乎全部考上大学。1949 到 1955 年，毕业生共计 2757 人，其中高中毕业生 872 人，几乎全部考上大学，且绝大部分为第一志愿学校。

1959 届校友姜颖回忆：

> 说起在女附中学习的经历，那时候女附中的高考成绩在北京名列前茅，不是四中第一，就是我们高考成绩北京市第一。我们那届就有 30 个清华，30 个北大，30 个科大，还有师大、哈军工等。

1966 届校友张小青回忆：

> 我是 1960 年考进女附中的，在 1966 年高三毕业考试结束、大家正准备高考复习时，“文化大革命”开始了。这样在女附中又待了两年，1968 年才毕业分配。先是到黑龙江兵团，后又从兵团回到北京。恢复高考（1977 年）的前两年，允许大龄青年参加考试，我准备十天后，参加了 1978 年的高考，考上了大学，学习法律。毕业分配到北京市妇联法律顾问处，后又到了民政部，一直从事保护妇女儿童合法权益的工作。参加了《婚姻法》《妇女权益保护法》《未成年人保护法》等很多有关妇女儿童保护方面法律法规的制定和修改工作。女附中的八年时光，对我人生观的树立、对我今后人生道路怎么走，起了非常关键的作用。女附中确实有它独到的地方——是当时北京市有名的中学，智育是最好的，中考分数是最高的。在名校中，女校就是女附中，男校就是四中。

1969—1970 年，全校师生到顺义、怀柔等地拉练。由军宣队政委任拉练大军政委，梅树民为团长，王本中、张锦斋任连长。

冬季拉练

第二节　多元化的班级构成

一、保尔班

20 世纪 50 年代是朝气蓬勃、意气风发建设新中国的时代，也是崇尚英雄、学习英雄的时代。

1952 年后，我国开始执行第一个五年计划，为我国社会主义建设铺平道路，女附中在对学生进行爱国主义教育的同时，注意进行共产主义理想前途的教育。

当时的苏灵扬校长提出：

要认识到中学是学生从少年向青年过渡的阶段，是人的生理、心理从不成熟向逐渐成熟过渡的阶段，是人生观、世界观、性格形成时期，因此常有不稳定性。教育者如能在中学阶段正面积极引导她们树立革命事业心和为事业奋斗的精神，对把她们塑造成一代新人将起决定性作用。培养这种精神，既要在学习上、思想上、生活上严格要求学生，又要要求教师时时处处不要伤害学生的自尊心和自信心。当然，思想教育要从具体对象出发，对学习成绩好能力强的学生要防止她们的骄傲自满；对学习差有困难或经受某种挫折的学生要给她们前进的力量；对于犯错误的学生则必须严肃批评或处分，但不管如何，都要着眼于正面教育，以诱导启发为主，务求对他们起到积极鞭策作用。不过也应该让学生了解一些反面东西，增强辨别是非和抵制不良影响的能力。

为了贯彻正面积极教育原则，学校要求把思想教育寓于各科学习之中，各科各章节的教学计划都要包括思想教育的目的和内容，培养学生认清社会发展规律，热爱党、热爱真理、热爱社会主义祖国。学校要求班主任做好学生的思想教育工作，发给每个班主任工作手册，记录对学生的了解和工作的情况，每周末教导主任收阅并组织交流。学校为取得家长的配合，成立家长委员会，密切学校与家长的联系，定期开会，研究和交流对学生的教育问题。刘宁一、于力群同志曾先后被选为家长委员会的主任。

对学生进行共产主义思想教育，榜样力量是无穷的。为此，建立了学习先进人物，争当先进集体的英雄班制度。苏联小说《钢铁是怎样炼成的》《青年近卫军》《卓娅与舒拉的故事》《普通一兵》成为学生最喜爱的读物。

这一年前后，我校成立了“保尔班”。

同年秋，保尔班的学生升入师大女附中。

保尔·柯察金在悼念牺牲的战友时有一段抒发内心的独白：

> 人生最宝贵的是生命，这生命属于我们只有一次。一个人的一生应当这样度过：当他回首往事的时候，不因虚度年华而悔恨，也不因碌碌无为而羞耻。这样，在临终的时候，他就可以说，我的整个生命和精力都已经献给了世界上最壮丽的事业——为全人类的解放而斗争。

这段名言所倡导的人生价值观影响了中华人民共和国千千万万青少年的一生，也成为她们这个班集体成员的座右铭，激励着她们勇敢、正直地走完人生之路。“保尔班”的学生们正是在这样一种大社会环境中成长起来的，她们以英雄的精神和信念规范自己的行为，树立了正确的人生观。时代造就了她们，英雄的精神鼓舞了她们。

保尔班合影

二、卓娅班和奥斯特洛夫斯基班

1954年3月，高二（1）班被北京师范大学命名为卓娅班，高二（2）

班被命名为“奥斯特洛夫斯基班”。

1955年10月2—5日，苏联英雄卓娅和舒拉的母亲在北京先后会见了万余名青年和少年儿童。我校高二（1）班同学参加了大会。4日，卓娅母亲来我校参观，苏灵扬、胡志涛校长接待，李致容、陈宝光两位同学献花。卓娅妈妈的来访，掀起了学英雄的高潮，学英雄，走革命路已成为同学们的自觉行动。我校又组织了部分学生访问郝建秀，先后请王崇伦、吴运铎、徐学惠来校做报告。还有那数不尽的丰富多彩的共青团活动和少先队的活动，如红领巾信箱、火星晚会、飞向宇宙等。

1954级校友回忆：

当年在女附中读书的一些同学，至今还保存着班级集体活动的照片：五一节游行、举行盛大的化装晚会欢迎“青年社会主义建设积极分子大会”代表、热烈欢迎苏联英雄卓娅的妈妈柳葆芙·柯斯莫杰米扬斯卡娅来校参观并做报告、中华人民共和国第一批女飞行员的代表伍竹迪来校做报告、欢送蒋本良和甘章贞赴苏联留学、在十三陵野营、参加军训、在市郊义务劳动、郝建秀锻炼队在练双杠、黄继光锻炼队在练起跑、古丽娅锻炼队的合影，还有春游、野营、野炊……可谓绚丽多彩，意气风发。

校友的《如歌的岁月，叫我如何不想她》一文中回忆：

1952年秋，我们从初中升入了北京师大女附中高中。1954年，我们高二（2）班被命名为奥斯特洛夫斯基班，共有40多名同学，年龄相仿。和当时全国的青少年的精神面貌差不多，大家有理想，有追求；崇拜英雄，学习英雄；关心集体，乐于奉献；活泼，乐观。我们非常幸运地在这个班集体中生活了三年。有些事情永远驻留在我们的脑海中。

校友康泠回忆：

没有谁的委派，没有事先的约定，每天，在大家没到齐之前，总会有几位同学老早就来到教室，打开门窗，擦玻璃，擦每一个人的课桌椅，擦老师的讲台，把教室内的边边角角都打扫得干干净净，还把保温桶灌满开水。同学们走进教室感到明亮清新，心情舒畅极了。于是第二天就会有人来得更早，做同样的事情。我们班分为住校生和走读生，起初，这些事往往是走读生做的，因为她们早餐时间由自己定，可以来得很早。后来住校生也不甘心只是享受他人的奉献。我也曾试图第一个进食堂，可惜，赶到教室时我并不是第一个。

高三开始了，大家都在操心升大学的事，而我体检时却发现双耳重听，右眼黄斑性病变，视力只有0.04，考大学受到很大限制。而且当时的苏联专家说我的眼睛在20岁以后会发展成双眼视力低下，阅读困难。我灰心极了，整天闷闷无语，同学们渐渐知道了我的心事，轮流找我谈心，鼓励我选择适合的专业考大学。有人还给我写纸条："路是人走出来的！"还有一张纸条的标题是《以英雄的名义》，要我想想奥斯特洛夫斯基是如何生活的，提醒我不要当懦夫，不要背叛英雄。我被这样的警示震住了，晚上睡不着，偷偷地哭了起来，继而感到惭愧。真想找到她好好谈谈，但是落款写着"信任你的朋友"，没写姓名。

校友姜哲平回忆：

凝视久违的旧照片，忆起中学时代激情澎湃的岁月——奥斯特洛夫斯基班的情景，学习英雄精神的小溪在我心中流淌着，流淌着。五十个年头过去了，我们霜白的两鬓呈现着爱的积淀。这个勤奋、进取、纯真、友爱的班集体滋润、激励、涵养了我的一生。作为奥斯特洛夫斯基班的一员，我感到自豪。老师们的辛勤汗水哺育着每个学子的心灵，爱祖国、爱人民、爱学校、爱集体的团队精神鼓舞、温暖着每个同学。我因多年耳朵有病常到医院看病耽误功课，学习优秀的张兆庆同学主动、热情、耐心地给我补课，抄好笔记，至今难忘。周六到奋今家一起温习功课，同榻而眠，畅谈人生、理想和未来。我们还有互助共勉的活动，不记名的互相赠言，折射着同学间的真诚。我曾收到的一条赠言是“你需要有一种钢铁的细胞”。这对我触动很大，我原来在老区生活，因种种原因未能好好学习，十分珍惜现在的学习环境，把埋头苦学当成第一要务。但在受到耳病的干扰时又有消极情绪，弱化了对意志的自觉培养，赠言时时提醒着我。

校友庄秀端回忆：

上高中了我被分到（2）班，虽然很新鲜，但班上有十几个是初中的同学，由其他班编进来的也有一半是认识的，倒也不陌生。唯一陌生和深感困惑的是学习知识上难度加大了很多，尤其是代数太抽象了，简直听不懂，我自上学以来还没有遇到过这种烦恼。课上听不懂，做作业就困难，每天要熬到半夜，头疼失眠，第二天又听不好课，周而复始，从而健康成了问题。

可能不只我一人如此，团支部号召大家锻炼身体，下午课后跑步，打球。冬天学校泼了冰场，滑冰就太好玩了，也就缓解了紧张的神经，更为重要的是同学间互助友爱。经常帮助我的是茹渠芳和姜舜华，初中时我们并不认识。我们仨的家离得很近，都在学校北侧，常常约好一起回家，一起上学，很快我们成了好朋友。她们俩学习都是拔尖的，我有问题就找她们，得到她们耐心和毫无保留的帮助，而且都是经她们消化好的知识，似乎更容易吸收，更容易明白接受。她们耐心友善，丝毫没有嫌弃我这个笨家伙。我在年龄上比她们大两三岁，但她们对我没有一丁点儿的鄙视，见到我总是笑眯眯的，我内心非常敬佩和感谢她们，至今时时想起她们。

校友冯亚男回忆：

友谊的支持使我迈进了大学的大门。高中三年级第二学期开始，班上同学都在考虑选择大学和专业。任廷娴、王澍秋和我三个人经常在一起复习功课，讨论选择什么学校和专业，还互相建议学什么专业更适合对方的特长。我经多方考虑准备报考航空学院。

我在家里是老大，下面还有六个弟弟妹妹，家庭生活困难。我上大学的决定遭到父亲的强烈反对，他要求我尽快参加工作以便帮他养家。母亲却支持我上大学，她说："上大学你可以申请助学金，家里的困难我可设法解决。"为此，父母二人闹了一场，我不知所措，痛苦难熬。

到了学校就向任、王二人泣诉我的志向和难处。她们劝解之余更多的是支持我上大学继续深造。那天是周末，下午没课，任廷娴把我拉到她住校的宿舍里，找一张回家同学的床叫我睡下，我一觉醒来，她已离校回家，给我留下字条和一点钱，叫我收下她节余的生活费准备考学之用，还说我上大学之后她也会节省开支来帮我。在母亲和这种友谊的支持下，我克服了重重困难，最终走进了北京航空学院的大门。

大学学习期间任和王两位中学时代的朋友还经常给我经济上的帮助，友谊的力量鼓舞着我完成了五年大学学业。大学时代的我，生活靠国家助学金，日用零花靠亲友支援。在20世纪50年代那种条件下培养的我是一个奥斯特洛夫斯基模式的、只知奉献不知索取的知识分子，直到今天在市场经济浪潮下我也仍然如此。这绝不是自我表白，也不是自认清高，我认为一个多姿多彩的社会总不会是人人只认钱而无贡献思想的社会，当今时代也应提倡"贡献、爱心、回报社会"。

校友张树琪回忆：

我有四个姐姐，我穿的衣服都是捡剩儿，十五六岁还没穿过专为我做的衣裳。当时兴穿“卓娅衫”——就是苏联英雄卓娅照相时穿的那种小圆翻领，胸前有很多褶的衬衫，小姑娘们穿上很好看。张玉庄同学家人会制衣，经常换新装，我很羡慕。我从家里要了一块白布，交给阎玮玺同学，两天后她带来了崭新的卓娅衫，我穿上正合适。她说衬衫是她自己裁剪和缝制的，我当时还不信，2003年我们班聚会时我确认那件衬衫是她自己做的——这是我第一次穿新衣的过程。

阎玮玺心灵手巧，当时她和冯玉秀画了奥斯特洛夫斯基的像，画得很好。作文课上，胡平老师说：“《杜布洛维娜来了》这篇作文阎玮玺写得很好，但最后一笔不恰当，什么‘我真不愿意离开她，她的身上是多么香啊！’这样会产生一个错觉，好像你不愿意离开她不是因为她的伟大或什么，只是因为香……”我想，玮玺还记得吧？

校友阎玮玺回忆：

高二时，在上化学实验课，大家聚精会神地分组做实验，忽听得一个同学喊“火！”寻声望去，坏了，一盏酒精灯引燃了桌上的东西，火苗呼呼地往上蹿，大家有点儿不知所措。这时只见团支书康泠迅速脱下棉袄，一下子把愈烧愈旺的火盖住了。火扑灭了，实验室器材没受损失，同学们惊慌的心也定下来。但康泠的棉袄烧了一个大洞，她却什么也没有说。这就是带领我们这个英雄班集体的团支部书记，她给我们树立了临危不惧、牺牲小我、关心集体的好榜样。

上高三时，我的身体不好，当时家里经济条件不好，住得离学校又远。为了让我安心坚持学习不掉队，团支部为我向学校申请了助学金。

同学们都很关心我，尤其是张兆庆同学还特意让我在她家住了些日子。她家就在学校对面的胡同里，她的妈妈天天给我做好吃的，给我增加营养，使我的健康很快就有了好转。张妈妈对我的关怀照顾让我永生难忘。我生活在一个多么团结友爱温暖的集体啊！有难大家帮，有乐大家享，集体关怀我，我也要为集体多做好事。

三、干部子弟班和工农子女班

20世纪五六十年代，中华人民共和国第一代领导人的女儿们大多在师大女附中读书，她们中间的许多人后来成为优秀的人才，在不同的工作岗位上为祖国的建设事业做出贡献。

我们上的是师大女附中，当时我们都是考试的，考了试以后发榜，编班的时候我们是干部子弟班，为什么是干部子弟班呢？因为老百姓都有工资收入，可以交学费，我们的父母和长辈都是供给制，就是没有工资收入的，所以没有钱交学费，只能干部子弟编在一个班里，这个班吃、住、穿都由公家负责。因为父母没有钱供我们的吃住学费，所以我们就是一个单独编班，这种政策到了干部们都有了薪金制的时候才撤销。那个时候没有条件和大家一起，在干部子弟班，也没有注意谁是谁，反正也都知道，但是也不大注意谁谁怎样，有的知道，有的不知道，知道了也无所谓。毛主席的儿媳妇，就是毛岸英的爱人比我们高一班，也没有什么，还有聂荣臻的女儿比我们高两班，等等。好多中央干部的子女都在这里，都觉得无所谓。和其他班联系的少一些，但是有一些集体活动经常有来往，关系还是挺好的。

（摘自女附中校友周秉德《搜狐访谈》）

读北京师大女附中的三年，在我记忆中，永远是那么鲜活，那么美好，那么难忘，因为这三年是我一生中思想转变最关键的时期。

入学时，我被分在干部子弟班。那时的干部子弟，大多是从延安等革命老区刚进城的孩子，年龄有大有小，她们说话带有些许陕北口音或河北口音，穿着相似，都是供给制的藏青色列宁装。聂力、刘松林、任远志等几位姐姐都是比我高一年级。

师大女附中住校条件比较简陋，但在当时的条件下，已算是不错了，吃、穿、住都不用家里安排。吃饭都是大灶，七万元（币制改革后的七元）一个月的伙食费。一年四季洗脸洗脚都是用冷水，只有来例假时，才能凭木牌到大水房里打点热水洗。大水房每天只供应喝的开水。

我们班里有许多从老解放区来的同学，她们更能吃苦，遵守纪律，互相关心，好学上进。在宿舍里，谁的牙粉、肥皂用完了，旁边的同学立即拿出自己的递过去；谁要是生病了，不用摊派，大家都抢着去给她送病号饭。一种我从来没有尝过的不是姐妹，却胜似姐妹的亲情，使我每每走进宿舍，都有走进自己家的亲切感。

第一次从学校回到西花厅，饭桌上，不等伯伯和七妈问，我便兴致勃勃地谈起自己的感受。伯伯听了笑着点头，七妈则鼓励我说："她们身上有许多老区的光荣传统，你过去缺少这方面的学习和锻炼，现在能发现，就是进步的开始，要努力向她们看齐！"

那时中华人民共和国刚刚成立，学校十分重视学生们的理想、品格教育，校长彭文、苏灵扬经常亲自给我们做国内国际形势的大报告，教育我们的语言也特别生动。比如：先有国，才有家；作为中华人民共和国的主人，就要时刻关心国家的命运。这些听了使人心胸开阔，让人热血沸腾，顿生责任感、使命感的教育，我在天津上小学时从来没有接受过。

（摘自周秉德著《我的伯父周恩来》）

也许是小小年纪就经历了太多的苦难，因而我格外懂得珍惜，也许是天生聪慧，彭玉兰书读得特别好。从1950年进京到1953年，只用了三年时间，玉兰就连跳几级读完了小学，考入当时北京牌子最硬的中学——师大女附中。这时，她和从朝鲜战场回国的大伯彭德怀夫妇住到了一起——中南海永福堂。

（摘自项小米著《彭门女将》）

那时，我在北京师大女附中上初中和高中，平时住校，一个星期才回家一次。每次回家之前，我都在心里念叨："爸爸啊，你最好在家呀，我们好好聊聊天。"可是回到家，我十有八九会失望，经常见不到他。

（摘自聂力著《山高水长——回忆父亲聂荣臻》）

中华人民共和国成立后，在毛主席的亲切关怀下，1949年邵华进入中直育英小学学习，以品学兼优的成绩，被保送进师大女附中学习。1959年，邵华以优异的成绩考入北京大学中文系。

（摘自2005年12月8日《人民日报》（海外版），
葛扬《邵华：宝塔山下走来的女将军》）

中华人民共和国的成立为女附中的教育工作带来了新气象。为了适应中华人民共和国"教育要为工农大众服务"的基本原则，改变生源成分，女附中开始设立工农子女班，由北京石景山钢铁厂、门头沟煤矿等厂矿企业保送工农子女来校就读。工农子女班一直延续到"文化大革命"结束。

四、"姐姐班"与"妹妹班"

在师大女附中不仅师生之间有浓厚的情谊，同学之间也有着最质朴、最真挚的情感。她们在学习上互相交流，在理想上互相勉励，在生活上互相帮助。最动人的，莫过于"姐姐班"与"妹妹班"了。

1961年，我初一入学到女附中，住校时到了宿舍发现只剩靠近门口一个上铺空位。一位大姐姐爽快地说“你等等”，然后利索地将自己的被褥卷起抱走，把下铺主动让了出来，那年从没离开过家的我就这样开始了自己温暖的集体生活。当年每个年级6个班，全校初一至高三共36个班，高二年级对应我们初一年级分别形成姐妹班，两个班级里学号对应的学生以姐妹相称。不知道这个想法是谁的创意，我们这群刚步入中学的妹妹们是实实在在的此制度的受益者。在思想、学习、生活各方面都可以与姐姐们充分沟通，并得到她们的指导帮助。宿舍也是两个年级姐妹班同住一室，几十位女生在同一屋檐下从没发生过任何矛盾。大家都严格遵守作息制度，团结互助，姐姐们起到传帮带的作用，让我们更好地适应女附中的学习与生活。一年之后，姐姐班升入高三年级，更加忙碌，妹妹班的我们也从刚一入校的红领巾成长为建立了自己团支部的少年，姐妹班的关系从制度上解除了，但从情谊上至今难忘。

（摘自1964届初三（6）班毕业生宗福琦《往事，干杯》）

校友许容回忆道：

初中让我们难忘的事就是我们班有姐姐班，每个人都有“好姐姐”。中学的辅导员是由高年级学生担任的。每天放学后辅导员都出现在我们班，和我们一起自由活动，跳皮筋、跳房子、打球，和我们一起做值日，谈心说话，帮助我们加入共青团。辅导员成为我们走进女附中开启初中生活的知心姐姐。

有一次和“姐姐班”一起排练大合唱，每天课后我们挤进姐姐班教室，分成四个声部合练，担任指挥的就是我的好姐姐张光秀……跟着姐姐们，听从指挥，演出圆满成功！其实作为妹妹班，我们对演出结果根本不在乎，我们只是觉得能跟姐姐班在一起参加活动，是一件特幸福的事。说起和“姐姐们”在一桌吃饭，那就是掉进“福窝”里了。那八个姐姐每天轮流值班打饭、刷碗、送去消毒，根本不排我俩“妹妹”的班，我俩每天吃现成的。后来我们终于发现了，就要求排班值日，可她们异口同声地说：“姐姐就该照顾妹妹，大一岁也是姐姐。”

40年后，在卞仲耘校长塑铜像揭幕仪式上，我又见到了那八个姐姐中的一个：“我俩相见，一下就叫出了对方的名字，兴奋地又讲起同桌吃饭的情景。想不到时隔40多年，她还是那句话：姐姐就该有姐姐样儿！”

（摘自2017年高一（7）班研究性学习课题报告《女附中的学生——胜似“姐妹”的学姐学妹》，课题组成员：何佩熹、于洋、杨凌娴，指导教师：王宇飞）

第三节　校园生活的点滴记忆

自建校以来，女附中一直推崇的是勤勉朴素、谨慎行事的作风，重视开阔学生眼界及培养其独立自主能力，以“勤肃信毅”为校训，严谨治校、治学，一丝不苟。大到治学理念、校风校训，小到日常训导、校装校服，无不体现了这种朴素严谨的作风。

从1917年创校初期，到20世纪五六十年代，女附中校服一直是白衬衣、深蓝色背带裙，一脉相承。1967届毕业生罗治回忆道：“翻看那时的珍贵照片，穿着校服的女生，个个端庄大方，没有任何脂粉气。白衣黑裙的校服，让学生心目中把朴素大方视为美德。”

女附中作为女校，最典型的问题就是“骄娇”二气。许多老校友在回忆时都提到了这一点，在朴素严谨的校风引导下，几乎每个女附中的学生都自觉地为祛除“骄娇”二气而磨炼自己的意志。校友许容在《远去的女附中》一书中这样写道:“最明显的就是早锻炼和体育课，每天早上六点多钟，操场就陆续出现长跑、做操、练哑铃的同学，春夏秋冬从不间断……没人监督，那时候的风气就是自觉！”这样的朴实之风更离不开老师一点一滴的教育，校友罗治回忆起音乐课时写道:“老师说:‘合唱团里没有我，只有我们。’就是这句话，震撼了所谓有‘骄娇’二气的女附中学生。”

正是在这样朴素严谨的作风引导下，女附中的学生们在学校度过美好青春，为自己品格的锻造打下优良基础，普遍成长为自强、自立、自信的女性。

1959 届校友刘崇安回忆:

上学时候，我一直当班长，被称为“班长专业户”。当看到学生点名册上 1—12 号名字前面写着公费生、12 号后面的名字前写着自费生时，心里很不舒服……在考大学时，我们班有一批像姜菲一样学习很好的同学，因家庭出身问题而不能报考清华北大，只能到师范学院（首都师大）学习，不是说当老师不好，而是说对她们不公平。不说影响了人的一生吧，起码影响了人生的规划和发展。当然姜菲当老师也特别出色，被评为北京市特级教师，这也是女附中精神的另一面表现——不管在什么环境中，都坚强、独立，做得最棒。

（摘自武季梅、刘崇安《在五六十年代校友座谈会上的发言》，
2007 年 6 月 23 日，实验中学校史资料）

1956 届校友、定位法舞谱发明者武季梅回忆:

1953—1956 年在女附中读初中，度过了我最美好的女附中生活。我家几个姐妹都在女附中读书，演电影的向梅是我的姐姐。我在学校时，学校课程非常丰富多彩。有机械制图课，我们都在车床上制作加工车零件；有汽车修理课，老师把汽车零件拆下来，一一讲解再安装上去；课外学生自己组织合唱团，分几个声部，自己指挥，不用老师

安排。初三毕业，我们班有两个同学保送到女附中高中，我是其中一个。但因为我想学舞蹈，就考了舞蹈学院附中，所以没读女附中高中。后来在舞蹈方面取得了一点儿成绩，也在国内外讲学，我取得的成功得益于女附中的教育。当时学地理课，老师拿了一个地球仪，告诉我们地球是圆的，是椭圆的；经线和纬线的交点就是坐标，我后来发明舞谱就是根据初中地理课的启发，人体内也有各个动作的平衡点和坐标，掌握了这个，就可以掌握舞蹈的规律。我很感谢女附中的教育。

上初二、初三的时候，在同年级里我们班年龄最小，比较淘气，纪律不够好。为了树立良好的班风，中队长决定设立“红领巾信箱”。小小红领巾信箱挂在教室里，少先队员们通过信箱发表着自己的意见，每到开信箱的时候，全班同学是那样的认真，中队长把一张张纸条读给大家听，上面有对好人好事的表扬，有对不良现象严肃的批评，有对同学热情的鼓励与帮助，有对一个问题的认真探讨，还有自我批评……小小信箱为我们班的生活增添了色彩，它培养我们关心集体、关心他人，为形成良好的班风起了很大的作用。

在教室的后面有一个小桌，上面摆满了花草、珊瑚，鱼缸里的小金鱼游来游去，真漂亮！教室也因它而增添了生机，这就是我们班上的“生物角”。地方虽不大，但那上面都是我们心爱的东西。一次，有的同学拿了几只蝌蚪，我们接连很多天观察蝌蚪的生长过程，看它怎样长出脚，丢掉尾巴，变成了青蛙。还有一年我们在生物角养了几十条蚕，大家看到了蚕是怎样从小黑点似的蚕子慢慢长成蚕，同学们到处为蚕宝宝找桑叶，仔细地观察着蚕宝宝的变化，看着它们经过一次次蜕皮，最后吐丝、做茧。“生物角”上还放着地质小组的同学在老师带领下到野外采来的矿石标本。“生物角”虽小，但它开阔了我们的眼界，使我们学到了书本上不能完全学到的知识。

那一年是火星离地球最近的一年。“火星上有没有生物？”“火星人是什么样子？”“火星上的文化发达到什么程度？”当时的报纸、杂志也都在探讨着这些有趣的问题。我们也非常感兴趣，班里决定组织一次科学幻想的“火星晚会”。那天班上出了一期墙报，同学们发挥了自己丰富的想象力，根据自己谈到的各种天文知识及有关文章，尽情地描述了“火星人”的模样。傍晚，天气晴朗，满天星星闪耀，同学们都跑到操场上按着星座图寻找火星的位置，只见远处一颗明亮的大星星挂在天边。“火星，那就是火星！”大家你一言我一语，畅想着火星的秘密。

教室里布置的别具一格，不一会“火星人”从“天外”飞来，向地球上的人们问候，讲述着“火星上的情景”，地球人对“火星人”表示热烈欢迎……科学的幻想，有趣的情节，增强了我们爱科学学科学的欲望，我们决心更好地学习科学文化，和“火星人”赛一赛，有朝一日打开火星的秘密。

现在我们都已是40岁的人了，工作在祖国建设的各条战线上，回忆中学时代的生活确实为我们以后的学习、成长奠定了良好的基础，感谢母校，感谢各位老师的辛勤培养，祝母校更加兴旺发达，为祖国实现四化培养更多的人才。

1960届校友章诒和回忆：

我们学校培养的人，最主要的，他首先要是一个好人，是一个好人家养育的好孩子、好姑娘、好小伙子，这对父母、对子女来说才是最欣慰的。我希望师大女附中的孩子出来都非常可爱，将来是好丈夫、好妻子，是一个好父亲、好母亲，在公司里也是一个好职员，这才是最高的褒奖。

20世纪五六十年代的实验是一片自在学习的乐土。一是雄厚的师资力量，二是浓厚的学习氛围。比如开学第一节地理课，老师问我们什么是高原，我们就说是高高的土地，老师反问道：那用竹竿撑起操场来不也能叫作高原吗？于是我们明白高原还要平坦辽阔。这个比喻我记了整整50年。由这一件小事也可以看出当年实验教师的风采，善于比喻，寓教于乐，也是今天实验老师的特点之一吧。不是个别哪一科有名师，而是科科老师都很优秀，不是一枝独秀，而是遍地奇葩，那是多么辉煌的时代。至今我仍然认为那是一个奇迹，没有几个学校能做到这一点。

那时的学习氛围也很好，教师不以授课为目的，不以考试为终端，而是培养学生自觉学习的习惯。那时的学生不完全以成绩为重，却比谁读过的课外书多，谁的知识更广阔，相互歧视也很少发生。在这样的背景之下，学生们读得多，思考得广，不被考试分数压迫，有一个健康多彩的成长环境，这就是这些年来一直提倡的素质教育，早在50年前就在女附中实现了，这也许就是女附中及实验中学能够培养出如此多人才的原因吧。我想每一个女附中或者实验中学的学子走出校门之后都能够自豪地告诉别人，实验中学教会我的不只是怎样学习，还有怎样更有意义地生活。

在这样的学校环境中，女附中的学子们有大把的课余时间可以发展自己的兴趣爱好。当时校园里社团众多，活动也不少，这对培养学生的综合素质有很大帮助。在他们的社团中，同学们不论家庭背景，只关注兴趣和爱好，营造了一种平等的氛围，崇尚知识，追求民主自由。

（摘自2007年高二（13）班研究性学习课题报告《实验往事的追忆——往事并不如烟》，课题组成员：谢璐、郭月、赵赫、严元琪、郭佳、唐晓天，指导教师：盛志武）

1960届校友金戈回忆：

我从北大中文系毕业，后来在人大当老师，教中文。女附中对我的影响很深。我家庭出身不好，所以长期入不了团，还要去农场改造，没少受苦。女附中培养了我倔强和坚持的精神。男的扛麦子七八捆，我一定要扛十四捆，就是不服输，认死理。女附中的学生，都很有事业心，坚强、独立，都差不多成了女强人，在各行业都取得了成功。从另一方面说，女附中给了我能力，走到哪都不怕，有本事和能力，就可以理直气壮地做任何事情。

（摘编自金戈《在五六十年代校友座谈会上的发言》，2007年6月23日，实验中学校史资料）

1950年5月，为庆祝建校33周年，学校决定本月6日起，举行成绩展览暨科学体育表演，招待学生家长、校友和各界人士参观，以便借此机会听取校友、家长及各方面的意见，检查学校的工作，改进工作，把学校的工作提高一步。

附：1950年校庆日程

六日：上午九时：在二部操场举行校庆仪式

下午一时到四时：体育表演、成绩展览、科学表演

七日：上午九时：科学表演、体育表演、成绩展览

下午一时到四时：体育表演、成绩展览

晚上七时半：放映电影（本校内部联欢）

八日：放假休息

国立北平师范大学附属女子中学 校长：彭文 副校长：苏灵扬

一九五〇年五月五日

这是本校与华北育才中学合并后的第一次校庆活动，除举办成绩展览、体育表演、科技展览，放映电影，还招待同学家长、校友和各界人士参观。

师大女附中 33 周年校庆

1951 年 5 月，为庆祝 34 周年校庆举行劳动体育大会，布置各种展览，开家长会。校长彭文在 5 月 18 日出版的《师大女附中校刊》第二期上发表《庆祝学校三十四周年纪念》文章，说明女附中建校的起点时间是一个并不需要重新讨论的问题。

第五章　走出校门参加社会活动

第一节　参加开国大典

1949年10月1日，女附中学生参加了开国大典，成为这一伟大时刻的见证者。

校友周秉德的回忆：

9月1日开学后，学校除了进行入学教育和正常课程以外，把我们的课余时间，全都安排了迎接10月1日中华人民共和国诞生的筹备活动，全校师生都学会唱《团结就是力量》《解放区的天是明朗的天》《咱们工人有力量》等欢快、有力的歌曲。还练习学会了“红灯舞”的步伐和手势，为了每人手上都拿上一盏红灯，学校给各班发了好多高粱秆儿，大家学着做成五角星的主体骨架，又发了半透明的红纸，贴在五角星骨架子外面，里面的正下方有个圆托，可托住一根小蜡烛。

1949年10月1日午餐后，全校师生集合、出发，我们都怀着兴奋、激动和自豪的心情，来到了天安门广场，参加隆重、热烈的中华人民共和国成立大典。当毛泽东主席宣布“中华人民共和国中央人民政府于本日成立了”的洪亮声音响彻全球的时候，我们在天安门广场的几十万人民群众顿时欢快、激动地泪如泉涌，互相拥抱，庆贺祖国的新生！广场上一片沸腾，锣鼓喧天，我们都不停地唱啊，跳啊！当夜幕刚刚降临，我们又点燃了红灯里的小蜡烛。几百个女学生在广场上自豪、得意地表演了我们学校自己编排的“红灯舞”，给这一盛大的庆典增添了一份欢乐！

这个场面是我有生十二年以来，第一次参加的最隆重、最盛大、最热烈、最欢快的活动，所以我永远都可以随时回味。

（摘自周秉德著《我的伯父周恩来》）

参加开国大典

第二节　支持抗美援朝

1950 年 5 月 8 日，参加志愿军赴朝的袁静同志来校做报告。

6 月 3 日，中国人民赴朝慰问团，北京、天津、唐山三市代表来校做报告。

6 月 25 日，朝鲜战争爆发。10 月 25 日，党中央和各民主党派发表联合宣言，提出了“抗美援朝、保家卫国”的伟大号召。女附中同学同全国青年一样，掀起了参军参干的热潮。大家热烈报名，写决心书，要为保卫新生的共和国献身。全校师生95%积极报名参军，300人参加军干校，仅1951年一个学期就有84位同学参加军事干部学校。

11月，编辑《抗美援朝保家卫国快报》。

校友周秉德回忆：

1950年抗美援朝开始后，学校大张旗鼓开展了宣传活动，我们班有几位十五六岁的同学，立即报名参加了志愿军。瞧她们被批准参军欢蹦乱跳的样子，我也羡慕极了，在报名站拼命往前挤。

“叫什么名字？”学校负责报名的人问。

“周秉德！”我担心自己个子小，努力向上踮起脚。

“十几？”

“十三！”我几乎是直着嗓子大声喊。

谁知我话刚出口，招兵人的头就摇成拨浪鼓：“不行！年龄太小了。下一个！”

没有任何商量的余地，我便像一只丑小鸭在善意的笑声中快速被挤出圈外。

伯伯知道这一幕，站在客厅里，抱着双臂仰头哈哈笑出声：“志愿军当然不能要你，还是个孩子，到了朝鲜，到底是你照顾别人还是别人照顾你呀？”

“可我是想上前线打美国鬼子，保家卫国嘛！”我只觉得鼻尖发酸。

“愿望是好的，可也要立足实际啊！祖国要人保卫，祖国还要人建设嘛！你年龄还小，好好学习，将来有的是为国效力的机会！”伯伯的声音亲切又富磁性，让人不能不服气。见我点点头，伯伯又说：“再说，抗美援朝的形式也很多嘛。留在后方，可以宣传适龄青年踊跃报名，号召各界群众捐资捐款，买飞机大炮支援前线嘛！”

伯伯一席话，说得我茅塞顿开，频频点头，又笑出了声。是啊，我从报上看到，为了支援志愿军抗美援朝，著名豫剧演员常香玉以义演的形式，向志愿军捐献了一架飞机呢！其实，在学校，我在同班同学康泠、周士琴的影响下，已参加了师大附中、师大女附中两校男女同学组织的剧团了，被分配在效果组，在后台为演出打鼓、敲锣。有时也参加演出当配角。这时我们剧团正在排演宣传抗美援朝内容的民歌、秧歌剧、活报剧等，像《王大妈要和平》《捷报》《只要山还在》等剧目。后来在农村、在工厂演出时宣传效果特别好！我们还确实利用举办义演捐款等活动，来为抗美援朝出力呢！

（摘自周秉德著《我的伯父周恩来》）

学校高中学生还与志愿军杨连弟英雄连建立了友好关系。杨连弟牺牲后，学生沉痛悼念。我校开辟抗美援朝展览室，展出烈士遗像、遗物。

和志愿军英雄一起合影

师大女附中是北京市西单地区的拥军优属模范集体。据《北京市拥军优属集体模范登记表》（1953年1月）记载：

师大女附中的同学，都十分热爱志愿军，关心他们，学习他们，经常寄信慰问他们，写信现在已经成为同学们生活中不可缺少的内容，他们与可爱的人来往的信件已经有一万封以上了，送给可爱的人的礼物也有一百三十余件。

同学们经常说：当我们想到今天幸福生活的时候，就想到我们可爱的人在前方不怕流血牺牲、英勇奋斗的英雄事迹，他们热爱祖国、勇敢乐观、不怕困难、谦虚朴实、互助友爱的优良品质，这都深深地感动了我们，因此，我们给志愿军的信和礼物中，自然地流露出对他们的关怀。同学们和志愿军同志们建立了经常性的联系，把他们心里的话、心爱的东西、给毛主席献礼时佩带的红领巾以及魏巍从莫斯科带来的共青团团徽、入党入团的照片、奖章等赠送给志愿军。前方的志愿军们热情愉快地接受着他们的礼物，经常把亲切的信件在前线的报上发表，或被战士们贴在日记本上；收到的礼物，常常当作立功的奖品，对战士们鼓舞很大。如战士王敬业同志，在冲锋时高喊同学的名字，在临牺牲时还高喊着：可爱的祖国，敬爱的毛主席，亲爱的同学们，为了你们我要用鲜血守着阵地，决不后退一步。杨连弟也经常地给他们回信，向他们报告战绩，还把自己最珍贵的礼物——在全国英模代表大会上毛主席亲手递给他的一本红色纪念册，送给他们在校内一个最好的同学，还在上面写了一首诗："英雄的理想、英雄的希望——为人类的和平与幸福，为了年轻的朋友们，快乐的游戏和安宁的睡觉，还盼望年轻的朋友们，考试各项成绩都及格，有我们在门外站岗，我们保证，决不让战争恐怖的阴影来威胁你们，如果他要疯狂地扑来，那我们就像英雄一样毫不犹豫地用身体去挡。"由于他们与志愿军同志们保持了经常的联系，不但鼓励了前方的士气，也推动着同学们努力前进，许多同学在他们的鼓舞下，光荣地参加了中国新民主主义青年团。

（摘自实验中学档案资料 1959—1960 年 102 卷）

在抗美援朝运动中，学校开展春假宣传，教职员工出动 76 人，学生出动 723 人，被宣传户数为 2999 户，被宣传人数为 4972 人，维护缔结和平公约 1303 人，反对武装日本表决 1304 人，签订爱国公约 1327 人，工会捐赠朝鲜前线书籍 279 册，参加五一游行 913 人（少先队除外）。

第三节 参加其他社会活动

1949 年 10 月，初一年级同学赴先农坛参加欢送苏联科学文化美术工作代表团大会。全校师生欢迎苏联教育部副部长杜伯罗维那同志。在此期间我校还积极参加了华北人民政府组织的节约救灾运动。

1950 年，聂荣臻元帅来我校视察。

3 月 8 日，我校首次举行三八妇女节联欢会，并请钟复光、韩希良二位先生做报告。

4 月，学生 914 人参加生产劳动。

5 月 1 日，庆祝五一劳动节，师生员工参加游行。

10 月，学生 350 余人参加十一国庆节体育大队游泳步伐方队游行，历年如此。

同时，组织给河北、河南、皖北、苏北的灾民捐助棉衣。

1951 年 4 月，组织高三年级同学在春假期间去天津参观。

1952 年暑假，组织 300 名学生去北戴河夏令营。

10月，全国教育工会一行五人来校参观。

1955年，高中毕业生去天津参观工厂，返校后座谈。

4月2日，组织劳动卫国体育大会。

9月，接受在全国第一届工人运动会上表演团体操的任务，陈毅和贺龙同志来校看望师生，并安慰两个因演出动作迟缓两拍而痛哭的学生。

1956年3月24日，初一（2）班和初一（3）班中队举行联合队日，邀请《董存瑞》扮演者张良讲话。

4月，师生到新华门欢迎苏联的伏罗希洛夫元帅。

5月，举办39周年校庆，同时举行老教职工庆祝会。

同年，白耀主任参加赴苏代表团考察教育。部分师生去西郊机场欢迎越南民主共和国胡志明主席。语文教师刘可兴奉派到民主德国讲汉语课（1958年回国）。

1958年，在“三面红旗”鼓舞下，师生到农村深翻土地，在城市大炼钢铁，口号是亩产6000斤。10月，我校完成了上级下达大炼钢铁的任务。10月28日创造炼钢卫星①。

11月，我校和男四中、男六中、女一中、女九中、女八中等六校与北京大学数学系座谈。同时，整理编制《战歌一百首——实验中学学生为“实现四本账”而作》。

1959年3月，安排高一、高二和初一学生到我校自办工厂劳动。

1960年3月，组织初二年级同学去南郊和平公社和中宣部农场劳动。

11月30日，出版油印刊物《劳动》第二期。

① 据北京实验中学档案资料室《我校炼钢各种统计表》载：创造卫星的炼钢炉是第13号炒炉，本炉工作人员：李勇、王印章、刘杰、高兆祥等。1958年10月28日，以386.5斤原料生铁，炼出钢数为322.5斤，出钢率83%；消耗燃料为140斤劈柴，平均每冶炼一斤原料消耗燃料0.35斤……；各日平均冶炼一炉钢所用时间，10月17日为90分钟；10月25日为38分钟；10月26日为34分钟；10月28日为32分钟；11月6日为25分钟。（1958年11月20日，卷21）

1962—1965 年，按照“教育为无产阶级政治服务，教育与生产劳动相结合”的指示，学生每年下乡劳动两周，分别去中阿友好公社、长辛店、张郭庄公社、大兴中捷友好公社、八达岭林场、南口农场，住在农民家中，学校集中办伙食，其目的是让学生体验劳动的艰辛、粮食的来之不易，同时培养学生亲近工农的思想感情和艰苦朴素的优良作风，培养学生爱劳动、爱集体的优秀品质。为此，学生还要在校办工厂劳动两周，学习体验开车床、铣床、刨床。

1964 年，全校师生参观解放军空军 004 部队；全校师生去一〇一中学参观学习一天。

同年 4 月 15 日，接建国十五周年国庆节筹委会群众游行指挥部体育大队分指挥部通知，由女附中学生 350 人与八中学生 350 人共同组成“游泳步伐队”。参加这次体育大队的总人数（不包括预备队员）是 9643 人。

第四节　参与悼念周总理

1976 年 1 月 8 日，周恩来总理逝世，噩耗传来，我校师生悲痛欲绝，不管“四人帮”不许悼念的种种禁令，在学校大操场举行悼念活动，气氛肃穆，秩序井然，哀乐响起，全场一片痛哭之声。会后全校各班又各自进行悼念，贴出专栏。一周之内，师生们写出了上千篇诗，油印了两本哀悼总理的诗刊。

1 月 14 日晚，即在人民大会堂追悼周总理大会前夕，学校党总支书记何钊同志率领全体党员和部分团员冒风雪，奔向天安门人民英雄纪念碑前，献花圈，读悼词，寄托师生对总理的哀思，也表达对“四人帮”的愤怒抗议。

悼念周总理

党支部书记何钊说：

我对这个学校的确是很有感情，可以说是全心全意放在这个学校上面，住在这儿，吃在这儿。到这个学校以后，我就在想，要把这个被“文化大革命”破坏的学校努力地还原，恢复成它原来的面貌，一定要关心爱护教职工，让全校教职工不会遭到身心伤害。这是我的心愿。比如说我们物理组的教师艾立川同志，最早在西单民主墙上贴了大字报，结果上边要把他定为“阶级异己分子”，让学校组织批判。这位老师教书很认真，做班主任也很负责，是个好老师，怎么写张大字报就成了“阶级异己分子”，这不又搞成“文革”那一套了吗？总理逝世的时候，我在屋里挂上总理的像，还带着党支部全体党员去天安门去悼念总理。我坚信作为一个领导班子，一定要坚持党性原则，碰到什么样的风浪，真的顶得住。就说悼念总理，这么好的总理，怎么去悼念他就成了罪了啊？所以作为党支部书记，我说各班都可以悼念总理。

1976 年 4 月 5 日清明节，全国掀起了以“天安门事件”为代表的悼念周总理、反对“四人帮”的抗议运动。我校许多师生同其他有良心、有热血的革命人民一样，冒着政治风险，来到人民英雄纪念碑前，献素花，抄诗文，还有师生每天都要自己默默地去悼念一次。

第三编　改革开放以后的坚实步伐

——与时俱进

从1978年我校被教育局定为市重点校，到世纪之交被批准成为北京市首批示范性中学的二十多年间，我校从『文革』的混乱中起步，一步一个台阶，在学校建设与管理上经历了不断的探索和创新，创造了许多新思想、新制度，让一个个理想成为现实。

第一章　解放思想为创新发展创造条件

1978年1月24日，根据市委科教部的批示，由市教育局韩作黎同志主持会议，研究决定从即日起师大附中和第一五〇中学正式移交给北京师范大学领导；第一五〇中学改名为北京师范大学附属实验中学，招生办法与市办重点中学相同，并继续承担接收外籍专家子女入学的任务。

第一节　确立学校发展理念

改革开放后，学校沿着党的教育方针在学生中狠抓了中学生守则和理想前途教育，继承和发扬了女附中的优良传统，提出了进一步培养“有理想、讲道德、勤学习、苦锻炼、尊师爱生”的好校风。学校认为要办出高水平、有特色的中学教育，首先要转变教育观念，提出了既符合时代教育思想又符合我校实际的办学理念。

一、确立正确的办学思想

1996年8月，我校提出了“追求发展而不追求分数，追求卓越而不追求完美”的办学思想。追求发展包括追求学生的发展、教师的发展与学校的发展。所谓发展不仅是发展学生的智力，而且发展学生的情感、意志品质、性格、集体主义精神。“国际21世纪教育委员会”认为，“教育是更深刻、更和谐的人的发展”。

“追求卓越而不追求完美”是工作的指导思想，也是用人的指导思想。

学校主张学生在一个方面或几个方面达到卓越，而不要求十全十美。同样，学校用人也是求其人所长，而不是求其为完人。

时任校长张锦斋回忆：

所谓“追求发展”，这是因为看了联合国教科文组织发布的关于21世纪教育发展的报告中提出的，就是教育的基本功能应该是促进人的发展，人的发展就不仅是知识；“不追求分数”是当时各校高考平均分、第几名比得太厉害，所以当时提出能不能把思想解放一下，不追求分数；“追求卓越，而不追求完美”是因为我们评“三好生”时太求完美了，我觉得人这样引导不对，就是太求完美，这对培养人才是不利的。所以我认为，当时提这个是一个正确的思想。后来有一个语文老师提出“不追求什么”是不是可以不要了，所以就又改成了“追求发展，追求卓越”。

（2016年研究性学习结题报告，采访组成员：袁雪宁、李泽阳、王海琦，指导教师：李军、冯琳）

1998年，将办学思想简化为“追求发展，追求卓越”。1999年初，在申办高中示范校建设报告中将办学思想充实为“以人为本，服务社会，追求发展，追求卓越”。它从教育价值取向、办学目标以及精神状态三个方面体现了实验中学的办学理念。

二、确定校训和人才培养目标

1991年，确定校训为“诚信、严谨、求是、拓新”。8月，张锦斋副校长在1990—1991学年度工作总结会上宣讲校训。

“诚信”：即诚实，讲信用，“信”与“诚”同义。“诚”是我校早期校训中的一个字，讲的是做人的基本道德品质，是人的基本品格。诚与信，一方面是指对待事业的态度，凡是做事都要真诚实意，至诚至信；另一方面是指人际关系的准则，与人交往要诚实不欺，讲信用。“诚信”，做人的第一美德也。

“严谨”：讲的是学习与工作作风问题。学习与做事要严格、谨慎、周密，切忌漫不经心，粗枝大叶。古今做学问者、成事者无不讲“严谨”二字。我校是重点校，是培养英才的场所，“严谨”应当成为人才素质训练的重要内容。

“求是”：就是研究事物的客观规律。我们要孜孜不倦地追求真理，新一代青年尤其应该这样。

“拓新”：意即“创新”。但“创新”一词用得比较俗了，而且它的含义不如“拓新”。“拓”，有开拓、拓荒之意，体现开创的艰难与魄力，处在改革的新时代，披荆斩棘，开创新局面，夺取新成果，是新一代青年素质上的特色。

学校的校训

张锦斋回忆：

“诚信、严谨、求是、拓新”的校训在20世纪90年代提出，当时的学校管理层集体讨论了有一年多时间。这个校训沿用了女附中的办学精神。“严谨”一词就是从女附中沿用下来的；“诚信”一词来源于女附中“诚实地做人”，由当时的一个主任、北大毕业的语文老师提出来的，“拓新”的“拓”也是这位语文老师修改的。所以校训是延续了女附中“诚实做人，严谨求学，刻苦学习”的办学精神，并提炼加工成“诚信、严谨、求是、拓新”这八个字。

1996年，国际教育委员会向联合国教科文组织提交了《学习：内在的财富》这项报告。该报告被誉为继 1968 年《世界教育危机：系统分析》和 1972 年《学会生存》[①] 之后联合国教科文组织公开发表的最重要报告。报告提出面向 21 世纪教育的四大支柱：学会求知、学会做事、学会共同生活、学会生存，并强调教育的使命是使每个人（无例外的）发展自己的才能与创造潜力。强调要尊重人的个性，使人成为真正的人、完整的人。在这种新的教育理念指导下，我校经认真思考，提出了“四会”的培养目标，即“会做人、会求知、会办事、会生活”。

1998 年 2 月 16 日，张锦斋校长在开学典礼上向全体同学就“四会”进行了宣讲。

会做人：首先要讲诚信，要讲责任感，要善于处理人与人之间、群体与群体之间的关系，懂得尊重比宽容更重要，即古人所说“为人谋而有忠，与朋友交而有信”。

会求知：要有谦虚好学的态度，要树立终身学习的观念，学会怎样学习、怎样思考。对学生提出四句话：正确的学习目标、刻苦的学习态度、良好的学习习惯、科学的学习方法。

会办事：要有一定的判断能力、选择能力与策划能力，具有一定的办事技能与认真态度，有协作精神与首创精神，有阐述自己观点与活动的能力。

会生活：会科学地安排时间，有较高的审美情趣，具有一定的自主能力、适应能力与调节能力，人生态度是积极的，情感是丰富的。

我校通过课堂教学系列，活动系列，学校、社区、家庭教育相结合三个系列，以四会的培养目标，组织教育活动。

---

① 这是联合国教科文组织国际 21 世纪教育发展委员会于 20 世纪 70 年代做的一份报告，全名是《学会生存：教育世界的今天和明天》。该报告指出：生存是教育的最终的目的。教育的目的是什么？不就是为了提高人类生存的质量吗？我们作为教师，更应该明确这样的目标。让学生学会认知、学会做事、学会生存和学会共存，同时这也是这份报告中提出的教育的四个支柱。

第二节　推动学校管理改革

1978 年，恢复秋季始业。我校重新确定了以教学为中心的基本原则——学校工作必须以教学为主，全面贯彻党的教育方针，而教学又必须以双基为主要内容，以课堂教学为主要形式，开始渐渐恢复了正常的教学秩序。

1980 年，西城区选 4 所中学试办三年制高中，并执行市六年制教学计划，我校名列其中。

1981 年，西城区选 16 所中学试办三年制高中，并执行市六年制教学计划。

1982 年 5 月，制定《实验中学教职工文明公约》。

1987 年 12 月，学校体制实行党总支领导下的校长负责制。这是我校实行的第一届校长负责制，校长为王本中同志，书记为祖二春、张锦斋同志。近一年后，1988 年 11 月又由在总支领导下的校长负责制转变为校长负责制，总支起保证监督作用。

1989 年 10 月，制定《校长负责制聘任条例》和《校内结构工资方案》。

1990 年 9 月，实行第二届校长负责制。校长为王本中，书记兼副校长为张锦斋。

1991 年 3 月，颁布《实验中学教师工作须知》。

8 月 26—27 日，召开暑期教学研讨会，讨论《青年教师培养、使用、奖励条例》实施细则。

1992 年 9 月，制定各职能部门岗位责任制，确定“以改革课程结构为核心的教育实验工程、以完善激励机制为中心的管理体制改革工程、以洁雅美为特征的校园文化建设工程”三大工程；实施“健全创收机制广辟聚财渠道的建设；干部、教职工队伍建设；大力加强教学建设；大力加强校风建设；加强学习、生活环境的美化与规范化建设；管理系统与办公自动化建设”六大建设。

1996年3月28—29日，西城区人民政府督学室对我校进行督导复查。

9月，校领导进行了调整变化。校长：张锦斋；书记：王本中；副校长：姜恺捷、袁爱俊；副书记：刘文莲、李连荣；教学主任：蔡晓东。

12月，我校申报的与加拿大纽宾士域省教育部，加拿大加皇投资集团合作举办的“北京中加学校”经北京市教育委员会批准成立，其中王本中同志任北京中加友好学校校长，王英杰（北京师范大学副校长）、王本中、张锦斋担任校理事会理事。

1997年3月26日，“北京中加学校”成立大会在人民大会堂举行。

北京中加学校是本市第一所中外合办的实施普通高中及高中后职业教育的学校。学校坚持贯彻社会主义的教育方针，以为我国现代化社会主义建设事业培养复合应用型人才为根本宗旨。不办贵族学校，塑造具有世界性、国际化、能力强、适应21世纪人才素质结构总体要求的一代新人。学校实行“双学籍”“双学历”制度，为学生毕业后升学或就业提供多种选择机会。原我校校长王本中同志出任中加学校校长。北京市人大常委会陶西平副主任、加拿大国家参议院（前外交部部长）皮埃尔德巴内先生出任学校名誉校长。北京市教育委员会徐锡安主任、加拿大纽宾士域省政府教育与劳工部劳麦健泰部长出任学校荣誉校长。全国人大常委会教科文卫委员会副主任杨海波与加拿大国会议员关丽华共同出任首席顾问。中加学校成立后，输送出了不少优秀人才，成为中外合作办学的典范。

时任中加学校校长王本中回忆：

在当时，我在正式接了中加学校的校长后把本部的校长辞了。有人问：“实验中学的校长自己就这么辞了？”这是当时很不可理解的。

因为当了那个校长就不能兼职了。后来张锦斋做校长了，不让我走，我就做书记了。

当时的中加联合办学面临几个风险。第一，虽然是和实验中学合作的，可是这些学生当时的目标都是出国。在理论上是双保险，既可以选择在中国考大学，也可以选择在加拿大考大学，但实际上考不上中国的大学，因为需要增加英语课程，还需要增加外方的课程，与面向国内大学的高中并不相同。

第二，对于合作方，毕竟是第一次接触。办学所需的场地是租来的。当时计划投资两个亿，把学校建设成为中国古典式建筑群，形式上是四合院建筑，而内部则现代化，但是没找到合适的场地，只临时租下来通县（今北京通州区）的一所小学，非常艰苦，连实验室都没有。投资方投资了1000万，那时学费5万块钱，招200人就是1000万啊。1997年的1000万不得了，相当于现在一个亿。资金到了以后，如果投资方撤走，其中的风险就要实验中学来承担了。

存在两方面的风险，首先必须保证资金到位以防风险。所以我和北京市教育管理部门要求，在资金到位后需要实施监管，经过双方同意之后才能使用。此外，学生毕业以后如果达不成出国读大学的目标，实验中学必须为此兜底。因此双方谈好，到高三时，学生或者因为资金原因，或者因为其他原因，如果出国失败，就在中国高考。第一届学生毕业时真的出现了十几个学生表示不到国外去了，就在中国考大学，在高二末就回到实验中学插班补课了。

中加学校的特色是规范，符合两国标准。比如当初标准认定的时候，加拿大要按照加拿大的标准颁发证书，但是我们开设的课程只有一门与加拿大有关的课程，其余都是中国课程。于是，我们想了个办法，把当时的教学大纲翻译成英文，送给加拿大方面的教育部审读，以此进行沟通，希望加拿大能认可中国的课程标准，看中国的学生通过会考之后是否能达到加拿大高中的标准。他们一看，说你们的数理化确实比我们多，难度也深。你们考了合格了我们也认可，不再增加额外的考试。唯独有一门，英语是达不到的。我们说，英语水平应达到我们大学外语专业的水平。

最关键的问题，在加拿大，法语是必修课，加方要求我们必须拿到法语学分，每周5学时，才能颁发毕业证书。这就是很大的问题了。因为他们英语是本国语言，法语就是第二外语，也可以是西班牙语。我说我很理解，你们能不能也开放一点，把我们的中文当成你们的第二外语。先不说你们的学校用不用，但就我们中加的学生，以中文为第二语言，代替法语，这是很现实的。那个部长特别开明，一下就通过了。

现在，我们正在研究新的教学结构，总校协调资源，监督各个学校的教研等等，推进中加学校的进一步发展。

（摘自2016年研究性学习结题报告，采访组成员：舒泠娜、赵博文、周子钰、许嘉芝、鲁鑫，指导教师：李军、冯琳）

10月，颁布了《关于加强师德建设的几点意见》与《关于加强教研组建设的几点意见》。

1998年5月8日，《关于办实验中学分校的申请》得到市教委批准："同意张锦斋同志在北京市第37中学校址试办普通初级中学，定名为'北京师范大学附属实验中学分校'，试办期三年，实行理事会管理，理事长为时任西城区教育局局长佟志衷，张锦斋任校长，学校性质为民办公助。"

6月，原北京第37中学改为北京师范大学附属实验中学分校，即实验中学初中部，本校不再招初中生。

10月7日，民革中央委员、全国人大代表、中纪委、监察部、市人大常委会委员、海淀区人大常委会副主任、东城区教育局党委书记、市教委领导一行 13 人来校（分校）检查民办公助学校的办学体制和具体工作情况，就民办公助校的办学模式、办学思路进行研讨。

同月，颁布《实验中学管理手册》。

1999 年，北京市教委决定在北京市评选示范性高中，下达到西城区两个名额。校领导班子对照评估细则研究后，决定申报首批示范性高中。校领导班子多次召开会议，研究讨论建设方案，并着手建设学校软、硬件环境。作为一所历史悠久的名牌老校，我校在教育教学各方面取得的众多成果和良好的社会声誉，使西城区得以突破两个名额的限制，把我校作为首选学校上报市教委参加评审。

同年，北京市召开第一批高中示范校预选校的校长报告会（共 11 所），张锦斋校长向专家评审组报告“示范高中建设方案”获好评。按程序，报告通过一年后，市教委将派评审组来校审查“建设方案”落实情况，通过后，颁发示范高中校牌并向社会公布。

张锦斋校长在做汇报

第三节　制定实施发展规划

1983年10月，制定《进行教育改革的三至五年设想》，提出“把学校办成进行重大教育改革的实验基地，以适应社会主义四化建设需要、迎接新技术革命面临的挑战”。

1986年9月15—27日，召开首届教代会，审议通过实验中学五年规划（1986年9月—1990年7月），提出：

学校的人才培养目标：要把学生培养成有理想、有道德、有文化、有纪律，热爱社会主义祖国和社会主义事业，具有为国家富强和人民富裕而艰苦奋斗的献身精神，具有实事求是、独立思考、勇于创造的科学精神的一代新人；要为高等学校及各行各业输送德智体全面发展的优秀的中学毕业生。

要把学校建成全国第一流的、有国际影响的重点中学和高水平的普通教育的改革实验基地。

实施校长负责制、教职工代表制和教职工聘任制。

建立“以课内为基础、课内外有机结合”的教学体系，建立“教师主导作用与学生主体作用相结合”的学生教育管理体系，建立“教育教学为主、教育教学与教育科研相结合”的教师队伍。

1988年12月，制定《1989年9月至1992年7月三年工作纲要》，提出：

确定1988年12月—1989年7月为准备期，召开第一届教代会第三次会议，审议三年工作纲要、教职工聘任制条例及结构工资方案。

调整完善校内机构设置，完成教职工全员的定岗定责工作；汇编北师大实验中学教职工工作条例及学生工作条例。

完成教职工聘任制准备工作，六月份颁发聘书，教师工作安排原则上实行三年循环制。

设立张永珍教育基金。用以支持与鼓励教育科学研究、教育实验改革。

实行校企分开，在质量、效率、效益上有所突破。大力发展校办企业，形成较完备的校办企业体系，三年为学校提供教育经费300万元。

完成以下基建项目：科技大楼、热力工程、校园美化工程、教学楼装修工程。力争开辟新房源，使学校教职工住房条件成为全市中学一流水平。不断改善教职工福利待遇。

1992年9月，制定1992—1995学年度三年规划。

1993年1月，重新颁布《实验中学教师须知》。

9月，实行校长负责制以来的第三届领导：校长王本中，书记张锦斋。制定新的三年规划，对在职在岗受聘教职工进行结构工资调整。

11月，实行新结构工资方案，教师待遇有所提高。

1995年10月，制定五年发展规划，提出：

学校的总体目标是：把学校办成国内一流，国际有影响，以培养跨世纪的国家建设的栋梁之材奠定坚实基础为根本宗旨的中华名校，在国家千所示范校中名列前茅。

学校的培养目标是：为把学生培养成为社会主义建设的栋梁之材奠定坚实宽厚的基础，为高一级学校输送优秀毕业生。要切实提高学生的思想品德素质、科学文化素质、身体心理素质、劳动技术素质，成为适应新世纪多种复杂挑战的代理人。要切实提高学生的思维能力、学习能力、创造能力、组织能力、交际能力、价值判断与选择能力、自我调控及完善能力；引导学生会做人、会求知、会办事、会生活，为把学生培养成为社会主义建设的英才奠定坚实宽厚的基础。

构建一个与上述目标相适应、功能完善、结构合理、特色突出的课程体系和评价体系。继续实施高水平高中课程改革及初中以“普及与提高相结合，注重提高”的若干基础工具学科分层次教学的试验。建立一个以计算机管理为主的学校质量及学生素质综合评价的体系。

探索适应21世纪需要时效性强、时代特点鲜明的德育工作体系。坚持集体主义、爱国主义教育，加强心理教育及美育。把优秀的传统美德与近代发展起来的心理及美的教育、科学的管理融为一体。使学生的文明行为、道德品质、精神境界居同类校中较高层次。

积极提高教职工队伍素质。建立一支忠诚教育、热爱学生、敬业献身的师德高尚的教职工队伍，达到我国千所示范校的一流水平。提高学历层次，中青年教师中达到硕士研究生者计20—30人，教师中相当教授水平者计10—15人。教职工具有一定水平的教育科研能力，教育教学能力总体水平居全市前茅，市区教育骨干及学科带头人总数居全市各校前茅，并造就一批全市、全国的名师及教育专家。

逐步建立以计算机多媒体网络技术为核心的现代化教育技术体系。使学校理化生实验设备、现代教育技术设备、图书、体育、文化艺术、卫生保健设施居北京市或全国一流水平。

逐步克服学校“小而全”的大包大揽的体制。学校后勤生活服务向社会化迈进，加大改革力度，使学校转变为以育人为中心的办学体系，切实提高办学的效率和效益，利用学校设施和设备为社会教育、成人教育服务，使办学的效率、效益均居国内一流。发挥学校教育优势和名校效应，力争办好一两所社会效益好的分校。

使图书借阅率，计算机应用率，各种理化生、电教实验设备，体育设施利用率，均居全市前茅。

学校的轨制为初中每年级4个班，高中每年级6个班，共计30个教学班，每班原则上不超过 50 人。学校教职工总数不超过 170 人（达到标准轨制），其中职工及管理人员不得超过 50 人。

措施：

从 1995 年 9 月起在高一进行第三轮课程改革实验，在初中进行数学、英语实验班的实验及数学、外语分层次教学的实验。

学校正式聘请在社会上有影响的专家做兼职教授，请他们定期对学校教育、教学及管理进行指导。

压缩编制，按 5.5 人 / 班目标设编，缩减管理方面干部层级和数量。

加速教育技术现代化建设，开展计算机全员培训，成立计算机辅助教育研究小组（CBE），负责选购、研制、开发教育软件，推动 CBE 深入开展。

完成若干项基建工程。

筹建逸夫教学楼、第四栋宿舍楼、体育艺术馆，装修三座教学楼，改善实验楼工作条件。

通过联合办学、参股公司、筹措教育基金、集资入股、存货等多种金融手段，使校产与资金增值。五年力争创收（除教委拨款外)2500 万。

1997 年 6 月，制定《1996—2000 年北京师范大学附属实验中学教育技术现代化发展规划》。

时任校长王本中回忆：

当时首先考虑的是教学改革，硬件改善不是主要的。于是建了实验室、体育馆，但是国际部那块地的设想是没有的。当时只有九层的实验室楼的改造是我搞的，但比如校园信息化，包括当时提出来的一些指标的改变，真正是在后来实现的。

（摘自 2016 年研究性学习结题报告，采访组成员：李千雪、董雨萌，指导教师：李军、冯琳）

第四节　完善硬件建设

1983年5月，我校被评为全国儿童少年工作先进集体。12月再次获得此项荣誉，同时被评为北京市五讲四美三热爱文明单位、北京市儿童少年工作先进集体、北京市青少年爱科学月活动先进集体。此外，我校还陆续获得如第五届全运会群体工作先进集体、全国体育传统项目学校先进集体、北京市体育传统项目学校先进集体、北京市体育锻炼达标先进单位、北京市教育系统先进单位等多种荣誉称号。

1984年12月，我校被评为北京市施行《国家体育锻炼标准》先进单位一等奖、先进传统项目学校、北京市电化教育先进集体、1984年度首都文明单位。

1988年6月，我校被评为1987—1988学年度档案工作先进单位。

1990年9月1日，建设了两年零八个月的教学实验楼工程竣工，正式投入使用。

1994年10月，接受香港广播电视有限公司董事长、香港邵氏影视公司董事长邵逸夫先生80万港元捐款，扩建改造电教楼，扩建后的电教楼命名为“逸夫楼”。1996年2月，“逸夫楼”竣工投入使用。

1995年4月，王东方先生捐赠486计算机30台，约合人民币35万元。赠机仪式在人民大会堂举行，当晚北京电视台和中央电视台均有报道。

7月，图书馆制定五年发展规划。五年内实现全面计算机管理，发展成为拥有11万册藏书、400种期刊、学生阅览室250个座位的现代化图书馆；开展学生课外阅读指导、扩大新书宣传、制定课外阅读参考书目等活动。

1998年10月，体育艺术馆落成，新修操场投入使用。

到1999年7月底，图书馆藏书111407册，资料室18921册，书库

81506册。

1999年11月14日，我校的网校正式开学。网校采用国际互联网（Internet）技术，进行远程网上教学辅导。

“上实验中学网校，进实验中学课堂”，辅导内容包括各个学科，教学内容与学校教学同步，由一线优秀教师在网上教学辅导，开办网校的基本宗旨是充分利用教育资源优势，服务社会，同时促进学校自身发展。

17日，1997级理科实验班教室内的电脑成功连入中国教育科研网（CERNET），参与该网中“清华网络教育评价系统”的活动。该系统是清华大学正在尝试的一个新的评价体系，功能类似中考与高考，即对学生按一定标准给出评价。与常规考试不同的是，该系统追求评价的全面性——注重各方面的能力，尤其是特长评价，强调素质教育。

1999年初开始进行全员计算机培训，共开设5个模块，304个学时，参加培训的教职工276人次，100%教职工能上网，学校有47名教师参加“北京市中小学教师计算机应用A级考试”，一次通过率为100%。在全国“网络及工具在中小学教学中的应用”大会上，学校所选送的四个课件有三个获得全国一等奖，一个获二等奖。

示范校建设让我们从基础设施起步，使我们12岁的学生也能上网了。学校在1998年已建成百兆网，并完成了千兆网的前期准备工作，在北楼建成后开通。全校教师学生在校免费上网，各办公室的教师用机均可上网。多媒体教室、多媒体合作学习室为教师提供更好的教学服务；学校开设校长电子信箱、班主任电子信箱；便携式多媒体设备使学校实现了“班班通”。

第二章　教育教学改革提升品格

第一节　教育教学改革历程

一个学生在学校里 80% 的时间是在课堂上度过的，因此课堂教学改革是教育教学改革的中心环节。这也要从转变观念、在正确的教育理论指导下展开。

1982 年 8 月，我校贯彻落实以德智体为主体、兼施美育和劳动技术教育的五育方针，在教学上提出“打好基础、发展智力、培养能力、发挥特长”的十六字方针。

十六字方针主要从四个方面开展工作：①德智体一起抓；②狠抓语文、数学、英语三门基础课的教改；③抓好物理、化学、生物三门实验课；④加强课外阵地，发挥学生特长。

从 1984 年 9 月，我校率先进入基础教育课程计划和教材“大一统”之外的“禁地”，开始进行六年两轮的课程体系和教学结构的改革，打破必修课一统天下的格局，初步构建了“必修课 + 选修课 + 活动课”三大板块的课程结构，并把这三个方面的内容纳入“以课内为基础，课内外有机结合”的课程体系，进行了上午必修、下午选修和活动的五天半工作制的教学结构改革实验。

学校设计的课程方案把每周的学生学习与活动的时间分为三大板块安排：工作日上午安排五节课，用于国家教学计划中规定的必修课的学习及校会和自习课；下午两节课，用于选修课、劳动技术课、自习课以及思想品德教育活动等；下午三点半以后及星期六下午为学生自由活动时间，安排各种课外学科小组活动、讲座、文体活动等。

这样的课程设计使法定的教学计划得以实施，在时间上得到了保证，在一定程度上减轻了学生过重的课业负担，开阔了学生的知识视野，培养了学生的兴趣、爱好和特长，促进了学生的全面发展，提高了教育质量。这是一个对原有课程计划的结构性调整，与教育部颁布的教学计划相比，仅必修课一项，高中两年内就减少课时计720节，在课程标准没有降低、知识总量没有减少、升学考试制度没有变革的前提下，实施这一方案应当说是思想解放的结果。这一方案的指导思想就是解放学生，让学生生动、活泼、主动地学习，提高学习质量和效益，因此受到学生的热烈欢迎。相对于当时我国各中学实际执行的课程体系而言带有突破性，在北京市各重点校学生中引起强烈反响。

与教学结构改革同时进行的一项重大改革是：高二取消班主任，改为两名辅导员。

> 目的：调动学生特长，给学生宽阔的自我养成空间，让学生真正把他们的潜力发挥出来，自己管理自己。提高学生的自理能力，更加自立；形成独立思考的习惯，为适应大学生活打下良好基础。
>
> 做法：竞选班长和书记，他们在学生中间再组阁一个管理团队，学生自治，自己管理自己，培养学生自信、自理、自立能力。辅导员“垂帘听政”，管控要适时适度，要关注学生的思维方式及政治上的倾向性。取消班主任实际就是让教育更生动，更高效。
>
> 实效：我们试点在高二，文理不分科，那个时候6天上午5节课，一节课40分钟，下午全都是选修课。学生有大量文科和理科的课程可以选修，文科的学生多选一点文科的内容，如十字军东征、英美文学、世界文学史、日语、摄影等。这就要求我们的班主任、老师一定跨出

科目去讲，要让课程有延伸性，这一点很重要。大量的选修课造成本身班级概念不强，因为上午5节课在一起，下午就走班，学生把更多时间和精力放在课外的自我学习上，跟现在的大学其实很类似。我们的很多课程，如化学，把大学的分析化学下放到中学，目的就是让学生有一种探索精神。

学生特别适应，特别需要这样的改革；即使是这样大举措的改革，1986年的文、理科高考还是北京市第一，学习并没有受到影响。但不可否认的是：改革过程进展得并不顺利，只得到了年轻教师的支持，老一辈教师并不赞成推行此法。

（摘自2016年高二研究性学习结题报告《关于导师制的采访报告》，
课题组组长：程立雪，组员：秦若镜、栾咏欣、王一帆、刘梓琦，
指导教师：李军）

1987届校友杨树青：

实验中学有自由民主的学风。在当时的80年代，所有学校都追求升学率的大背景下，实验中学能坚持自由民主的学风是难能可贵的。我们可以在课内外和老师自由平等地讨论问题，可以自由安排业余时间和学习进度，不仅没有影响学习成绩，而且有所助益。这对以后走入社会形成自己的社会活动能力和个人的工作风格可以说有非常深远的影响。实验中学的学风可以说是独一无二的，相信这个学风也一直保持到了现在。回想起来，能在实验中学学习是非常幸运的。

1987年4月，学校全面启动课程改革。高中试行开设选修课，形成以必修课为核心要素，选修课与课外活动为外层要素的教学系统。在各学科教学中展开“启发式”“讨论式”“边讲边实验”等各种方法的改革实验。

1992年12月，副校长张锦斋在全校做期中分析，明确提出学校教学指导思想：

①面向全体，因材施教，使学生基础扎实，学有特长。②源于大纲，高于大纲；源于教材，高于教材。③教学方法灵活，贵在得法；教学手段现代化，贵在恰当；教学过程情感化，贵在默契。④在打好基础的同时重视能力培养；在发展智力的同时重视心理素质的培养；在传授知识的同时重视基本观点和基本方法的传授；在研究教材的同时重视研究学生。⑤爱字为首，激励为主，在充满尊重、信任的气氛中开展教学活动。

1994年，经过认真的调查研究和反复学习，参考了国内外课程改革的先进经验和理论，教科室组织教研员，特别是四人课程小组制定了《高水平高中课程改革实施方案》，并且上报市教育局后，被认为有新意、有特点。这是学校课程改革方面的重要成果，课程方案全面、完整，有课程依据，也具有可行性[①]。

1995—1996年，在既有课程改革的基础上，经过学习考察和研究，我校出台了新的课程方案。

新方案的课程结构为：

> 必修课＋专修课＋选修课＋活动课。其中专修课是学校所独有的，它适当体现学生的学科专攻方向，进一步提高学生的科学文化素质，为进入高一级学校深造打下坚实深厚的基础，可视为必修课程的拓宽和加深，与选修课的拓宽不同处在于它的基础性、专业性与系统性更强。方案设置数学、外语、物理、化学、哲学、体育、历史七门专修课，并分成若干个“学科群”，以供学科不同倾向的学生选择，并采用学分制的办法进行管理。

不难看出，这一课程方案具有相当大的选择性，这在当时的历史条件下是难能可贵的，与新世纪教育部即将提出的课程改革思路是非常接近的。

经过近一年的努力，高中课程方案已提出，寒假又专门讨论了两

① 摘自刘佳复《1993—1994学年度学校教学工作总结素材》，1994年8月。

天，再做小的修改后作为今年九月份执行的方案。课程方案设计出发点：使学生全面发展又学有特长，要有我们的特色。方案：必修课 + 专修课 + 选修课 + 活动课（专修课是老女附中就有的）。

（摘自实验中学《1994—1995 学年度学校教学工作总结》）

其中，必修课三项改革实验：

①坚持进行语文教材改革实验。

②分层次教学实验：学生之间存在着差异是客观存在。为不同水平的学生提供更适合他们发展的教育服务，使不同层次的学生都能得到充分发展是我们的追求。因此，我们在高中实行了分层次教学。即分为普通班、校级理科班、全国理科班，并提出了相应的教学指导原则，通过实验，效果良好。

③全国理科实验班的实验：受原国家教委委托，我校承办了全国招生的理科实验班，每个班 20—25 人，享受国家免会考、免高考政策，高中毕业后，被直接保送进入清华、北大等高校。

选修课开创教改新局面：

我校选修课自 1984 年至今已连续开设了十多年，累计开设 57 个科目，任课教师累计 293 人次，其中本校 184 人次，非本校 109 人次，每周 2 课时，每学期约 30 课时。选修课的管理采取学分制。

学校明确提出了选修课教学目标和要求，将其内容分为四大类：即学科发展类、科技类、人文社会类和艺术类。选修课内容涉及自然科学、社会科学中的前沿或热点问题，再加上专家深入浅出的讲解，因而受到同学们的一致欢迎和好评。例如：

高二（2）班刘志新同学，在听了“科学的学习方法”讲座后，受到了启示，撰写了一篇《从足球射门最佳角度谈起》的论文。他综合运用了高中函数、三角、不等式的知识，分析了射门的最佳位置与最佳角度问题。这不仅巩固了所学知识，而且增强了理论联系实际的意识，同时也激发了学习热情。

体育专修课富有实验特色：

体育专修课在高一、高二开设，是体育必修课的补充和延伸，是实现体育教育目标的一种新形式，是推进素质教育的重要组成部分，将为学生终身体育打下良好基础。

体育专修课主要包括：田径、游泳、羽毛球、乒乓球、篮球、排球、健美操（或体育舞蹈）以及武术（或跆拳道）8个项目。

开设体育专修课的效果是：学生的积极性、主动性明显提高；运动负荷、密度增大，教学效果好；激发了学生的竞争意识；师生间交流及时，反馈迅速，互动性好；充分展示和发挥了双边专长。

1995年，北京市首届教学工作会代表来校指导工作。张锦斋校长做了《深化课程教材改革，提高教学质量》和《课堂教学改革——学校中一个永恒的课题》的汇报，刘佳复主任汇报了《加强教学管理，增强改革意识，提高教学质量》。

同年，我校成为北京市仅有的两所自主会考实验校之一。

1996年的新学期开始，学校组织教师学习华东师大叶澜教授的文章《时代精神与新教育理想的构建——关于我国基础教育改革的跨世纪思考》。叶教授的“呼唤人的主体精神是时代精神最核心的内容，以及从教育对象观的角度看，最重要的是确认生命的整体性和人的发展的能动性，任何一种活动，人都是以一种完整的生命体的形式参与和投入的，而不是局部的、孤立的、某一方面的参与和投入的”等观点被老师们接受，并以此来指导我们开展课堂教学研究和改革，一段时间出现了不少有特色的课型。如化学概念的四步法：感性到理性——概念的建立；揭示内涵——概念的理解与深化；建立联系——概念的系统化；分析问题与解决问题——概念的应用与巩固。有的学科还提出了思路教学：①创设情境，启迪思维；②循序渐进，点拨思维；③切中要害，强化思维；④自觉探索，独立思维。在语文教学中，老师们还特别注意了情感内化的过程，即感受、共鸣、领悟等，从而达到移情的目的，达到文道统一……就这样，老师们以“生命整体性”的观点为指导，在课堂教学中开展了不间断的探索与改革。

8月，张锦斋校长在西城区暑期校级干部会上做了题为《以提高素质为核心改革课堂教学》的发言，提出学校的办学理念是“追求发展而不追求分数，追求卓越而不追求完美”，强调了教学的发展功能。

9月，新高一学生试行新课程方案。地理组在高一年级普通班和全国班率先进行高中地理新教材实验（同时开展“人教版”和“北京版”两种教材试验版本的试教实验），在北京市仅有我校一所中学进行着新课程标准、新试验教材的新课程改革试教实验。

12月，张锦斋校长在全校教职工会上讲话中提出课堂教学的任务：①丰富、健全学生的人格。诸如情感、意志、兴趣、需求、价值观、品质、审美情趣等；②掌握学科思想方法和学科学习方法；③掌握学科知识，培养学科能力；④发展智力（如观察力、思想力、思维力、记忆力、语言能力等），培养创造力；⑤在促进学生发展的同时发挥教师的创造才能，也发展了教师自身[①]。

1997年，我校还借助于“青年教师基本功大赛”开展了更深入的课堂教学改革与研究。全校有34名教师参加了大赛，占教师人数的1/3。其中，评为优秀课的有13人；区级获奖的5人：黄辉、冯琳、李雪春、海国顺、赵宏；市级获奖的2人：吴国英（一等奖）、李璐（二等奖）；全国获奖的2人：桑登珠（一等奖）、李杏（二等奖）。

3月，初一、初二安排每周两课时活动课，重点是科技、文艺类及社会

① 经讨论修改，在1999—2000年高中示范校建设方案中又加了这一条。

实践、体育、德育等。

1998年5月，召开了夏克若老师教育教学经验研讨会。中国中学生体协主席、教育部体卫艺副司长和副处长、西城区副区长、西城区人大常委会副主任、西城区教育局局长和部分专家出席研讨会。在会上，张锦斋校长、西城分院体育教研室主任杨希纯主任、夏克若老师和中国教育学会体育研究理事长李晋裕教授先后发言。夏老师做示范课。

1999年4月13—14日，我校首届教学年会在本校逸夫楼举行。这次会议的主题是“素质教育”。王本中、王敏、廖昌燕、鄂文艳、张建国、张锦斋六位老师分别做了专题发言。从此之后，教学年会成为学校的传统安排，每年召开。在年会上，教师们交流思想，切磋教学经验。历经数年，学校的教学年会已经成为提高全体教师教学水平、拓宽各自教学视野的有效平台。

9月起，启动了课堂教学模式的探索工作。课堂教学模式改革，是我校在申办高中示范学校中提出的又一项重要举措，让课堂焕发出了生命的活力。

> 课堂教学活动是学校教育的最基本、最主要的形式，集中体现着学校教育的基本特征，因而推进素质教育必须从改进课堂教学模式入手。我们组织了22位中青年教师，开展了课堂教学模式的研究课。除主讲老师外，其他教师也以教研组为单位，参加备课、听课，出现了研究、探索、改革的生动局面，课堂教学模式呈现出多元化。如“小组合作的自学模式”——重在知识的获取，信息的组织与加工；“小组讨论模式”——重在培养团队精神和协作能力；“网络学习模式”——教师自建微型网络环境，充分利用网上信息等。
>
> 20多节研究课有两个共同特点：其一，学生主体性得到了加强，表现为：把更多时间和空间交给学生——引导学生主动地、自觉地学

习；鼓励学生质疑问题——培养他们的批判精神；鼓励学生的求异思维，敢于标新立异——培养他们的创新品格。其二，几乎所有老师都不同程度地使用了现代教育技术，特别是计算机和网络，70%的老师编制了规格不同的教学软件。

（摘自2007年高二学生研究性学习结题报告《实验成功的育人理念》，课题组成员：安政、王硕、于润泽、吴畏、宋学昇、陈毓骁，指导老师：杨文芝）

10月，全校开展“教学评定”，每位同学对自己各科任课教师的教学情况做出“背对背”的评价；各班选出三名代表向年级专门负责此项工作的老师进行“面对面”的汇报。

当时的课程一部分是实验中学自己设立或者改动过的，包括讲课风格都是非常“实验”派的。课外活动非常多，鼓励学生发展特长。但应该说影响最深的还是讲课的风格，每个老师都按照自己对课程的理解来讲课，非常有学术气息，把教师对课程的理解融入课程当中去，学生也可以自由发表自己的见解，造就了学生开阔的思维和自由民主的学风，对学生来说是终身受益。

（摘自2007年高二学生研究性学习结题报告《实验成功的育人理念》，课题组成员：安政、王硕、于润泽、吴畏、宋学昇、陈毓骁，指导老师：杨文芝）

附：我校参与的国家级重点课题和教育科研项目

改革开放以来，我校参与了多项国家重点课题和教育科研项目，在改革创新中取得可喜成就。

1980—1985年（六五期间），承担国家级课题1项：“德育内容的结构、层次和德育管理”。部委级课题3项：“‘学制、课程、教材、教法’研究与实验”“中学语文教材教法改革的实验与研究”“中学德育大纲的实验研究”。

1985—1990 年（七五期间），承担国家级课题 3 项：“中学生思想政治课教材改革”“中学英语教学系统计算机辅助教学软件（中学英语题库软件）的开发”等。部委级课题 4 项：“中小学教学能力达标研究”“中学德育整体改革”“计算机教育试验室研究”“高中课程结构与实验”。

1900—1995 年（八五期间），承担部委级课题 2 项：“中华人民共和国成立以来中学德育基本经验研究”“大学、中学、小学德育整体化研究”。

1995—2000 年（九五期间），承担国际级课题 1 项：“中学 CAI 的理论与实践研究”。

第二节　德育整体改革推进

自 1983 年开始，我校由梅树民副校长与师大政教系教授牵头，在全国率先开始进行德育大纲的研究，“六五”至“九五”期间一直承担着国家级课题的研究与实验（德育大纲、德育教材、德育整体化、深化德育课程改革之课堂教学中的德育渗透的实验研究等），并一直被国家教委或北京师范大学申报的国家课题项目组选作为实验学校，进行课题的实证研究与实验，提供研究成果所需的第一手资料。

1983 年 8 月，被国家教委确定为《中学德育大纲》实验校，并在课题负责人梅树民副校长、政治教研组组长高文鸾等老师带领下，最早开展了中学德育大纲的初期实验。

1984 年 2 月，制定《北京师范大学附属实验中学政治思想、德育教育大纲》。

1986年，政治教研组参与了“七五”国家级课题“中学思想政治课教材改革”，承担实验（校）任务。在北师大领导下编写的政治教材1988年由人民教育出版社出版，全国使用。政治教研组还承担了教材配套教参和教案的编写工作。

1989年2月10日，国家教委中教司“中学德育整体改革”课题组聘请袁爱俊主任参加《中学德育大纲》实验研究。

我校每年安排高一年级的新生军训两周，地点是南口坦克六师或密云县的武警总部直属支队，军训时学生住在军营，每班由2名战士带班，每天主要是队列训练，目的是加强学生的组织纪律性，培养学生的吃苦精神和集体主义精神。有时还组织师生到附近农村访贫问苦，让学生了解农村状况，了解中国最底层的社会，培养学生爱家乡、爱祖国的思想感情。

1991年5月，袁爱俊主任参加了哲学社会科学研究课题“建国以来中学德育基本经验研究”。9月，编写《德育大纲实验专题报告》《中学生德育内容的层次化和结构实验报告》和《德育内容课程化》。

1992年5月，袁爱俊主任参加北京市哲学社会科学“八五”规划项目“大学、中学、小学德育整体化研究”，并担任子课题“中小学德育诸渠道相互协作形成合力研究”的负责人。学校出版第一期《实验中学校刊》。

1994年1月27日，召开德育工作研讨会，总结德育年第一学期工作，研究如何深入开展“以日常行为规范为依托、以中华民族传统美德为主要内容”的养成教育。组织班主任交流经验，布置第二学期德育工作计划。

1999年1月13日，袁爱俊副校长在西城区教育局德育工作会上做了题为《紧跟时代步伐，创学生活动精品——关于德育工作中开展学生活动的一点思考和实践》的发言，介绍了以“扬起成功的风帆”“插上奋飞的翅膀”“塑造七彩的世界”“用青春拥抱生活”为主要框架和特色的德育工作新模式。

我校德育整体改革的特点之一是德育活动系列化。德育活动体系主要包括四个方面的系列活动：①围绕学生成长发展过程中各个“生长点”开展的“扬起成功的风帆”系列；②以学生社团为活动主体的“插上奋飞的翅膀”系列；③以艺术活动为内容主体的“塑造七彩的世界”系列；④以实践创新活动为形式主体的“用青春拥抱生活”系列。丰富多彩的活动，提高了学校德育工作的实效性，对于培养和谐愉快、积极向上的校风，起到了很好的作用。

系列的德育活动成为我校的特色：

“扬起成功的风帆”系列：抓住学生成长的“生长点”精心设计主题教育活动，帮助学生树立正确的世界观、人生观和远大正确的人生目标。如：十四岁生日班会、十八岁成人仪式。

“插上奋飞的翅膀”系列：开拓学生实践活动的内容和形式，构建学生活动载体，建立学生社团，让学生在活动中增长德育能力，在实践中得到人生体验，在生活中得到意志磨炼。

学生代表大会、学生会、学生电视台、学生广播站、晨曦文学社、周五俱乐部、《北京教育报》九点通讯社实验中学分社、飞翔足球俱乐部等学生社团和丰富多彩的校园活动有众多的参加者。

“塑造七彩的世界”系列：使教育变成有色彩、有魅力、有震撼力和感染力的教育才是真正的教育。使教育活动成为追求美、理解美、鉴赏美、展示美的过程，塑造学生健康的心理、积极的人格、丰富而高尚的精神世界，使学生真正成为德、智、体、美和谐发展的人。

学校的艺术节、合唱节、合唱团、管弦乐队都是学生展示才能的机会舞台，但最可贵的是学生真心的投入、真情的参与，并在过程中情感得到丰富、境界得到提高。

“用青春拥抱生活”系列：立足于培养学生的创新意识和实践能

力，创造条件让学生了解社会，接触生活，为他们将来进入社会打好基础，并在社会实践中培养和提高学生素质。如高一的军训，高二的社会实践，每年假期学生的社会调查和外出考察。

第三节　理科实验班的设立

为了探索智力超常学生的培养途径，也为适应我国中学生开始参加的国际中学生学科竞赛活动，由原国家教委和中国科协共同牵头，在几所中学创办了理科实验班。其中我校和清华附中承办数学班，北大附中承办物理班和化学班。

1988年9月，我校承办国家教委、科委、数学会组办的理科实验班——理工人才预备班（数学实验班），学生毕业后全部保送到北大、清华等一流理工科大学。

1988届校友杨洋回忆：

当时的实验班和现在的实验班相比，学生自主性都很强，不是靠家长来安排。现在我经常对我的学生说，你们所获得的，很多都是家长给予的，或者是在家长帮助下得到的，而缺乏自己的努力。比如有的学生，在高一的时候还需要家长来制订学习计划，每个小时干什么，他只不过是按照家长的要求把这些都做到位了，成绩才好的，这当然是不长久的。

那时候的学生不像现在这么功利。现在的学生呢，就是为了分数，高考考什么我就学什么。不像那时的学生，活得很自在，喜欢看书的看书，喜欢踢球的踢球，喜欢下棋的就没日没夜地下。自己喜欢什么，就会很投入，可学习上也没有落下来。现在的学生活得太累，被家长、老师牵着鼻子，难得有自己的想法，太辛苦了。当然现在的学生视野广了，接触的面大了，不过也少了专注和踏实。

（摘自2007年高二学生研究性学习结题报告《通过采访留校教师了解多年来实验中学的变迁》，课题组成员：李天、吴天蛟、朱晓丹等6人，指导老师：李军）

1989年，在联邦德国举行的第30届国际奥林匹克数学竞赛中，我国第一次获得团体总分第一名，6个国家队队员有4个出自我校理工人才预备班（数学实验班），罗华章、蒋步星、霍晓明及唐若曦获3枚金牌，1枚银牌；1990年国际奥林匹克数学竞赛中第一次获得个人总分第一名。

理科实验班探索了优秀理科人才的培养模式，输送了代表国家参加国际奥林匹克学科竞赛的选手，取得了众所周知的好成绩，同时也为国家重点大学输送了相当数量的优秀中学毕业生。

1989年9月—1992年7月，是我校第一届奥数实验班（初中），进校前有一个分班考试，班主任是李光华老师，理科实验班的班训是“第一，我们当仁不让”。初中毕业时90%以上升入本校高中，1995年7月，理科实验班葛晖同学在高考中夺得北京市理科状元，90%以上考入清华、北大等名牌大学。

随着教育改革的深入发展，尤其是面临21世纪对人才的需求，理科实验班原来的培养目标已不能满足时代要求。从1992年开始把培养参加国际奥林匹克学科竞赛选手的任务淡化，将理科实验班的任务向培养优秀的理科人才转化。1993年去掉培养参加国际奥林匹克学科竞赛选手的任务，将培养优秀的理科人才作为理科实验班的首要任务，开始试办三年制高中理科实验班。

1993年9月1日，根据国家教委基教司［93］9号文件精神，我校试办高中三年制全国理科实验班。全国只办两个班，我校一个班，清华附中一个班。

全国理科班第二届开学典礼

刘佳复主任说：

学校这个班就是高一（5）班，班主任是张继林老师。全班学生23人（全是男生，来自11个省市，全部住校），是从全国初三数学统考各省市前10名经过考试选拔出来的。其特点是思维敏捷、理解力强；分析问题、解决问题能力强。比如，对高考水平的题目，老师把题目念完或抄完后1—2分钟，便有一批人给出答案，而且能够较好地讲出自己的分析过程；求知欲旺盛，勤奋刻苦，学风较正。他们不参加会考及高考，在课程安排上有较大的自主权。这个班的培养目标，首先应是优秀的高中毕业生。“优秀”主要表现在基础扎实、宽厚、能力较强，具有完美的个性品质，较好的身体和心理素质。其次是要求每个学生要有明显的特长。这里主要指理科方面的特长，部分学生要在区、市、全国乃至国际竞赛中获奖。[1]

① 摘自刘佳复主任《1993—1994学年度学校教学工作总结》，1994年8月。

根据教育部的规定，全国理科实验班在全国范围内招生，每个班20—25人，报名条件之一是在当年初三年级全国数学或物理竞赛中获得各省、直辖市前十名。学生经全国统一考试进入实验班学习，享受国家免会考、免高考政策，高中毕业后，被直接保送进入清华、北大等高校。

1994年7月，书记张锦斋等参加了国家教委高中理科实验班教学研讨会。

1996年国际奥林匹克物理竞赛中，我校全国理科实验班学生刘雨润获得第一名，其中理论成绩为满分。

校友回忆说：

刘雨润是1996届高中（5）班的学生，是学校第一位在国际中学生奥林匹克物理竞赛上获金牌的学生。1996年7月1—6日，第27届国际中学生奥林匹克物理竞赛在挪威首都奥斯陆拉开帷幕。这次竞赛我国共派出五名中学生参加，结果全部获得金牌。其中尤以北京师大实验中学的刘雨润成绩骄人，以理论考试满分，总成绩第一的优势摘取了银色头冠（银色头冠是总分第一的标志）。第27届国际中学生奥林匹克竞赛分为理论和实验两场，理论考试规定时间为五小时，刘雨润只用了三个多小时就完成全部试题，并无一错误，获得满分。

获奖学生

1997 年“迈向诺贝尔奖第一步”国际物理科研论文奖评选，中国第一位获此奖的是我校全国理科实验班学生肖世军，第二位是白凡（1999 年）。

全国理科实验班办班的主要任务是：探索对理科学习成绩优异的学生进行教育培养的规律和途径，为国家培养德、智、体全面发展和在理科方面具有突出特长的优秀高中毕业生，向适应 21 世纪发展的理科科研和教学队伍输送后备力量，希望理科实验班的学生中能够出现基础扎实、创新能力强的带头人。

特殊的政策使学校领导放开了手脚，特殊的学生使踌躇满志的教师终于有了尝试新的教育理念和教学模式的机会。于是一场以课程改革为核心，以学习新理念的深化和学生学习模式的创建为主要内容的教育实践在学校拉开帷幕。

1999 年开始，在国家课程改革的大背景下，在总结经验教训的基础上，学校以理科实验班为基地，以校本课程为切入点，试图建立多样性、选择性强、个性化的课程体系。课程改革实验以“科学研究课”“综合文科”“研究性学习”等为突破口，选定了全国理科实验班作为实验基地。

全国理科实验班课程改革成为学校实施新课程的序曲，也是探索多种育人途径的实践，更是在积极探索如何创设适应不同类型学生发展的教育环境。

附：全国理科实验班设置背景

全国理科实验班是自 1993 年开始，由学校和清华附中、北大附中、上海华东师大二附中等四所学校受教育部委托，所承办的三年制高中理科实验班。面向全国各省招生，每班 20 至 25 人，四校每年共招生 100 人，享受免会考、免高考政策。在全国数学、物理竞赛中获前 10 名的各地应届初中毕业生均有资格报考，统一考题，统一招生，统一录取，国家教育部随机在这四所学校平均分配生源。实验班学生高考免试，几乎全保送上北大、清华。2004年经教育部决定停止招生，其间共招收10届（1993级到2002级）约900名学生进入全国理科实验班就读。

全国理科实验班是面向全国初中应届毕业生“优中选优”。首先全国理科实验班在招生阶段就是全国招生，报名门槛就是在省市级理科竞赛一等奖获得者，可以说在生源上就是集中了全国各类理科竞赛的精英。原全国理科实验班的黄帅介绍说，当时的学生都是经过考试进入的，条件是：1. 全国数学联赛一等奖全省前20名；2. 物理竞赛每个市的第一名。这样的人成为种子选手，可以参加夏令营，每年大概有500名种子选手，来自全国各地，学生们当年在清华附中举办的夏令营通过考试获得录取，分配进入学校。全国理科实验班全中国总共也只有四个，学校为全国理科实验班的同学们配备最拔尖的老师，不只是理科，还有文科，甚至是副科教师。

或许有人会错误地认为，这些理科尖子都是一个个戴深度近视眼镜的偏科的书呆子，其实，他们在语文、英语学科上不逊于一般的好学生，并且在运动、乐器等方面有所特长。这些学生进入北大、清华的途径并不是通过高考，而是各大学的自主招生，这些学生中的不少人已经凭借国内、国际赛场上的奖项被北大、清华提前预订了。曾经教过全国理科实验班的张继林老师介绍说，全国理科实验班是为了实现优质教育，当时很多国家，如日本、美国都有专门从事理科的学校，以培养理科的科学人才，但我国没有。袁爱俊老校长介绍说，创办理科实验班，主要是研究高中教育与大学衔接的有关问题，为建立和培养适应21世纪发展的理科科研和教学队伍打下基础，培养世纪的理科学科队伍中的带头人。黄帅介绍说，当时全国理科实验班还为教育改革铺路，出了很多新课程，比如综合文科，就是用哲学、经济等综合的思路来研究社会，研究人，破除了历史、地理、哲学等学科界限，这是他最喜欢的课，也是给他影响最深的课。

实验班的学生不仅学习优异，各方面都全面发展并有所特长。袁爱俊校长将理科实验班的培养目标描述为：培养德、智、体、美全面发展和在理科方面具有突出特长的优秀高中毕业生。由于班额小，没有高考压力，这为课程改革提供了得天独厚的条件。1993年，学校制订了“全国理科实验班课程计划”，经多年实践和多次修订，该计划框架逐渐丰满，其主要内容和特点是：根据学生理科学习方面的特长，大幅度压缩必修课课时，开设专修课、选修课和活动课；开设属于探索大中学教育衔接的课程，如数学建模、普通物理等；开设属于拓展性的课程，如计算机软件制作、科学与文化、中国文化、环境科学、自然体育、英语口语等。为使实验班在理科方面拥有明显专长的学生尽早进入“科学研究状态”，体验研究过程，学习研究方法，实验中学调集校内骨干力量，开发了“科学研究课”和“综合文科”两门以研究方法为主线的专门课程。

张继林老师介绍说，他的教学方法是放得开，就是说要让学生掌握真正的知识，而不是应考知识，由于实验班学生将保送上大学，所以没有高考应试压力，他就着重培养学生的动手能力，如物理实验等，让学生掌握一些技能，同时也要求学生培养自主生活能力。

黄帅介绍说，课程方面全国理科实验班和普通班级不一样，实验班的学生们很早就学完了高考的内容，高三都是大学的理科老师来授课，直接学习大学的内容。全国理科实验班为目前北京中小学的实验课程，比如创新性研究课、科学探索课开了先河，我们觉得平常的课程，以前都是先在全国理科实验班实验，然后再推广的。全面发展有所特长的实验班学生不仅在身高、体重等身体指标上全面赶超其他班的同学，在国际学科竞赛中拿奖，在国家级、市区级竞赛中获奖更是家常便饭。他们制作的文集取名《理苑文坛》，既有颇具水平的科学研究论文，又有文采飞扬的人生感悟和三年学习生活的趣事逸闻。2003届一名学生在歌咏比赛中获全年级第一，并代表西城区参加了北京市的歌咏比赛，2000届的一名学生在学校艺术节期间举办了两场个人舞蹈专场晚会。黄帅介绍说，他当时是学生会副主席和文艺部部长，还参加了周五俱乐部，有很多时间研究哲学和心理学，练习唱歌、跳舞。全国理科实验班给了他很自由的环境，让他的思想去驰骋，是他一辈子思想最活跃和自由的时候。他认为全国理科实验班对他的影响很大，甚至超过他的大学，他很感谢当时高中校长和老师的包容。

虽然全国理科实验班的同学们取得了傲人的成绩，但随着人才需求、培养模式的变化，高校招生考试制度改革逐步深化，高等学校希望招收基础扎实、知识面宽、文理兼通、均衡发展、具备实践创新能力的优秀学生。因此，教育部经研究决定从2004年起全国理科实验班停止招生。

（采访整理：刘源、秦铭泽、卢致宇、林艺雯，指导教师：李军）

第四节　语文教材教法改革实验

在刘致平校长的支持下，语文课教改从1978年9月开始，改革的指导方针是“以写作为体系，以阅读为基础，读写结合，兼顾听说训练，启发自学。初中打好基础，高中巩固提高，提高文化素养”。语文组教师为使教学科学化和系统化，自编了全套初高中试用教材，在全校各年级全面试用；最先编写完成初中六册教材，按写作系统编单元，教材量加大了，教法也相应改革了——目的单一，突出重点；读写结合；抓预习，抓启发，培养自学能力。

由于“文革”时期语文教材中政治性的文章很多，不适合语文教学，我们就提出自己编教材。当时的刘致平校长支持我们搞教改，1979年我们就自己编印教材，后来全国大概有100个学校采用了我们的教材。（语文教师许庆桐）

《西教工作交流》第17期上发表我校文章《我们抓教学质量的一些做法》，总结了“集中力量，狠抓双基，提高课堂教学质量”的经验。文章提到党支部书记何钊同志坚持参加初三语文备课，并听了语文组全体23位老师的课，对41位教师进行了家访。

（摘自2007年高二（4）班研究性学习课题报告《实验往事——采访退休老教师》，课题组成员：董肇伟、曹卓、杜浩明、祁雷、范增、杨录、毕昕、郭建为，指导教师：高筱元）

语文教师在研讨教材改革

到1981年夏，初中完成了第一轮实验，当年用高考语文试题考查了两个初中毕业班，平均成绩82.3分，说明学生的阅读和写作能力确有提高。

目前，从初一到高三已全面铺开进行试验。高中语文分两条线：一是文选课，以文学作品为主，按时代顺序，可使学生“开阔眼界，陶冶心灵，提高能力，受益匪浅”。二是注重美感教育，为此多次开设讲座。

1982年4月，《光明日报》报道了初中语文教学改革《探索·攀登·创新》。

1985年2月，《中学语文教学》发表语文教研组文章《探索中学语文教学的新体系》。《北京师范大学学报》发表语文教研组文章《探索高中语文教学的新途径》。

12月，与教育部签订教育科学重点项目“中学语文教材教法改革的实验与研究”协定书。

“中学语文教材教法改革的实验与研究”主要负责人是陈云澂和谭雪莲，参加者有刘超尘、沈心天、李瑞敏、刘志扬、罗鸿焱、许庆桐、甄惠芳、盖骏发、余钟惠等23人。主要任务是在1984—1985年内修订出版初中教材第一、二、三、四册（供初一、初二年级使用），高中教材第一册，并写出教改试验初步总结。

1987年4月，语文组编写《来自中学生的报告》。

1988年9月，《中国青年报》报道我校语文教学改革《“试验田”的艰难》。

1989年8月，我校编写《初中语文实验教材》，经国家教委批准为“适于中等水平以上学校推广试用”的课本，可以全国发行。

9月，《西教通讯》发表语文教研组（沈心天执笔）文章《更新教育观念，探索初中语文教改新路》。

1991年12月，沈心天、谭雪莲、陈天敏等主编高中语文教材，经国家教委批准，由开明出版社出版。

1992年3月，初中语文教材改革课题组撰写《初中语文教材教法改革的实验与研究》，获西城区教育科研奖励基金会奖励，并颁发荣誉证书。

1993 年 8 月，我校主编《九年义务教育教材初中语文》（第三、四册），通过国家教委教材审定委员会复审。

1994 年 3 月 26 日，王本中校长与开明出版社负责人商谈教材出版事宜。初中语文教材教法实验从 1978 年至今已有 16 年，经问卷调查及毕业生追踪调查统计，90% 以上的学生赞成使用自编语文教材。

1999 年 11 月 7 日，召开“素质教育与中小学语文教学”研讨会，就语文课性质、教育理念、教改现状、课程改革、师生关系等问题展开讨论。北京大学中文系教授钱理群认为：

关于语文课的性质，不要拘泥于“工具论”和“文学论”二元对立的争论，应换个视角从“语文课与人的关系”出发，以“听说读写”能力训练为中心，把为学生打下“终身学习的基础”和“做人的基础”作为培养目标。

同年，由校长挂帅，重新调整编写队伍，对高中教材开始新一轮修订工作，并给予经费保证，已经申报教育部审定。

语文组从 1978 年开始对语文教材进行改革，历经 20 多年的艰苦奋斗，探索实验，构造了语文教学新体系，编写出一套富有特色的语文教材。初中教材通过教育部审查，在全国发行；高中教材也依照新大纲多次进行修改，曾经在部分地区使用。

我校自编的语文教材是全国唯一一套由一所中学组织编写和推广使用的教材，获北京市哲学社会科学优秀成果奖。西城区召开表彰大会，表彰语文组多几年来卓有成效的努力。

教师陈天敏回忆：

一般情况下，作为老师都按教材讲课。但是“文革”以后的教材多强调政治性，文章都在说一些大道理，根据当时的形势需要把一些社论、领导讲话等都编到教材中，没有了中国的传统味道。1989年之前我在师大附中当老师，在当时这种情况下，我就找一些自己喜欢、学生也喜欢的课外资料，让学生们一起来学习。1989年我和实验中学语文组组长刘超尘老师一起在中央电视台搞十六城市语文邀请赛。活动结束后，他对我说："我这里搞教材缺人，你过来吧。"于是，1989年我就到了实验中学。我在师大附中是一个人搞教改，到了实验中学是整个语文组大家一起搞教材改革，力量就大多了。

当然编教材的阻力还是很大的，家长会质疑："你们怎么不按照教材来呢，怎么自己弄个教材？"但是同学们都非常喜欢这些教材。当时教材编审有很多条条框框，很多有所谓的政治问题、历史问题的作者都不许在教材里面出现。粉碎"四人帮"以后，到了80年代末至90年代，就开放多了，我们才开始把一些世界名著、中国名著都按照系统从初中到高中分别编入教材中。大家慢慢对教材都越来越喜欢了。

后来，开明出版社觉得这版教材好，虽然当时只有实验在用，他们还是愿意正式出版。教材正式出版后，出版社为了不赔钱，就在北京和外地做了很多宣传，教材慢慢有了些认可度。

（摘自2016年研究性学习结题报告，采访组成员：石雨溪、任禾、宋仕泽、白龙、满运玖，指导教师：李军、冯琳）

第五节　英语、计算机、体育学科改革探索

一、英语学科

1979年9月，在五个初一班中进行中学英语教学改革实验，使用教材

为理查兹和吉伯逊合编的《英语图解》，教学采用循序直接法。

之后英语组的教改：教师在初中三年内用统编教材实验了一套直接教学法，效果是好的。让初三部分学生做了高考英语题，他们能做出50%—60%。初中学好语言，高中侧重阅读，听、说贯彻始终。要求初中学生掌握2000—2300个单词，高中学生掌握4000—4500个单词。

1988届校友张利回忆：

> 在实验中学学了一口标准的英音英语。当时在我们班级，班主任安排我和美籍华人孩子夏大中同桌，我帮助他学习理科。课下全用英语对话，练了听力，学习了标准的英音。20世纪90年代，工艺美院来了英国专家，请我做翻译，因为很多关于美学的词汇，外语学院毕业的不会，我学建筑，很多专业词汇都懂，所以说实验中学对我的影响很大。另外还有宽松开放的氛围。我现在在清华建筑系教书，通过观察发现，在设计的想象力方面，实验中学的学生略胜一筹，实验中学这种宽松的氛围对培养学生的想象力大有好处。

1989年4月，《西教通讯》发表了关菊人老师文章《英语教学中的“五练五培养”和“五注意”——浅谈入门阶段的英语教学》。

同年，英语组与计算机组联合进行“中学英语教学系统计算机辅助教学软件（中学英语题库软件）”的开发，这是国家“七五”科技攻关项目。

> 这个课题的提出并不是空穴来风，而是有充分的可行性和必要性。第一，随着科学技术的发展，当时电脑已经进入中小学校，因此为教学服务的软件开发时代所需；第二，英语教研组的师资队伍比较整齐，力量比较强。全组十五名教师除了两名是大专毕业生以外，都是大学本科毕业生。其中七人曾经出国进修过美式英语，教师的业务素质都比较高；第三，组内老教师有丰富的教学经验，而且在多年教学中已经积累了丰富的资料和题库。此外，中青年教师在老教师的带动下，

也都想在事业上有所作为。

于是胡国燕所在的英语组负责出脚本，计算机组负责出软件。教研组内最年轻的胡国燕成为项目的主要负责人。她和张景涛老师共同负责，带领全体英语组教师撰写了约80万字的脚本，其中初中部分约20万字，高中部分约60万字。这只是最终定稿的字数，在研发过程中不知修改过多少次。

更难的是标注题库中每道题目的难度系数。首先，每个题目都包含语法、词汇等多个出题维度，因此一道题要标明语法难度、词汇难度等多个难度系数。其次，难度系数的确定来自于各位老师的个人经验，由于每个人的经历和学识背景不同，不同老师对同一道题目就会提出不同的难度系数，这就需要项目负责人组织老师们反复协调、讨论，直到最终达成一致意见。第三，由于难度系数还要将学生成绩作为重要检验指标，所有题目都要记录不同水平班级的通过率，并汇总。当时的电脑并没有现在这么发达，这些工作都要靠胡国燕带领课题组，逐一记录、核实，的确是个浩繁的工程。

在胡国燕和全体项目组的不懈努力下，经过两年的努力，终于形成了“中学英语教学计算机辅助教学软件”，并且分初中和高中两个版本，可以在中华学习机上使用。该软件可以根据教师的要求，由计算机生成并打印出一套完整的试卷，也可以由教师根据需要随意选择题目，并可将答案打印出来。考虑到教材的变化和不同学校对题目的要求也许会有所不同，教师还可以根据需要对题库中的题目进行添加、修改和删除等编辑工作，以满足教学中不断产生的新的要求。这个题库通过了全国教育软件评审委员会的评审，受到专家的好评，认为该脚本是严格按照国家教委制定的英语教学大纲的要求设计和编写的，突出了对学生基础知识和能力的培养，并安排了大量的完形填空和阅读理解的练习，以培养学生运用知识的能力。

（摘自《胡国燕：让学生在英语中体验成功》，李一飞、潘新民著，教育科学出版社出版）

二、计算机教育的推进

1982 年 6 月 28 日，根据教育部（82）教普字 006 号文精神，北师大决定自 1982 年秋始在我校高二年级一个班试开设计算机选修课，每周两课时，暂由北师大数学系负责解决实习场地。计算机教育首次引入学校，成为全国较早开设此类课程的学校之一。我校从此开始了对教育信息化的不断探索与研究实践，教育部计算机课程实验会议多次在我校举行。

9 月，始设数学实验班，使用美籍华人项武义教授主编的教材，强调直观，返璞归真。从此形成传统，培养了大批人才。

1984 年 1 月，劳技组率先开设英文打字课，并在全市推广。

1985 年 5 月，请示北京市教育局，拟创办青少年电脑预科班。同时为创办北京市青少年数学及计算机爱好者业余学校制定方案。同月，与清华大学计算机科学系签订合办高中计算机预科班的协议。

10 月，北京市教学软件公司拨款人民币 2 万元，资助建立“青少年数学与计算机爱好者业余学校”。

1988 届校友张利回忆：

实验中学给我留下印象最深的，就是计算机和外语，还有宽松的氛围。我 1988 年毕业，当时实验中学从大学请的计算机老师讲课，在全国领先。后来考入清华建筑系，我是首批用计算机画图的，以前的设计图都是手工画，所以要求美术好。我能首批用计算机画图，就是在实验中学打下的基础。

1988 年 8 月，召开第一次教学工作研讨会，讨论如何提高必修课教学质量、加强年青教师培养。

同年，着重抓现代化教学技术运用，全校每班配齐了投影仪，成立现代技术教研组，聘电教教研员，推广现代化教学技术，初步形成我校电化教育的基础。

1993年，在实验中学《三年规划》中，提出“六大建设”内容之一为：管理系统及办公自动化建设。此为我校数字校园建设的肇始。

1995年，王东方先生向我校捐赠30台486计算机。

1996年，引入电子排课系统辅助教务管理。

1997年，开始探索尝试考试中使用计算机阅卷。

同年，有“信息高速公路之父”之称的美国副总统戈尔亲自来我校考察，并向学生了解由他倡议的“GLOBE”实施情况。

1998年，被国家确定为“全国中小学生现代化教育技术实验学校”，建立了百兆骨干交换的校园网络环境，使学校原本单独操作的计算机进入了“互联时代”。

20世纪90年代，学校电教基础设施大大增强，出现了计算机教室、电子排课系统、计算机阅卷等一系列计算机辅助教学（CAI）设备，并于90年代末联通了学校的百兆网络，迈入“互联时代”。

三、体育改革研究与实验

学校体育专修课程体系的实践研究始于20世纪90年代，经过近十年的发展，已经基本形成了非常完备的校内体育课程体系。

1995年12月，在第一次“高中体育专修课的设想与体会”的研讨会中，明确了课程设置、教学目的、教学任务等的定位，基本明确了课程内容体系。基于当时的办学条件，学校初步拟定了体育专修课程的模块包括健美操、田径、排球、篮球、武术等几项。

1999年12月，在第二次“高中体育专修课课程”的研讨会上，学校又制定了“体育专修课教学纲要”，对体育专修课的目的、任务做了一些补充及完善，提高了要求，课程模块也增加了游泳、舞蹈、乒乓球、羽毛球等项目。

第六节　数学及理、化、生等学科的教改实验

数学：

从1980年起，在初一的一个班试用教育部主持编辑的中学数学试验教材，这套教材合乎辩证法，抓住了事物的内在联系和本质关键，有利于训练学生的思维能力。到1983年7月初三毕业，第一轮试验完毕，效果较好，不仅思维能力加强了，而且考试成绩也较好，参加升高中统考，数学成绩平均97分。现有三个年级三个班在继续试验这个教材。

理、化、生实验课：

抓好理、化、生三门实验课，培养学生实验能力。要求加强课堂教学中的演示，分组实验，凡统编教材中规定的演示实验都必须做，通过实验培养学生的观察、综合、分析、创造能力。成立理、化、生学科小组，以实验为主，提倡鼓励学生自己设计实验，实验室对他们开放，并探索改革对实验能力的考核办法。

地理：

1995年9月，地理组教师为探索“地理课堂教学中，素质教育的内容、方法、途径”，采纳学生在“高一地理学习情况调查表”中的建议，以国家教委内部发行的新大纲《为21世纪而研制的跨世纪纲要——讨论稿》为依据，在没有新教材的情况下，开始以地理课程改革为核心的高中地理整体改革实验。

1999年12月，高中地理整体改革经验——“高考不考地理，更要教活教好”在西城区推广，并在北京电视台和北京广播电台报道。“集团式”备课、“接力棒式”授课方式受到一致好评，地理组被评为北京市西城区教育工作先进集体。同年，地理组对课堂教学中如何实施素质教育（内容、方法、途径的探讨和实践成果）——“让地理课焕发出生命活力”，在北京地理学年会宣读并交流推广。

语文、数学、物理、历史、政治等教研组还编写了各种教学、复习参考资料，由出版社正式出版，受到好评。

1982年12月，刘致平校长在北京市重点中学校长会上讲话，介绍我校实施以德、智、体为主体，兼施美育和劳动技术教育的五育方针，在教学上提出“打好基础，发展智力，培养能力，发挥特长”的十六字方针。

1985年2月，《历史学习》创刊号发表张静芬老师文章《浅谈怎样学习历史》、张绍勋老师文章《孙中山先生的几个故事》和马韩增老师文章《“黑马”总统》。

1987年6月，《西教通讯》发表教研室文章《课堂教学优化问题的有益探索》。

10月，《西教通讯》发表张锦斋副校长文章《探求普通中学教学的新系统》。

1988年9月，出版第一期《教改信息》，报道教育改革的信息与教师们的宝贵经验。

1989年4月，《西教通讯》发表王本中校长文章《教学体系改革的实践与新型学校模式的设想》。

8月，《西教通讯》发表储瑞年老师文章《数学教学应把发展学生的数学思维放在首位》、马成瑞老师文章《浅谈数学思维能力的训练和发展》。

1991年6月，西城区第四届教育科研论文评选，我校20篇论文获奖：一等奖4篇，二等奖16篇。

1993年，22篇论文在西城区第五届教育科研论文评选中获奖：一等奖2篇，二等奖12篇，三等奖8篇。

第三章　师资队伍力量雄厚

第一节　教师概况

1978年市委科教部的批示：师资补充由师范大学每年从本校毕业生中选留；如果本校选留有困难（因原规定师大每年毕业生只选留5%），则应按照市办重点学校的师资补充办法，由北京市统一分配。

1978年6月，遵照党中央关于复查工作的指示，复查清理积案，对于受林彪、“四人帮”打击迫害致死的干部、教师，分别召开昭雪会或追悼会。6月5日，北京市西城区召开大会，为在“文化大革命”中被迫害致死的师大女附中党支部书记兼副校长卞仲耘以及八中党支部书记华锦、女三中党支部书记兼校长沙坪、师大二附中党支部书记姜培良等人平反昭雪。在八宝山为胡秀正①、赵炳炎、周学敏②、王荫桐、梁希孔③、宗传训6位教师开追悼会。

① 胡秀正（1933—1968），女，化学教师，1968年8月11日在被“隔离审查”时坠楼身亡。当时关押她的“罪名”是“翻‘文革’的案”。胡秀正一家在1966年夏天被驱逐出北京，家具物件都被拿走，她的丈夫（也是中学老师）几乎被打死。她认为按照当时的政策规定，她一家不属于被驱逐出北京的范畴，所以试图纠正她所遭遇的“错案”，解脱惨境。但以当时的逻辑，“翻案”就是“反对‘文革’”，35岁的胡秀正因此丧生，留下仅5岁的女儿。（参见王友琴：《卞仲耘：北京第一个被打死的教育工作者》，《看中国》，2002年3月16日。搜狐网络资料，2007年6月10日。）

② 周学敏（？—1968），语文教师，温和文静。20世纪60年代中期，她的语文教学法曾受到教育领导部门的宣传推广，这给她带来了更大的压力，1968年自杀身亡。

③ 梁希孔（？—1968），历史老师。上过梁希孔的课的学生说他是个非常诙谐的人，他的历史课生动有趣，很受欢迎，但是他再有幽默感也难以承受“清队”中那种阴暗残忍的体力和心理的双重折磨。1968年，梁希孔老师悬梁自尽。

1980 年 7 月，统计现有教职工 187 人，其中教师 100 人。在教职工中，工龄在 15 年以上的，有 84 人，占全体教职工的 28%，这批中老年教职工继承和发扬了我校的优良传统和校风，是学校教育教学的中坚和骨干。青年教师刻苦钻研，肯于学习，大多数人都在进修。在发扬优良传统、整顿校风的同时，从 1979 年开始各科稳步地进行教学改革。“文革”以后，我校经过大力整顿已步入正轨，学校坚持社会主义方向，坚持德智体全面发展，坚持以教学为中心，努力提高教育教学质量。

1987 年 11 月，教师职称评定，评出高级教师 66 人（含退休），一级教师 56 人。

在示范校建设过程中积极推进人事制度改革。1999 年和 2000 年教师年流动量在 3%—5%，这一年安排 1 人转岗，2 人不聘，鼓励调出。通过改革优化教师队伍，到 2001 年实行全员聘任制，增强学校活力，形成能上能下、能进能出的机制。精减行政人员，合并有关科室，定岗定责，减员增效，实现教学人员和行政人员比例达到 2.5 : 1。

近些年，我校依托北师大，采取不脱产形式培养研究生课程班学员 36 人，他们已成为学校教育教学骨干。这两年又鼓励教师进修学习，已获得学位的有 3 人，正在就读的有 6 人。学校采取多种方式鼓励教师参加教育科研，鼓励教师参加全国省市的各种重要的学术组织和科研课题，鼓励教师成名成家。

第二节　教师荣誉

1979 年 12 月，举办从教 30 年老教职工座谈会。张继恒被评为特级教师。她重视教育教学规律的研究，遵循科学的认知规律，努力培养学生能力，调动学生的主观能动性。她讲物理课，逻辑严密，言简意赅，令人折服。

12月，艾立川老师被评为北京市模范班主任。

1981年12月，于宗英老师获北京市劳动模范称号，娄金洲老师被评为全国模范体育教师，黄静君老师被评为北京市“三八红旗手”。

1982年12月，谭雪莲老师被评为北京市“三八红旗手”。

1983年12月，教师马成瑞被评为北京市模范班主任。马成瑞、谭雪莲被评为北京市教育系统先进工作者。张继恒老师被评为全国“三八红旗手”。

1984年，马成瑞被评为全国先进班主任。她在班主任的工作上，有理论、有实践，强调：“抓学生一阵子，要看到学生的一辈子，要关心学生德、智、体全面发展。”另有两位老师被评为北京市先进教育工作者，其中谭雪莲老师为语文课教学改革做出了突出贡献。

马成瑞老师回忆：

> 咱们学校“文革”以后都是就近招生，像大木仓胡同啊，像长安街对面那些胡同里的孩子都挺多的，当然也有大院里的孩子。所以最明显的，就是1975届的毕业生，他们毕业以后，当时没有上大学，有留在城市里的，但那些都是极少数；绝大部分的学生毕业后都去插队了，上山西的，上延安的，还有参军的。最后他们都成了工农兵学员，或是一些同学等到恢复高考之后再去上大学。可以用八个字评价他们，那就是“重情重义，人才辈出”。他们中各行各业的都有，因为不像咱们现在基本都上大学，他们那时候是走了不同的路，有当市长的，也有当了工厂厂长的，还有广播局的，就是现在推着车搞采访的那些孩子们。真的是人才辈出，另外，那届同学和老师们的感情特别好，1975届我当班主任的那个班，他们现在搞了个微信群，全班50个人已经有40多个在群里了，只有个别没联系上的。我觉得我们学校比较严谨、作风好。在我刚毕业的时候，像张玉寿老师这些北京市第一批特级教

师，对我们这些刚毕业的小老师都是很好的。我有两件事记忆特别深，一件是关于当时的胡志涛校长，我作为一个刚来的小老师，有一次他来听课，胡校长是教语文出身，他并不会教数学，但是他一直在后面听课，听完课以后，他告诉我，我写错了一个字。上课的时候，我把“和差积商”的“商”给写错了，商字下边是“八口”，我写成了“十口”。胡校长就说，你必须公开的给学生讲，你写错了。我当时想那多没面子啊，你想，小老师刚来教课嘛，最怕孩子们觉得你年轻，然后不好好听讲，然后我就说，我讲错了，多不好啊。但是胡校长坚持说你必须要说明，不能给孩子们留下错误的印象。当然后来我跟孩子们说我的“商”字写错了，你们可别向我学习时，当时的那些顾虑也没有发生，孩子们也没有说我写错了怎么样。我觉得这件事给我的教育就是，作为一个教师要襟怀坦白，敢于面对自己的错误，这件事给我印象很深。我跟孩子们关系也很好，后来我再说错了的时候就直截了当，不会有顾虑。

刚来的时候，我们的教研组组长张玉寿老师，很爱护我们这些小老师，就跟我们讲了一个上课“五不”，华罗庚先生讲数学的“五要”，另外第一线的数学老师讲过“四忌”，后来我去跟别的老师们讲课提到这个他们都很感兴趣。这些我到现在还背得出来呢。

华罗庚先生的“五要”，说的是要培养兴趣，重视直观，追求简洁，学会抽象，不怕计算。

而张玉寿先生讲的“五不”是，不说废话，不写废字，不擦黑板（就是讲新课，一节课下来黑板就是个艺术品，不要涂涂抹抹），还要不晚下课（下课铃响了以后孩子心都飞了，再讲也没什么效果），最后是不灵机一动，灵机一动就容易讲错。我其实多年来都遵守他前四条，就灵机一动有时候因为有经验了嘛，也不怕灵机一动了。

另外，我们第一线的老师总结了“四忌”，讲新课忌平铺直叙，你给孩子讲新课，要让小孩惊奇、疑问、喜欢；讲定理忌开门见山，你不要直接就端给学生，要让学生去探索；讲新例题课忌就题论题，就这个题就讲这个题，应该讲出规律和方法；讲复习课忌简单重复，不能跟你讲新课的例题一样，讲复习课应该讲出系统来。

我是从1964年开始当班主任的，后来又当了十几年年级主任。我在当班主任的时候喜欢带着大家长跑，初一我跟着男生去跑，初二跟着女生跑，初三，他们速度都太快了，我跟不上，就自己在后面跑。三年下来，效果特别显著。一开始我根本就没有意识到，后来是因为有一年特别流行感冒，尤其是到了冬天，一个教室甚至能有半个班的人因感冒不能来上课。我不希望我们班这样，所以在9月份刚入学的时候，我就鼓舞初一的孩子们说要好好锻炼，争取在秋季运动会上拿奖。小孩子嘛，都听老师的话，就这么开始跑起来了。我们也没有体育老师，就是队长组织大家去跑。后来孩子们的身体素质都特别棒，排球、篮球冠军啊，春季、秋季运动会年级第一名啊，都是我们班。曾经还有体育报刊报道过我们，题目就是《309个小时的效果》。所以，我后来一直这么教育我的学生，身体好，才是第一好，要德智体全面发展。

我还有一个理念就是每个孩子都要担负一定的社会工作。每个人有那么多事可干吗？有！孩子们都愿意干吗？愿意！都特别热情。在我们班，班委至少五个，小组长、各项体育锻炼队的队长、课代表、板报组……各式各样的，每个人都至少有一项工作，从初一一直到高三。我认为学生既要树立为别人服务的意识，也要锻炼自己的素养和能力，学会社会交往，这些都是在成长过程中必不可少的。

孩子一定要会办事，会处事，会为别人着想，不能只为自己着想。

而在学习方面，我的理念是对学生的智力因素和非智力因素并重，因为学习这个事情有智力因素，比如你的基础；也有非智力因素，像你的意志力、学习习惯等。我在重视学生智力因素的同时，把自己的课讲好，讲得让孩子们爱听，喜欢上数学课。也注意调动孩子们的非智力因素。比如说曾经有一个孩子，她在高一一次期中考试卷子的改错上写“我笨死了，不可救药”，只有这八个字。我就赶紧把她请到办公室来，跟她聊。我说：“据统计，发育正常的孩子，百分之九十八；发育超长的孩子，百分之一点几；那么智力低常的孩子，只占百分之零点几，也就是千分之几。我相信我们实验中学的孩子，都是智力正常的孩子，我就不允许你说这个‘笨’字，没有那样的孩子。”后来我又跟她说了些别的，跟她讲道理，她本来是哭着进来的，后来我竟然把她讲乐了。我特别喜欢老子说的一句话“胜人者利”，你要在考试中超越别人；“自胜者强”，自己不断地战胜自己的懦弱、懒惰，等等。我就跟她说：“能够打败你的只有你自己，咱来共勉好不好，我啊，最喜欢这句话。”过了几天，在楼道里见到她了，她乐着过来说：“老师，不知道怎么回事，期中考试虽然没考好，我却学得更带劲儿了。”

我和这个孩子单独面对面接触只有这一次。到了高二快结束要去给高考命题，所以高三不能教他们了，但是我没有告诉大家，不知道她怎么知道了，在我桌子上留了一封信，留了十几个“感谢”，以及一句“感念一起走过的日月”，我真的特别感动。

在我 70 岁生日那天，1975 届的孩子们来看我了。他们说：“老师，您再给我们讲一节课吧！”他们出了题，让我给他们讲勾股定理。这是数学史上最重要的一个定理，是数形结合的第一个定理。我问他们勾股定理的证明方法还记得吗？就给他们讲了两种最经典的证明方法，一个是咱们中国的赵爽弦图，一个是欧几里得证法。又给他们介绍了两种最简洁的证法，一种是用向量证，一种是用射影定理证。我说，这个世界上一共有一百七十多种证法，据说还有更多的新证法。讲完后，我给学生们出了两道题，第一个是“无理数的发现过程”，勾股定理引发了数学史上第一次危机，从而发现了无理数。“这边是1，这边是1，这边是多少啊？是$\sqrt{2}$啊，不能用比来表示啊！”毕达哥拉斯曾经说过万物皆有理，所以引发了第一次数学危机。我就说让你们经历一下危机，经历发现无理数的过程。

（摘自2016年研究性学习结题报告，采访组成员：贡海希、王燕竺、胡宇翮、齐紫妃、胡宇翮，指导教师：李军）

1985年1月，张玉寿老师执教50周年。校总支委员会、校长会议和工会委员会做出了向张玉寿老师学习的决定，并召开庆祝张玉寿老师执教50周年大会。

《中国教育报》采写的《做老师的人是最幸福的人——访特级教师张玉寿》：

张玉寿学长生于1910年3月13日，1936年毕业于北师大数学系，获理学学士学位。同年参加教育工作。1945年到国立北师大女附中（现北师大实验中学）任教。1956年被评为北京市特级教师，一直从事中学数学教育教学和研究工作，65岁时退休。张玉寿曾当选北京市人大代表。她还把一生一万元的积蓄全部交了党费。

我国著名小儿肾脏病专家杨霁云教授从医、从教近半个世纪，她治过的病人数不清，教过的学生更是“桃李满天下”。她说，让她一生受益很深的老师有师大女附中的数学老师王明夏和张玉寿，还有实验中学的老校长胡志涛先生，在她初登讲台的1963年，胡校长亲自听课，并要她纠正错字，一丝不苟，襟怀坦白。学校特级教师马成瑞也说，难忘前辈特级教师张玉寿先生，在她近70岁高龄的1979年还自制教具，亲执教鞭，为中青年教师示范微积分教学，为毕业班开辟“第二课堂”，真正体现了为人师表的远见卓识……

我校的其他老师也在自己的岗位上为学校、为社会做出了贡献，多人次、多级别地获得来自各方面的表彰。许多老师获得国家级和市级的奖励。其中马成瑞、谭雪莲更是年年获奖，为自己，也为学校赢得了众多荣誉。

1986年，吕灿良、谭雪莲被评为特级教师。

1987年12月，张贵斋老师被评为北京市普教系统“教书育人”先进工作者；高同娟老师被评为北京市优秀青少年科技辅导员。

1988年12月，王本中校长、政治教师高文鸾被评为优秀共产党员；张继林老师被评为优秀园丁。

1989年12月，王本中校长被评为北京市高教系统优秀教师；张继林老师被评为1988—1989年度市级劳动模范。

1991年6月，青年教师“三个一”评比，薛晴初、李艳、杨文芝被评为教育教学新秀。

同年，刘振贵被评为特级教师。

1993年9月，张锦斋被评为北京市优秀教育工作者。

1994年，马成瑞、张春条、夏克若被评为特级教师。

1996年9月，张锦斋被评为西城区模范党支部书记（西城区委、西城区政府）、北京市优秀思想工作者（北京市委、北京市政府）。

1998年9月，陈天敏、储瑞年被评为特级教师。

储瑞年老师，1963年毕业于北京师范大学数学系，同年分配到我校任教直至退休。他认为教师应有多方面的知识积累和宽广的学科视野，为此在承担中学数学教学工作的同时，一直致力于中学数学教材、教学和考试的研究和改革。他主编的高中数学辅导书是1977年恢复高考时能见到的少数几本复习资料之一（在电视连续剧《历史转折中的邓小平》中能见到考生手捧这本书的镜头）；他为20世纪80年代我校的高中实验班编写了大量的校本教材和讲义；他撰写的《高考第二轮复习（数学）》被以出版高水平学术著作著称的商务印书馆约稿出版；他还是最早参与高考辅导电视录课（中央电视台、中央教育电视台、北京电视台）的中学教师之一；他多次参与了北京市中、高考数学科目的命题和审题工作……可以说，储老师是在高中数学教学和高考研究和备考方面都具有广泛影响力的名师。

1995年6月，储老师参加了第十八届太平洋科学大会，在“人类教育实践中的科学与技术教育”专题组发表并宣读论文。同年，被聘为教育部教材审定委员会中学数学学科审查委员，参与教材的审定和评议工作至今。

2003年1月，储瑞年老师作为教育部高中数学课程标准评审委员会中唯一的高中数学一线教师代表，参加了《普通高中数学课程标准（实验）》的审议，并于2005年5月至2011年12月参加了《义务教育数学课程标准》（2011版）的制定。为使国家课程标准既保持科学性，又适应中学教学实际，他作为一线教师的代表，发挥了独特而重要的作用。

退休以后，储老师又积极致力于中青年数学教师的培训，在全国各地（特别是教育不发达的偏远地区）举办的研讨班上宣讲高中数学教学改革及高考改革的精神与要求，帮助中青年数学教师提高理论与实践水平，取得了较为显著的效果。

（摘自数学组王宁老师专家教师访谈录）

第三节　学生回忆师生关系

1980届校友刘燕欣、贾红厦回忆：

我们那届是第一次恢复中考。实验的录取线在全市算很高的，所以考上实验很开心，周围的同龄伙伴都非常羡慕。实验的老师身上那种高尚的品格和深厚的学术底蕴深深地影响了我们，并成为我们的人生楷模。教数学的储瑞年老师，有着知识分子的那份清高，鄙视歪门邪道，要光明磊落，做一个精神高贵的贵族。和我们同届的一位同学，在国外读博士，研究项目需拉赞助才能完成，但正是因为储老师教给我们要保持做人的那份清高，不走歪门邪道，她最终没有像其他人那样找到赞助。即使这样，她仍觉得自己的选择是正确的，从未因此而后悔过。总之，老师对我们最大的影响是："老老实实学习，清清白白做人"。

（摘自2007年高二学生研究性学习课题报告《影响人生的校园往事——对70—90年代从事不同职业的实验毕业生的访谈》，课题组成员：黄晓、邓柔、雷月、孙谊琳，指导教师：杨文芝）

1980届高中毕业生朱瑛在1979年曾写了一篇描述当时数学课张锦斋老师的文章：

那是1978年底，我刚跨进实验中学的大门，对于新学校的一切都感到既有趣又陌生，尤其是前几节课，风趣、和蔼的老师给我留下了深刻的印象。

下节该是数学课了，会是哪个老师呢？他（她）又是什么样的呢？一阵急促的铃声把我从猜想中唤回，教室门口，一位三十多岁的中年男老师已经站在那里，他身穿一件白色的确良衬衫，一条蓝色的卡其布裤子，又整洁又严肃，威严的脸上带着微笑，质朴、温和的眼睛和安详的神态表现出他特有的风度。

"上课！"老师在讲台前轻轻地说了一声。

第一节课就这样开始了。首先，他向我们叙述了整个一年的教学计划，然后，他又教我们怎样看书和学习。他说："书，要越读越厚，即从书上所学到的知识联想起许多有关的问题；也要越读越薄，即通过自己的归纳整理成为系统而又简洁的知识。”

短短的四十五分钟就这样过去了，他既没有像有的老师一样首先强调自己所教这门课的重要性，也没有像有的老师那样首先提几条要求或是讲一段开场白，然而，这节课的内容对于我们今后的自学和看书起了多么大的作用呀！

慢慢地，我知道了他是张锦斋老师，是政教处的成员，同时，兼任我们班的数学课。

说起我们班的数学课来，简直是“没治”了！

每上完一节课，我们的黑板上总是留下张老师那清晰、整洁的字迹，就像一位有名的师傅精心雕刻出的一件珍贵的工艺品，使我也不由自主地认真抄写笔记。

一次，我有幸从课代表手里看到了张老师的讲义，那一页页的活页纸就像从印刷厂印出的书一样干净、整齐，秀丽的字迹把纸装饰得像一幅美丽的图画。

每次上课，张老师总是先讲一些概念和公式，讲几道例题，再让我们做几道例题，待他布置完家庭作业，正是铃响的时刻，四十五分钟的时间被张老师安排得井井有条。对于每一种类型的题，每一道题，张老师都给我们分析得清清楚楚，使我们一看到题，首先就想出了它属于什么类型，可以用什么样的方法去解。

每到考试前，张老师就耐心地教我们不要慌，并且给我们提出几条注意事项和要求，这对于我们做学生的真是大旱时的甘霖。所以，数学考试，我们每一个同学都不感到紧张，只是轻松地看一遍笔记本就可以了，而每一个同学的成绩则是非常理想的。一个对数学不感兴趣的人，只要上了张老师的课，都会感到一些学数学的乐趣。

当然，考试的成绩不光是靠临时突击出来的，它是和我们平常严格的训练有着密切关系的。

对于我们的作业，张老师从来没有轻易地放过，他总是从我们的作业中了解我们掌握知识的情况，从来不随便画几个“√”或“×”，对于我们做的每一个步骤，张老师都看得仔仔细细，就连我们在计算中不影响结果的一点疏忽，也不放过。

不管张老师在学校的工作有多忙，我们的作业总是每天收一次，第二天发回来，一年三百六十五天，天天如此。为了帮助我们更牢固地掌握我们所学到的知识，每学期我们都要进行几十次的小型测验。让人难以相信的是，上午第四节课刚测验完，下午我们就拿到了判好的卷子。要知道，全班五十几个同学的字迹，可以说是“百花齐放”了，加上时间紧张，有些卷子在发回来后，我们自己都难以辨认，而张老师，他判完了，仔仔细细地判完了！为了我们的学习，张老师是什么都不顾的。

我们每星期有一节数学是在第四节课，每到这个时候，同学们都感到有些疲倦，讲新课对我们来说，难以接受，所以，小测验大都是利用了这节课。放学的铃声响过后，一些同学还没有做完，张老师就耐心地等着他们，这对我们在学校包伙的同学和回家吃现成饭的同学来说是没有关系的，但是张老师每天都接送他的孩子上学，在这一天，因为我们，张老师要耽误很多时间，而我们从来不曾见过张老师流露出焦急的神色。对于我们的学习，张老师费尽了心，克服了种种困难。

上课的时候，我们有时也会被张老师叫起来回答一些问题，这是一件很轻松的事，不管你怎样答，对或不对，张老师总是耐心地听完我们的回答，再给我们进行分析，又教给我们一些新的方法，从来没有见过他强迫我们按照他的思路去答。

有一段时间，我们班的同学比较“浮躁”，上课不太认真，在一次小测验中，大家的成绩普遍不太好，发试卷的那节课，张老师心情沉重地走进来，轻轻而有力地说：“这次考试，同学们考的不太好，这都怨我，是我没教好你们，希望你们给我提意见，改进教学方法。”听了这话，我们全都难过地低下了头，暗暗地责备自己没学好，要知道，张老师讲课是没人能比的，怎么能怨他呢？我从来都没见过一个讲课非常好的老师当着全班同学的面检讨自己的缺点，况且我们都认为这是不合理的，应该怨我们，怨我们自己。从这次以后，我们班同学全感动了，成绩也很快有了提高，我们对张老师太敬佩了。

在思想上，张老师对我们的关心就更周到了。

还记得有一次，张老师对我们说：“有些同学表面上装作不刻苦学习的样子，上课不认真听讲，回家拼命地开夜车，这种做法是不好的，学习是一件光荣的事。”“有些同学认为穿得好看一点，打扮得漂亮一点，或者戴上一副眼镜，就说明是有学问的人了，其实，学问不是从表面能看出来的，真正有学问的人不一定穿得很漂亮，更不一定就戴着眼镜，要想使自己掌握更多的知识，就要刻苦学习，不要从穿戴上想办法。”“还有的同学，自己明白了一些道理，总怕别人也明白了，不肯帮助别人，自己学会了，还要拉上别的不会的同学一起上课说话，既破坏了课堂纪律，又影响了自己和同学的学习。”一句句的话语，就像看透了每一个同学的心，摸透了每一个同学的脾气，这些都是讲给我们做人的道理，教给我们怎样做一个正直的、品德高尚的人的方法。

张老师不像有的老师一样，一谈到同学的缺点就上纲上线，或拿个别同学杀鸡给猴看。道理摆在了我们的面前，这是我们心服口服的。

1980届高中文科班陈宁回忆恩师刘超尘：

记得第一次让我眼前一亮的是他在课上给我们朗诵高尔基的《海

燕》。他的嗓子窄，声音也有点干，不是很好听。习惯了殷之光的朗诵，突然听他的朗诵，觉得很别扭，感觉那种气势一下子变得没了。但听着听着，你会被他吸引住，虽然殷之光该强的地方他似乎都弱了，而且很弱，但你感觉着他弱得好像比殷之光强得对劲儿。

念到“箭一般地直冲云霄”，“箭一般地”不仅音量弱，而且虚，但随着他的目光，你就能看得见一只羽箭在往上跑。“直冲云霄”四个字念得很平，非但音调没有升高，人反而向后仰了一点儿。哎呀，你感觉着天空立刻伸展开来，那种穿云破雾的感觉简直太漂亮了。

“它叫喊着……”他随着这四个字微微地晃着脑袋，“着”字出了一半就放在那儿了，张开一半的嘴也停在那儿，整个人就在聆听，全班都跟着聆听：你就感觉着，这个“叫喊”充满了整个穹窿，那声波还在一片一片地向外辐射，弥漫……

更出格的是“在那海燕勇敢的叫喊声里”，说这一句就像现场解说员掉进了现场，只顾自己观看、聆听，忘了解说，只是下意识习惯性地嗫嚅着。

最难忘的是“乌云听到了欢乐”，这一句由心态极其复杂的潜台词衬托着，像趴在窃听器后面偷听的人终于听到了他所担心的事情，不是吓了一跳，而是愣住了，甚至走神了，心里是一句无声的话语：“终于发生了。”

如果有录音，差不多每一句都能拿出来和话剧演员分析。美妙的画面直至最后一句：“让暴风雨来得更猛烈些吧！”不是号喊，不是吼叫，是自信，是自豪。那轻描淡写里透出了雄浑的心理素质，潇洒超凡，一往无前。

我听傻了。虽然心里存了几首有意境、有气势的古诗，但无论如何你也想象不出，就这么几句直不愣登的白话还能弄出意境来，而且是这样的意境！这样的气势！这是殷之光的音量无论如何也弄不出来的。那时还不懂得化实为虚、以虚托实的道理，只是觉得太微妙了。这是下了什么样的功夫才琢磨出来的呀？

也是从那时候开始，我弄明白了殷之光那叫朗诵：一是朗朗，二是高诵。刘老师是在念文章，是要念懂的，把自己念懂，把别人也得念懂了。所以他是在深深地念，在体会，在体味这些字、词、句、段所要表达的内容、感觉，在还原或者再造作者所设想的情景、意境。还是这些话，他一念出来，你就会明白：噢，原来一个字、一个词、一个句子、一个段落能表现出这样的内容，这样的感觉！

第四章　学生生活与学生荣誉

第一节　学生自主管理

“文革”以后，我校致力于营造积极向上、生动活泼的校园文化氛围，通过学生参与日常管理、学生会、学代会、学生电视台、广播站、记者团、校长助理团等多种形式，建立学生自主参与、自我教育的学生管理机制，形成我校学生自己管理自己的德育工作模式和特色。

1982 年 2 月，我校制定了全校纪律、作风、卫生评比评分标准。

1984 年 12 月，制定《全校五项评比评分标准》，对学生日常学习生活进行规范。为了更好地贯彻中学生守则及学校有关规定，全校展开纪律、作风、卫生等五项评比活动，并以此作为期末评选先进集体的重要依据。评比内容共有五项，总分 100 分，各班凡有违反纪律要求者，将酌情扣分，标准如下：

一、校园纪律：30 分

二、课间操、眼保健操：20 分

三、卫生：20 分

四、饭厅：20 分

五、交通安全：10 分

五项评比由各班轮流担任检查工作。学校还建立了“学生重大问题听证会”制度，学生中发生重大违纪问题，由学生自己主持召开全校学生自愿参加的听证会。听证会是当事人说明情况，表明态度，学生自愿发言，发表意见，充分讨论，甚至辩论的会。听证会更是学生明辨是非、树立正确的是非观念的会，是学校充分发扬民主、听取学生意见的会，更是利用典型事迹使学生学会判断、学会分析、学会处理问题，是重教育过程、重点培养能力的会。在听证会的基础上，学生教导会将对违纪学生做出处理决定。

培养学生自主管理的意识，是我校教育成功的重要经验之一。1985年我校第一届学生会成立，从此学校就开始实行学生会干部“竞选”。

到2004年时，每年参加竞选学生会主席的学生能达到六七十人。由于坚持“学生自主管理，人人能其所能”，多年来，学校不仅培养高水平的尖子学生，而且选拔锻炼非常优秀的学生团队。

20余年间，这些学生干部大都考入北京大学、清华大学等著名学府。“让学生得到充分发展，使每个人都达到他所能达到的最高水平”，是学校的教育追求。对于教师来说，学校的学生非常“不好对付”，他们都有自己的个性、自己的想法。他们只接受这样的教师：有责任心，有爱心。就年轻教师而言，哪怕你现在还没有丰富的教学经验和极高的教学水平，“两心”具备，你就会成为一名优秀的教师。

通过对往届学生会调查结果的分析，可以明显看出中学学生会工作对绝大多数同学的长期发展都有积极影响。关于能力的培养，学生大多选择了管理组织能力、沟通能力、严谨的思考问题三方面，三者在调查结果中占有很大比重，约为78%。究其原因，可能是同学在学生会工作中不仅需要管理自己部门的干事，为其分配任务，并且需要掌握管理的技巧，懂得优化配置，在联系活动中则需调动学生积极性，这一点尤其在学管部长的工作中体现明显：在活动中要很好地维持秩序，而且并不能完全采取强制措施。这些都为管理能力的培养提供了有利的条件；而不管是从学生会工作还是从生活经验的角度看，良好的沟通能力是适应时代发展的有效工具，从采访中也可以看出，有的同学就是因为参加学生会工作才使自己由一个腼腆的人转变成善于交流的领导人物，2000届学生会主席陈宇宁也认为："现在这个时代比较重视人与人之间的沟通，不管是与老师、同学，还是与后勤老师等的沟通，都是十分重要的。"

缜密的思维则是行为做事的内在准则，在学生会工作中，举办活动的计划性对于活动的成功至关重要，而且想问题的周到还表现在是否能在和干事或与校方沟通时考虑到他们的感受和立场。周密的思考可以起到事半功倍的效果。对于极其重大的事情，一个小差错就可能造成不可挽救的后果，严谨、周到地考虑问题就显得至关重要了。与此同时，在做每一项学生会工作时，责任心都必不可少。不管有多么优秀的外在能力，都不能替代一个人的内在品质的重要性，有责任心是为人处事的根本原则。

（摘自2007年高二（13）班研究性学习课题报告《难忘母校恩，情系学生会》，课题组成员：王培淳、郑博卿、伊凡、王潞扬、石硕、韩继、张莹、白鸥，指导教师：刘海霞）

1986年2月，制定《中学生日常行为规范》，以制度形式实现对学生的管理，规范学生在校内和校外的行为，使学生明确自己的行为所应遵循的准则，相应确定了全校纪律、作风、卫生评比评分标准。

1988年11月，参加市区中学少先队创造性活动展示会，获各方好评。建立学生代表制度。召开第一届学生代表大会，选举产生学代会代表、学生会干部，讨论通过学生干部职责和代表大会决议。

学生会是学生自己的组织，经过不断完善，学生代表大会已经成为一年一度研究学生中大事、参与学校管理、选举和产生学生干部的重要形式，它所产生的学生会在全校学生中有很高的威信，他们不但开展丰富多彩的活动，也在学生管理中起到很大很好的作用。

学代会会议手册整理后，确定了学代会制度：学代会每年召开一次，审议并表决学生会的工作报告和财务报告，讨论学生代表提案，对讨论通过的提案进行整理，上报学校有关部门并责成新一届学生会监督执行，选举产生新一届学生会成员。学代会制度的确立奠定了我校学子民主校园文化的形成，以学生发展为主线的教育思想为我校学子创建了属于自己的平台。

1991 年 4 月，制定了《实验中学学生文明行为规范》。

1997 年 12 月 6 日，举办首届学生家长代表大会，近 300 名学生家长参加。

第二节　学生荣誉与成长

一、高考佳绩

1978 年 6 月，陈征远同学荣膺北京市高考理科第一名。

资料显示，1980 年 8 月，我校应届高中毕业生共 416 人，其中被重点大学录取 284 人，占总数的 68%，其中清华大学录取 46 人，北京大学录取 28 人。此后数年，我校学生的高考成绩，无论是按照上重点大学的升学率，还是按照考上清华、北大的人数统计，一直名列前茅。

1983 年 8 月，共 197 人参加本届高考，重点大学升学率 93.4%；85 人考上清华、北大，占高三考试人数的 43.5%。

1987 年，张静波同学荣膺北京市高考理科第一名。

1989 年，当年高考成绩在全市名列第一。高三年级林岩同学荣膺北京市高考文科第一名。

1988 届校友杨洋回忆：

别小看高中这四个班，当时每年考进清华、北大的人数可不比现在十几个班考上的人数少，当时普通班的前 15 名基本就可以进清华、北大了。我印象最深的就是，当时学校门口有个大红榜，写着谁考上清华、北大了，谁中了状元了。20 世纪 80 年代实际上是咱们学校最辉煌的时代，在北京绝对是称霸的地位。

（摘自 2007 年高二学生研究性学习结题报告《通过采访留校教师了解多年来实验中学的变迁》，课题组成员：李天、吴天蛟、朱晓丹等 6 人，指导老师：李军）

1994 年 9 月，经市教育局批准，我校与北京四中可以不参加北京市高中毕业会考，从本年入学的高一学生开始，由学校自行命题组织考试，其成绩教育部门予以承认。

1995 年，葛晖同学荣膺北京市高考理科第一名。

附：对葛晖同学的采访实录

Q：您刚得知自己成为高考状元是什么感受？

A：当时挺高兴的，因为这对于我来说是一个很大的认可。但我没有很惊讶，因为之前模拟考试什么的我都考得很好，在西城区的排名一直很好，而西城区在北京市基础教育中也是很厉害的。

Q：在得知自己成为状元的时候，您觉得这件事会对您产生很大影响吗？

A：不会啊，都是上大学，然后大学该怎么样就怎么样了。我记得我当时的分数少考一科都能上得了北大。也是有一些好影响的。当时我家的状况，也不能算是最穷，但是比较一般的那种，高考状元还是给我带来了不少的奖学金。放在现在来看可能非常少，但在当时还是很多的。因为当时大学的学费也很低啊，所以大学学费什么的也都够了。

Q：您还记得当时的老师们吗？

A：初中当时的班主任是语文老师林谦老师，李光华老师是初中数学老师，刘元堃老师是初中化学老师。高中老师的话，有位物理老师叫艾立川，还有一位班主任，也是物理老师，叫徐乐同。反正我觉得，实验的老师总体来说是非常不错的。他们教给你的不只是知识，你从他们身上学到的是那种工作态度，是老师怎么对待工作，这对学生的一辈子都会有很大影响的。

Q：高中的时候为什么离开了实验班？

A：最主要的原因是，我不太愿意身边一直是同样的同学，我觉得中学阶段你能交到好朋友、从同学身上学到东西这一点是很重要的，所以我其实不太愿意同学全部是一拨人。另外，我觉得花很多时间学习数学也没有错，但是这不是我想要的。我还是希望，高中阶段有很多的东西可以去探索，所以我当时就离开了实验班。

我家里没有任何反应，觉得无所谓。老师会觉得有点儿奇怪，因为我也没有跟不上为什么不继续上实验班。同学们会觉得好像去了普通班是不是学的东西就比实验班简单很多啦，其实都不是。

Q：高中的时候对自己的学习和今后的人生有什么目标和理想吗？

A：有的，而且我还是一直都坚持，到现在我觉得我的理想都实现了。

Q：您当时的理想是什么呢？

A：上高中的时候我就很想当一个生物医学这方面的科学家。

我从北大毕业以后呢，到了哈佛大学去读博士，读的就是 Biological Science 这个方向。读完博士以后，我在麻省理工学院叫作 Whitehead 的研究所，就是全世界最早、最有名的基因测序的研究所，做 Whitehead Fellow，有我自己的实验室。后来去了波士顿那边的一个生物医药公司，现在回到中国上海，在诺华（瑞士制药企业）生物医学研究院工作，还是在做生物科学、生物医学，尤其是遗传学这方面的科研工作，当前在做中国病人的遗传图谱。基本上从高中以来想做的事情，一步步都做成了，好像经历也都很简单。

Q：帮助你取得成功的因素是什么？

A：一个是比较注重基础性学习，而不是去追求一些很难、很奇怪的题什么的。因为怎么说呢，知识体系是最重要的，追求偏门的东西对今后的成功没有什么重要性。

第二是我比较自信，我比较相信我自己的选择，我比较愿意去追求我内心相信的东西，我不太被周围的人的观点所左右，或者说比较专心吧。

（摘自2016年研究性学习结题报告，采访组成员：唐可如、王寓澄、姜丰、龚惠卓，指导教师：李军、冯琳）

二、竞赛成绩

1983年3月，张涛同学夺得美国第一届数学邀请赛第一名。

1984年5月，学生黄燕文获得北京市1984年中学生数学竞赛初中二年级组市优胜奖，康民、张利获得一等奖；李为东获得初中三年级组市优胜奖，卫东、郑丹梅获得一等奖；张谦获得高中一年级组市优胜奖，吕玫获得一等奖。

1985年9月，我校自筹经费，创办北京市第一所青少年数学业余学校，张锦斋为校长，张春条任教务主任，为探索数学竞赛数学教育开创了先例。

12月，许光宏获得1985年北京市中学生数学初二年级组全市三等奖；吴锐获得高一年级组二等奖，金万钧、宋春胜、卫东、陶海、周向东获得三等奖。

1986年4月，张谦、郝智明和王左丁参加1986年第二届全国中学生物理竞赛，获得北京赛区三等奖。

5月，费燕文、卢欣获得北京市中学生数学竞赛高一年级组一等奖，李琼、王涛、茹惠文获得三等奖。

同年，梅俏冰获得1986年全国初中数学竞赛优胜奖；陶海获得全国高中数学联赛北京赛区一等奖，吴锐、卫东获得二等奖；陶海获得第三届全国中学生物理竞赛北京赛区三等奖。

1987年，楼萍、林辛、刘旭飞、张大用、郭宇、胥青获得北京市中学生数学竞赛初二年级组二等奖，王波、卢燕获得三等奖；杨磊、刘利获得初三年级组三等奖；梅俏冰获得高一年级组一等奖，汪海、郁刚、杨剑宏获得二等奖，陈磐、胡涛、南梅、郑权获得三等奖。

5月，樊晓晖、易军获得北京市少年科学金质奖章，王韬获得银质奖章，赫然获得铜质奖章。

1988年，樊晓晖同学参加第三十九届国际工程博览会（美国）获得二等奖。

樊晓晖毕业于南京大学，曾在中国科学院北京天文台学习，并获得了硕士学位。后来，他又到普林斯顿大学天体物理系学习，攻读博士学位。他说，从小学校的望远镜几乎就成了他的专用品。他在小学和中学得过不少天文竞赛冠军，也得过全国天文论文竞赛的优胜奖。天文是冷门的科学，通常只有纯粹想读书的人才选择这条道路。他选择这个专业，完全出于爱好和好奇，而这个最古老类星体的发现，并没有什么经济效益，只能帮助人类更进一步了解宇宙的起源。

（摘自2007年高二学生研究性学习课题报告《影响人生的校园往事——对70—90年代从事不同职业的实验毕业生的访谈》，课题组成员：黄晓、邓柔、雷月、孙谊琳，指导教师：杨文芝）

1989 年，我校学生参加在保加利亚举办的国际奥林匹克信息竞赛，杨洪波同学获得三等奖；马妍同学参加 ART 杯中国乐器国际比赛少年业余组（琵琶）获得二等奖；朱岳同学参加全国青少年劳动技术科技制作竞赛获得一等奖，胡法进获得二等奖；王韬同学参加“三北”地区中学生作文比赛获得二等奖，韩庆九获得三等奖；曹旭同学参加中国环境学学会等四家举办“绿化祖国，保护森林”知识作文比赛获得二等奖。我校被评为全国中小学卫生工作先进集体，并获得北京市中小学生 1989 年科技作品征集活动一等奖。

7 月 22 日，在联邦德国举行第 30 届世界中学生奥林匹克数学竞赛，我国第一次获得团体总分第一名，中国代表队 6 名学生中有 4 名来自我校数学实验班，罗华章、蒋步星、袁晓明及陈若曦同学在本届数学竞赛上获 3 枚金牌、1 枚银牌。

8 月，我校获得北京市中学生头脑运动会集体三等奖。

1990 年，国际数学奥林匹克数学竞赛中，我校第一次获得个人总分第一名。

第三节　师生眼里的校园生活

1984 届校友胡宏写下《校园的一天》，回顾 20 世纪 80 年代夏天的学习生活：

五月的清晨，空气中尚有些微的凉意，小鸟清脆的叫声渐渐地稀了，很快那短暂的静谧就会被青春跃动的喧嚣所代替——校园的一天马上就要开始了。

高一（6）班班主任徐乐同老师沿着夹在两排高高的白杨树间的小道，匆匆向物理教研室走去。像往常一样，徐老师总是早早来到学校。他一边整理着办公桌，一边心想：“今天那帮皮孩子又会给我闯什么祸呢？”

东边的宿舍楼已经热闹起来了。女生的盥洗室里，牙缸脸盆丁咣碰撞的声音混合着女生们嘻嘻哈哈的嬉笑声，交织成一曲特殊的清晨交响曲。

操场上，体育委员颜大备一个漂亮的飞身，篮球从篮筐中空心而入。过两天就是全年级篮球赛了，大备趁着上课前的空隙，先热热身。

教室里，早来的同学已经三三两两坐进了自己的座位。坐在第一排的胡宏从课桌里拿出一本书开始读了起来。胡宏爱看课外书，最近几天看的是《量子世界奇遇记》。

做早值日生的是支书闫鹏和李悦。他们俩正往地上洒水，给教室做一天开始前最后的清洁准备。

语文课代表余德玉抱着一摞纸，往教室后面钉在墙上的一根铁丝上一张张地贴上上星期的周记。同学们纷纷围拢过来，认真观摩大家上周的心得。清脆的铃声宣告了早自习的开始。同学们照例把各科作业交到课代表手中，然后坐回座位，打开书包，做好一天学习的准备。

第一节课是英语。杨玉芝老师快步走进课堂。随着班长张晓力一声响亮的“起立！”，全班同学唰地站起，同声叫道：“老师好！”杨老师笑着，一侧嘴角微微上扬：“同学们好。请坐！今天的英语课，我们在电化教室进行，看电影《音乐之声》。”话音引起一阵小小的欢呼，大家争先恐后地站起身来，向电化教室走去。《音乐之声》可以说是这些初识英语的学生们对另一种语言文化的第一次真正接触。在接下来的一个学期里，他们还会再次重复观看这部影片许多次，并且学唱其中的一些歌曲。在影片动人故事和美丽歌声的浸润中，一个个英语词汇就这样慢慢地印刻在了年轻孩子们的心中。杨老师还经常鼓励学生们去图书馆看书和借书。实验的图书馆里有联合国教科文组织支援来的英文原版书，也有其他各科的辅助材料和丰富的课外读物，可以说是个知识的宝库。

每堂课之间有十分钟的课间活动时间，让同学们稍事休息。女篮队长孙颖借着这个机会，带着几个高个女生来到篮球场上练球。几个女生正在运球、上篮，忽然三四个老外满怀兴致地凑了过来。他们是来学校参观的。实验中学是北京市最好的中学之一，不时会有国际友人的身影出现在校园里，这次来的是美国的一个参观团。看到跃跃欲试的美国朋友，大家虽然有些局促，但还是大方地邀请他们参加进来。没投几个球，上课铃响了。同学们如逢大赦，一一撒腿跑开。白正斌把球传给孙颖，留下一个爱莫能助的眼神，飞奔而去。只剩下孙颖队长一个人，她鼓起勇气，硬着头皮对美国人说："The class is beginning." 听到自己熟悉的语言，美国人喜出望外，笑着冲孙颖竖起大拇指，帮她把球归到篮球架下放好。第一次成功地用另一种语言与人交流，孙颖心里激动不已，感觉好极了。

第二节课是语文课。今天讲的是汉魏诗词，曹操的《观沧海》。洪少林老师摇头晃脑，带着浓重的口音，饱含感情地吟诵着："东临——碣石，以观——沧海。" 实验的语文课是深受学生欢迎的一门课。课本是语文教研组自己编写的，分为古文、现代文、当代文学和作文四个部分，比统编教材的内容要丰富得多。教研室的老师满腹才情，各有特色，三十年后的学生们仍然能记得刘超尘老师那行云流水、潇洒倜傥的板书，陈云澄老师针砭时弊的当代文学评论，还有盖俊发老师身穿灰蓝色中山装，仿佛鲁迅时期蓝布大褂的教书先生的样子。实验的毕业生文字水平都非常出色，工作以后在周围的同事中常常是技压同侪。

在洪老师引人入胜的讲述中，四十分钟转瞬即逝。下课铃声尚未响起，闫鹏和杜京生就已经把乒乓球拍握在手中。铃声刚响，他俩就冲出门去。教学楼边上有六七个水泥制的乒乓球台，沿着楼的外墙排成一排。它们是课间活动最抢手的地方。不幸的是，他们的行动还是慢了几秒，两个其他班级的同学抢先一步，占领了最后一个球台。而比他们更快的同学们，则已经在球桌上鏖战不已。两个男生悻悻地回到教室。忽然，闫鹏灵机一动，会同几个男生，一起将课桌拼将起来，成为一个小规模的简易球台。另一边，女生们看到，也急忙行动起来。教室后面空出的场地上，翁云江同学不知道从哪里变出一个足球，和颜大备、沈宇越你来我往踢了起来。一时间，小小的教室忽然变幻成了一个热情奔放的赛场，打球的、踢球的、看球的，人人欢呼雀跃，兴奋不已。

忽然，教室里倏地静了下来。满头大汗的临时运动员们抬起头来，发现徐乐同老师如天神降落，已然站在讲台之前，眼神中隐含肃杀之气。这时，上课铃声猛然响起，同学们仿佛听到一声命令，急忙以最快的速度将书桌摆回原位，各自坐好，心里如同揣了一只小兔子，上下忐忑，惴惴不安。徐老师扫视一下全班，以沉稳的声音不紧不慢地说道："教室，是学习的地方，不是操场！"他提高音量，又说："班干部竟然带头参与，要好好反思一下！"接着，徐老师重新将声音放平缓："你们喜欢打乒乓球，今天中午我们就组织一个乒乓球赛，我和你们一起比一比。"说完，开始在黑板上写下洒脱的板书："作用力与反作用力"。这一节物理课，同学们听得比平时更加专注认真。

这些青春洋溢、充满活力的孩子，每天都能想出各种花样百出的新异奇招。徐老师是他们亦兄亦父的良师益友，要引导他们走上正确的道路，同时又小心翼翼地呵护着他们那年轻人奔放的热情。为此，徐老师不知费尽了几许心力。

第四节课是数学。今天要发期中考试的试卷了，教室里每个人都紧张得如坐针毡。数学老师张春条是北京市特级教师，对数学教学颇有心得。他的拿手好戏之一，就是提高期中考试的试题难度。坐在下面的同学们手里拿着自己的试卷，有的满脸通红，有的满头大汗，有的刚一接到试卷，就赶紧塞进课桌里面，然后在课桌里一点一点地把试卷展开，生怕看到自己的成绩。张老师中等身材，长得像英雄儿女里王芳的爸爸，十分有范儿，一双眼睛不怒自威。他不露声色地看着学生们，暗地里却微微笑了。他的目的就是让那些自以为天之骄子，傲睨天下的“学霸”们知道，其实还有很多地方是他们需要努力的。正是张老师这种严谨得几乎严苛的教学，培养出了同学们对数学的热爱，培养出了一代又一代科学博士、管理学硕士、工程师、建筑师……

下课铃声让全班同学松了口气。谷世涛和尚建林相约向食堂走去。今天的伙食不错，有鸡蛋炒西红柿、红烧丸子、肉丝炒芹菜、醋熘土豆丝。吃完饭，谷子和小尚准备去阶梯教室学唱歌。另一边，徐老师带着同学们组织的乒乓球赛正在如火如荼地进行。这场球赛参加的人很多，随机配对，徐老师和翁云江一组，对战闫鹏和陈清。闫鹏的下旋球很转，而徐老师身手老辣，双方打得难解难分。

下午，校园里一片静谧。空气里飘着淡淡的花香，初夏的阳光透过窗户洒进来，照在课桌上。课桌上方，是一张张聚精会神、满怀期待的脸庞。历史老师徐恩庆走进教室，手中不带课本讲稿，只拿一盒粉笔。他在黑板边坐下，一句废话没有，直接开始讲起来。徐老师边画边说，寥寥几笔，战略形势地理位置跃然黑板之上。在同学们面前，一幅生动的远古画卷徐徐展开，那是《荷马史诗》里古希腊英雄们在波涛汹涌的大海边旷古绝今的决斗。在同学们的记忆里，徐老师的课从不照搬课本，特别“好玩”。他曾经给大家讲过古巴盛产香蕉而不怎么生产粮食，所以古巴人民吃香蕉吃得一见香蕉就难过。他还讲过欧洲大航海时代，一个主要动力就是寻找胡椒。说那时欧洲上层贵族待客，最高贵的就是胡椒盐。每一节历史课，台上老师讲得眉飞色舞，台下同学听得如醉如痴。

最后的一节课是体育。今天王刚老师教男同学们打橄榄球。同学们练得格外踊跃卖力，有的抱腿，有的搂腰，有的掐脖子，如群殴一般，蔚为壮观。女生的体育课是师大来实习的女老师代课，教大家球操。孙怡站在队前带操，一个彩球从左手滚到右手，又从后背滚到前胸，只见她身段舒展，婀娜多姿，球就像粘在身上一样，怎么都掉不下来。孙怡是艺术体操队和舞蹈队的队员，六班的文艺骨干，她自编自演的《沂蒙颂》下了很多功夫，赢得了所有老师和同学的交口称赞。操场的另一边，另一个班的同学正在打排球。排球是实验中学的传统项目，每个毕业的学生都经过多年的实战训练，有人说如果不会打排球，都不好意思说是从实验出来的。

太阳开始西斜，紧张而火热的一天很快就要落下帷幕了。篮球场上，体育委员颜大备带着几个男生在练球。操场边上的花园里，翁云江和学雷锋小组的同学们正在忙着除草、种花。花园边上的一排桃树，正是几年前翁云江他们和体育组的王刚老师等一起，坐卡车从人大对面的苗圃里运回，亲手种下的。盛开的桃花已经谢了，碧绿的树叶在傍晚的风中微微颤动。地上，刚刚种好的三色堇张开紫色、白色和黄色的灿烂笑颜，好像一只只蝴蝶，张开色彩斑斓的翅膀，在晚风中飞舞。

住校生宿舍旁，闫鹏、冯会来和沈宇越每人各提着两三个热水瓶往女生宿舍走。冯晓虹和邹红伟迎接出来，绯红的面颊布满了笑容，好似天边初现的晚霞。

月牙慢慢地爬上天空。操场上，一个人影还在篮球架前飞腾跳跃，是体委颜大备。教室里，灯光明亮，同学们在安静地晚自习。

满天的繁星闪动，照耀着美丽的校园。

陈伟华老师回忆：

我高考考入北师大历史系本科，分配到国家机关，后来辞职了，回来干教师岗位，喜欢教师事业，喜欢孩子，挺愿意接触学生，现在和学生们都有联系哪！我带了四届高三文科班，当班主任，和学生都有联系，学生婚礼都参加了好几回，还有学生牵着孩子回来看我，挺有意思！现在感觉学生不太一样了，以前学生都单纯，接触面也少，像网络什么的都没有啊。学校设施比较简陋，礼堂就是东楼往西边一点儿，平房，很简陋，哪像咱们现在这个大礼堂啊！硬件设施现在改善多了。我当学生时候风气比较向上，大家都学雷锋啊，宣传三好学生树榜样，还有红五月歌咏比赛，各班都唱抗战歌曲，革命歌曲大家唱，同学一块儿唱，抗战歌曲真的很好听。我买了好几本，下课就在校园里和同学一起唱。当时学校还有排球队、舢板队……各种课外兴趣小组。我们那时傻乎乎的，政治上比较向上，要求入团入党的人挺多的，初二入团，高中一年级就入党。那时候我们有姐姐班，妹妹班，我们刚上初一，姐姐班派辅导员，班对班、学号对学号辅导，一个年级六个班，高二派姐姐班到初一，记得当时姐姐班的辅导员特别好，特喜欢她，男校有没有这种弟弟班、哥哥班就不知道啦，哈哈哈……这种制度延续了很多年，对班级建设挺好的。现在的孩子都很聪明。现在学生见识广了，那时只有广播站，每天中午和放学后有广播，都是学生广播员播，还有歌咏比赛，各种社团活动。但是，现在的学校生活更加丰富多彩，形式更加多样化，还是有很大变化的。现在经常和初中、高中同学聚一聚，很怀念过去的时光。

（摘自2016年研究性学习结题报告，采访组成员：钟雯惠、王卓凡、丁子芊、冯霭欣，指导教师：李军、冯琳）

第五章　课外与校外交流

第一节　课外活动

一、体育活动

1982年11月，学校作为优秀单位出席教育部在西安召开的“实施中小学体育卫生工作暂行规定”总结大会，梅树民副校长做了《谈谈贯彻中小学体育卫生“二个暂行规定”的几点体会》的发言。

12月，刘致平校长在区县教育局长和市属重点中学校长会议上宣讲《贯彻教育方针和进行教改试验的几点做法》;《北京科技报》（中学版）发表董淑兰老师文章《女学生爱上体育课了》。

1983年，中学体育课改革，进行女生艺术体操教学试验。董淑兰撰写了试验报告。

1985年，学校王新新老师被评为北京市优秀体育辅导教师；学校被评为北京市施行《国家体育锻炼标准》先进单位。

1986年12月，学校被评为北京市先进体育传统项目学校和北京市施行《国家体育锻炼标准》先进学校；王刚老师被评为北京市优秀体育课获奖教师。

1987年，学校被评为北京市施行《国家体育锻炼标准》先进学校、北京市先进体育传统项目学校，获1987年青少年科技教育工作先进集体奖。

1988年2月，学校高中女子排球队、初中女子排球队和男子高中排球队获得北京市第四届“振兴中华杯”排球赛第一名，男子初中队获得第五名。4月，校女子排球队获得北京市传统项目排球赛第一名，男子排球队获得第二名，并被评为精神文明队。

1989年，学校排球队参加北京市高中排球赛，高中男队获得第一名，高中女队获得第二名。

1999年9月初，高一、高二年级开展体育专修课新探索，包括田径、游泳、球类、武术、健美操等，同学们根据兴趣与特长任选一项，各年级每周安排两课时，除本校体育教师外，还聘请了部分专业教练。开设体育专修课，是推进素质教育、调整课程结果的新尝试，在全面开发学校体育教育功能的基础上，力争通过体育专业技能的学习，形成良好习惯，健全学生人格。

12月15日，举办了《高中体育教学模式改革实验研究》研讨会。从本校实际出发，就构建“必修+选修”的体育教学模式问题，从理论和开放原则及实施行动计划等方面展开探讨。

二、科技与文化活动

1982年9月，副校长王本中在区科协组织的发奖大会上做了题为《让科技之花开满校园》的发言。

1983年8月，学生高扬帆获得1983年北京市青少年航空模型竞赛一级遥控特技第二名。

1984年8月，学生高扬帆获得1984年北京市青少年航空模型竞赛一级遥控特技第一名。

同年，初一学生樊小晖和王韬的天体坐标变换器获得1984年北京市青少年小发明竞赛一等奖；高二学生毛志亮的论文《由电阻并联的简算想到的》被评为1984年北京市青少年科技小论文一等奖。

这一年，实验中学与全市15所中学联合举办北京市首届中学生文化节。王震为在学校举办的首届中学生文化节题词：“现代科学文化艺术各个领域都在突飞猛进地发展。你们的文化活动是非常有意义的。互相观摩、鞭策、鼓励，充分发挥智慧才能，为振兴中华和人类正义事业做出贡献。谨向实验中学文化节祝贺！”

1984届校友孙怡：

当时学校的环境轻松和谐，大家会参加很多社团活动，我是舞蹈队的，也多次代表学校参加市里的比赛，大家在一起备战的日子里感受到了什么叫团结协作。实验的民主和谐也使同学们与人相处平和，友善。学校还培养了我的恒心和毅力，这正是我在工作中的优势。还有就是好老师们的引导增强了我的求知欲，就连现在也会利用课余时间上新东方。我们大家都以自己是一名实验的毕业生为荣，实验中学出来的人都很会办事。

正是因为20世纪80年代的实验人具有创新精神、求知欲强、团结协作、会办事等多方面优点，才使得我们成为工作中的佼佼者。这些优点也正是实验中学对学生全方面能力培养形成的，从而才使我们更具竞争力。

（摘自2007年高二学生研究性学习结题报告《对实验培养学生核心竞争力的研究》，课题组成员：孙梦雯、周迪、杨天、佟飞、毛小婉、杨欧雯、郑晚露、杨圣祎，指导教师：杨文芝）

1985年6月，学校同学刘颂军获得1985年北京市第三届初级航模竞赛一级牵引单项个人第二名，刘颂军、魏进军获得一级牵引单项团体第三名。

1990年12月22—30日，举办首届艺术节。以后逐年举办。

1993年12月，《中国文化报》报道学校艺术节：《这里没有出场费》。艺术节以弘扬民族文化为中心，结合毛主席诞辰100周年开展活动。开幕式在北京中山公园音乐堂举办，游本昌、吴国松、连德枝、李元华、成方圆、韩延文等20多位艺术家和优秀青年演员与学生同台演出。

1998年5月25—29日，举办首届“百灵之声”合唱比赛。

附：关于晨曦文学社的采访实录

晨曦文学社的创始人李广：

晨曦文学社成立于1996年4月9日。我当时担任学校学生会副会长，身边聚集了一批对文学感兴趣的人，大家觉得有一个共同交流的空间会更好一些，于是就有了晨曦文学社。该社成立之初的宗旨是：增强同学们的学习兴趣，促进同学间的知识交流；提供施展才华之舞台，建立学校社会之桥梁。当时文学社由一个核心理事会管理，并下设社刊组（专门负责收集社员优秀文章，汇编社刊），辩论组（每周一次活动），漫画组，欣赏组（每周组织美文欣赏、读书会）和宣传组。记得时间比较紧，都是利用中午时间组织活动。

晨曦文学社第一批成员董怡：

现在回过头来看，晨曦文学社从创立之初，即1996年春天到1997年的夏天，也就是李广担任社长的这一年多，是当时全校存在的、唯一的一个稳定地围绕着文学或者说文字展开的社团。

我在高一到高三这三年，也就是1998年秋天一直到2001年夏天，担任了晨曦文学社的第三任社长。从1997年春天到1998年春天这期间的某个时间，实验中学开始有了一个自己的学生报社，叫《校园时讯》。在某种意义上可以认为，他们最初的创建也受到了晨曦文学社的一些影响，《校园时讯》（我也是第一批参加的记者）的出现让我们晨曦文学社社员的习作多了一个发表的平台，但是这个报纸也成为我们社刊杂志的一个竞争对手。

在我担任晨曦文学社第三任社长期间，大约是1999年秋天吧，校外的职业的报纸《北京教育报》决定在实验中学建立一个学生记者站。《北京教育报》的老师们通过学校的老师，主动找到了我，邀请我起草一个“《北京教育报》九点通讯社”的创建方案，这个通讯社成立以后我担任了首任副社长。从1998年秋天一直到2001年夏天这三年里，也是我担任晨曦文学社社长这三年里，全校出现过的所有的各种涉及文字、文学的社团，总共有以下一些：晨曦文学社中的社刊杂志《晨曦》和晨曦文学社辩论队；《校园时讯》报社；《北京教育报》九点通讯社；学校学生会文艺部下属的广播站。

我们晨曦文学社内部，以及晨曦文学社和其他任何组织，包括跟这些类似的存在竞争性的社团之间，从来没有发生过人与人之间的任何冲突。也就是说我们和类似的几个社团之间形成了一种互相帮助、互相竞争，同时各自分工的非常友好和良性的可持续发展，实现了共同进步、共同繁荣。

（摘自2016年研究性学习结题报告，采访组成员：袁雪宁、李泽阳、王海琦，指导教师：李军、冯琳）

第二节　校外与党团教育

1986年4月10—21日，梅树民副校长率高中师生200余人到武警（密云）直属支队，建立了第一个学军基地。

1987年7月，在密云学军基地召开政治思想工作研讨会，回顾德育大纲贯彻三年的基本情况，听取部队政治部汤主任《关于加强青年政治思想工作》的报告。

8月，成立课外活动办公室，刘文莲任主任。

8月23日，北京师大附中（城固）西安校友会在陕西西安师范大学成立，111 人登记，54 人参加成立大会，其中包括教师冯成麟、魏庚人、高元白、高嘉良、王冠瀛、赵恒之、朱安仁以及陕西师大校长王国俊、统战部长曾治全等。

9 月 20 日，北京师大附中（城固）校友近百人在学校集会，纪念母校抗战西迁建校 50 周年。北京校友会会长刘致平主持。

1989 年 6 月，夏末秋初，北京市陷入学潮之后的混乱。许多大中学生放弃课业，上街游行，但在实验中学，校长、书记及时对学生、教职工做思想工作，大家都坚持上课，遵纪守法，严格执行市委的一切规定。动荡期间，实验中学没有出现任何不快之事，由于学校校长、书记的正确领导和安排，平稳度过动乱阶段，教学秩序与学生的学习未受干扰。

1990 年 10 月，165 名学生参加亚运会开幕式团体操第六场“亚运之光”演出。

1991 年 7 月，全校师生为受洪涝灾害的安徽、江苏等省市募捐。

1992 年 2 月 10 日至 10 月底，开展少先队“两史一情”教育活动。

9 月，学校民盟支部成立。

11 月，《北京晚报》报道学校军训活动:《校外人世界——登高山而知天之高，临深溪而知地之厚》。

1993 年 3 月 1 日，环保俱乐部发起“北京、环境、奥运——连着我和你”签名活动，千名师生在长幅上签名。

4 月，北京市奥申委回信，感谢师生对申办奥运的支持。

1994 年 2 月，团委组织寒假“送温暖，献爱心”服务队，各班团支部组织同学去离退休教职工家慰问。

11 月，北京市教育局验收学校军训工作，验收小组对军训工作给予了肯定。

1995 年 5 月 3—4 日，初二年级全体同学到顺义绿色度假村度过自己的

14岁生日，举行离队仪式。

1997年5月4日，高三年级同学举行了成人冠礼仪式。

5月15日，团委与高一年级组联合举办第一届“纪念五四青年节——高一年级团员十项全能大赛”，其中集体项目包括：拔河、大合唱、小品、主持、特色活动；个人项目包括：即兴演讲、智力问答、绕口令、成语接龙和游戏。

1998年7月中旬，教师4人、学生18人参加团市委组织的“爱心希望之旅”。在张家界突遇洪水，靳生其、金克理、张瑞清、冯琳等四位教师沉着应变，妥善处置，带领学生安全返校，受到区校领导通报表扬。

9月，全校师生向长江、松花江特大洪水灾民捐款56614.31元，捐物1615件。

10月底，西城区党代表换届，3名候选人为李连荣、张锦斋、陈伟华。

1999年5月，高一、高二、初一、初二近1500名学生为国庆50周年庆典开始训练。高中学生参加广场组字，初中学生参加少先队游行方阵。

5月10日，全体教职工为贫困母亲捐款1074.95元。

10月1日，高二、高三年级625名同学、17名教师参加国庆北京组字方阵。

10月29日，《北京教育报》九点通讯社的第一家分社——实验中学分社正式成立。

第三节　校外交流活动

一、校外来访

1982年5月9日，曾在本校任职的教师、退离休人员、各届校友3000余人回校参加65周年校庆大会。中央、市级领导及各界知名人士陈云、谭震林、耿飚、薄一波、姬鹏飞、陈慕华、周扬、刘宁一、周培源、叶圣陶、华罗庚、吴作人、韩作黎、郝人初、张钰哲、陶强、陈受鸟、蒋兆和等题词、赠言。胡絜青、周思聪、杨秀珍、宋君方等为校庆作画，在北楼设展览室。学校印制65周年纪念册，收入胡志涛同志的悼念诗作《怀念战友——卞仲耘同志》。

1985年9月，庆祝首届教师节，中央领导王震、周培源、赵朴初来校参观并题词。《人民日报》发表文章《王震等到北师大实验中学贺教师节》，《北京日报》和《光明日报》亦有报道。

赵朴初题词《金缕曲　敬献人民教师》：不用天边觅，论英雄，教师队里，眼前便是。历尽艰难曾不悔，只是许身孺子。堪回首，十年往事，无怨无尤吞折齿，捧丹心默向红旗祭。忠与爱，无伦比。幼苗茁壮园丁喜，几人知，平时辛苦，晚眠早起，燥湿寒温荣与悴，都在心头眼底。费尽了千方百计，他日良材承大厦，赖今朝血汗番番滴。光和热，无穷际。

1986年9月，庆祝第二届教师节大会，中央顾问委员会副主任宋任穷到会讲话。《北京日报》报道《宋任穷与实验中学师生共庆教师节》，宋任穷题词："尊重知识、尊重人才、尊重教师"。

1987年5月9日，庆祝建校70周年，历届校友返校植树。国家教委副主任王明达、市教育局长陶西平、北师大副校长、西城区委、西城区教育局等领导到会。编印《革命摇篮育英才》赠给校友和各级领导。

1990年4月，在学校召开市重点中学研讨会，王本中校长讲话，北京市、西城区领导到会听课、参观。

1991年11月，西城区教育局领导来校进行教学检查。

1993年5月4—7日，西城区人民政府督学室会同西城区教育局有关科室来校综合督导。

1996年3月，协助广东省东莞市东方明珠民办学校办学，派刘文莲、李金强、胡小月、陈大文、张凤春、李令倩、刘嘉瑞等老师赴明珠民办学校工作。

二、国际交流

1978年改革开放初始，学校确立的对外交流的理念是：坚持开放、大胆实践、勇于突破、不断进取。本校是“文革”后北京市第一所与国外建立友好接待互访的学校。1978年，王本中校长参加了“中日友好青年访日团”，打开了改革开放后，实验中学看世界的窗口。

1980年4月，联合国教科文组织专家来校访问，援助15万美元的仪器设备和电教器材。实验中学以其出色的教学成绩赢得了世界性的荣誉，开始走上向“世界名校”进发的光荣路程。

1981年9月3—4日，以横地清教授为团长的日本山梨大学、大阪教育大学和琦玉大学数学教育学研究会访华代表团一行9人来学校参加北京师范大学与本校联合举办的中日数学教育学术交流会。中方提交7篇论文、日方提交14篇论文。北京师范大学肖敏若副校长到会讲话。

1983年，在外事工作和对外交流方面，实验中学全年接待来访外宾21批204人，其中副部级以上外宾10人。

1986年6月，美国波士顿市明敦中学（Milton Academy）师生首次来学校进行为期一个半月的学习和交流活动。美国学生分别住在学校教师家里，与我校师生同吃、同住、同学习，这种形式的接待，开创了改革开放后我国中学与美国学校交流的新模式。

10月8—16日，总支书记祖二春与副校长梅树民代表学校赴日本东京参加吉祥中学（姐妹学校）50周年校庆。

1993年3月，香港汉基国际学校师生16人来校。这是香港学校师生首次访问我校。

6月，美国明敦中学师生15人来校。

1994年4月22日，世界第25个地球日那天，美国副总统戈尔向120个国家的政府首脑发出了加入GLOBE（有益于环境的全球性学习与观察计划）的邀请信："只要我们携手并肩，我们的星球就会日新月异。"

GLOBE是一个将传统的物理学、数学、生物学、地理学与新兴的环境科学相结合，利用因特网、GPS等最新技术，组织全世界中小学生自己观察、测量、计算、上网，最终由科学家绘制成图，并提供全球科学家使用数据成果的"国际环境学校"。全世界8500多所中小学校的数百万个孩子，正在把他们每天观测的数据通过因特网发送到一个服务器上。孩子们用GPS手持设备接收来自太空20200公里的卫星同步信号，精确地测定经纬度和海拔高度，并从卫星照片上找到自己的家和学校。这就是美国副总统戈尔提出GLOBE计划时的愿望。1995年10月18日，中国环境保护局局长解振华和美国商务部前部长布朗在北京签署了中美GLOBE计划合作协议。中国成为最早一批加入GLOBE计划的国家之一。

许多人关心环境问题，因为它影响到自己的生活和生存质量。但是很多人可能答不出像"北京的风沙究竟从哪里来"这样简单的问题。同样生活在北京，GLOBE学校的学生就可以清楚地了解这些答案。学校里有气象观测站、水质监测室，每天，学生小组轮流进行定时定点观测，一个人测气温，一个人记录，一个人综合分析，一个人上网提交。另一小组到玉渊潭取水样，回来进行分析测定，然后提交到GLOBE总部数据库。4年来，学校里换了一届届学生，但是观察、监测、记录和发送数据，每周如此，往复如常。

这是一种非常自由的方式，不同于我们习惯的规整严密的教学管理方式，也不同于其他学科研究，环境研究极其广泛，所以大多数地球科学家是共同研究的。GLOBE 提出：世界各地的学生各负其责，共享思想。在这里，孩子们展开了自由充分的国际合作。中国 GLOBE 计划的国家协调员贾峰收到美国东海岸宾夕法尼亚一所学校的邮件，请贾峰帮他们找一所与宾州纬度相近的学校共同观测太阳黑子的变化及其对当地环境的影响。贾峰把课题推荐给学校，这项合作研究进行了半年。

在许多人的概念里，一个问题只能对应一个标准答案，所以他们以为答案不是对就是错。但在实际上，对于许多问题来说，正确的答案并不唯一。因此，GLOBE 的“教案”中没有“标准答案”，它只提供科学的方法、思想和监测手段。例如：“一年中什么时候雨量最多？”世界各地的学生提交的数据会给出完全不同的答案。学生们发现，雨季的开始和结束没有固定的日期。老师和学生关于空气污染的讨论引发学生们提出建议，要求北京市为室内空气立法。为了完善自己的建议，他们到 GLOBE 网上去查看英国、日本、美国都是怎样解决这类问题的，科学家有什么相关成果。后来得知根据空气动力学流量流向等原理，已经有技术可以控制室内空气的流通。在美国，科学家为有污染的复印机房、空调房间、电脑机房设计特殊地板和墙壁，来减少污染。在日本，改进列车上的消烟除尘设备就能让吸烟的丈夫和不吸烟的妻子同坐一个车厢，使他们一路旅途愉快……

是 GLOBE 帮助孩子们更早地进入“科学世界”，培养出时刻关注地球环境的新人，而这在今天的中国正是非常迫切的。GLOBE 计划在美国从 5 岁的孩子就开始了，它为 5 岁到 18 岁的孩子设计了循序渐进、生动有趣的参与方案。

（摘自《中国青年报》2000 年 4 月 20 日网络版，张可佳《GLOBE：地球的绿飘带》）

4月，香港汉基国际学校师生来访。

5月，香港著名人士吕振万先生捐赠100万元人民币，设立“北京实验中学校吕振万奖学基金”。

1995年5月，为出席联合国教科文主办的第一次世界遗产青年论坛，学校师生依据“青少年参与世界遗产保护工作计划”开展了系列活动：举办世界遗产知识讲座、制作长城模型、编写有关世界遗产的校内专刊和教材、参观世界遗产地、组织演讲比赛等。

7月24—28日，在挪威卑尔根召开第一次世界遗产青年论坛，近百名来自世界各地的学生和教师出席这次论坛，学校杨洋老师和两名学生在论坛上交流了学校在世界遗产保护和宣传方面的做法、观点与经验。

1995年，在袁爱俊副校长的带领下，实验中学第一次远赴挪威参加世界非物质文化遗产大会论坛。其中领队是本校物理教师杨洋老师，为此我们对杨洋老师进行了采访，采访实录如下：

Q：杨洋老师您好，我们是高二（6）班的学生，负责校史采访。在之前我们曾经听说过您早在1995年就曾接触过世界遗产论坛，我们很想了解一下当时具体的情况是怎样的，您能给我们大概讲述一下吗？

A：我记得当时我带着两个学生去挪威参加世界遗产论坛，两个学生确实都很厉害。我们一起做了一个长城的模型，一米见方，用了泡沫塑料、木头什么的，好多老师过来帮忙，比如蔡校长的夫人、袁校长等，最终完成的模型还是挺壮观的。我们把模型做完之后分块拆分，用飞机运到挪威再连夜拼装。

Q：您是物理老师，那么您当年是为什么被选为带队老师的呢？

A：我是咱们学校毕业的学生，我记得八几年那会儿我上高三，被派到加拿大交流学习，学了两年多，然后回来直接去北师大学的物理专业，大学毕业后留校任教。至于当时为什么选我，我觉得可能是，学校认为我曾经在加拿大交换学习过，英语比较好，另外当时对带队老师的年龄有限制，我正好符合那个要求。

Q：那您在这次世界遗产论坛之后还继续接触过世界遗产这方面的活动吗？

A：说实话，那次回来以后我确实没怎么再接触世界遗产这方面的事了，但是那次活动我们也算是圆满完成任务了。我记得从那次回来以后，联合国教科文组织对咱学校刮目相看，因此咱们学校在世界遗产这方面也可以说是越发展越好了。

（资料查询：李尚真，采访录音：李玥晨、李朔晴，编统稿：吴汇泽，指导教师：李军、冯琳）

1995年10月，我校等4所学校作为第一批中国GLOBE学校，加入GLOBE计划。11月，中国GLOBE计划国家协调员贾峰和学校教师张建国前往美国迈阿密，参加GLOBE计划国际培训班，成为中国首批获得认证的培训教师。

11月，学校被确定为中国／WHO合作项目——健康促进示范学校的实验项目学校。

1996年4月22日，第一期GLOBE计划培训班在北京举行，学校金从武等5名教师成为GLOBE教师。会议期间，中国GLOBE教师向美国GLOBE总部发出了第一封电子邮件。

12月，学校开通Internet网络，开始直接向设在美国丹佛市的GLOBE数据中心发送数据。

1997年3月，中央电视台第二频道播出北京师范大学附属实验中学

GLOBE 活动专题节目。

3 月 25 日，美国副总统阿・戈尔访问学校。

4 月 21 日，GLOBE 计划总部国际部主任琳・维戈拜尔丝女士等一行 7 人来校参观。

4 月，学校被评为 GLOBE 之星（GLOBE STAR），进入 GLOBE 荣誉堂（GLOBE STAR HALL），从而成为中国第一所 GLOBE 之星学校，也是当时亚洲唯一获此殊荣的学校。

同年，学校与加拿大加纽宾士域省教育部及加拿大加皇国际投资集团合作创办了一所中外合作的新型学校——中加学校。这是本校第一所中外合办的实施普通高中及高中后职业教育的学校。学校实行“双学籍”“双学历”制度，为学生在国内外升学及就业提供广阔发展空间，开创了中外合作办学的先例。

1998 年 1 月 16 日，师生 20 人赴香港汉基国际学校访问交流。

5 月，美国副总统戈尔来访，与全国理科班的学生就环境保护问题对话，教育部副部长韦钰参加接待，张锦斋校长代表学校向客人赠送礼品。

6 月，师生 3 人赴芬兰参加“赫尔辛基全球 GLOBE 大会”。

8 月 14 日，师生 25 人赴美国参加“中美中学生迈向 21 世纪”联欢活动。

8 月 21 日—9 月 7 日，师生 16 人赴加拿大访问交流。

1999 年 5 月 16 日，联合国秘书长科非・安南的夫人及联合国儿童基金委员会官员一行 10 人来校访问。安南夫人参观了学校体育馆，与师生就中西方学生的学习、生活、考试模式等话题讨论交流。

5 月 22 日，澳门高层教育代表团 20 余人来访。

7 月 20 日，全国理科实验班闫婴同学因在全国物理竞赛中获奖，受美国朗讯公司邀请，赴美国“贝尔实验室”参观学习两周。

8 月 25—31 日，校女排队一行 14 人赴日本东京参加中日韩青少年排球交流大会暨友好比赛，获冠军。

10 月 8 日，香港国际汉基学校师生 19 人来访。

第四编　新世纪以来的精益求精

——更创辉煌

新世纪以来，学校从发展理念与制度创新、课程建设与教学改革、德育教育、特色教育、师资队伍建设、国际化办学等方面进一步精益求精，创造了新的辉煌。

第一章　学校发展理念与制度创新

第一节　学校概况

一、示范建设打造品牌　奠定学校领先地位

2000年5月9日，北师大组织部派员到校宣布新一届领导班子的成员名单，袁爱俊任校长，王本中任总支书记，李连荣任总支副书记，姜恺捷任后勤副校长，蔡晓东任教学副校长。新的领导班子奉行团结、务实、高效的指导方针，抓住北京市教委评选示范性高中的契机，提出以机构改革和人事制度改革为保障，建立具有生命活力的可持续发展能力的学校管理体制和机制，使学校出人才、出效益、出质量、出名师，为学校在新世纪实现跨越式发展奠定坚实基础。

7月，确定学校机构设置安排：校长袁爱俊，总支书记王本中，总支副书记李连荣（兼）办公室主任、分校常务副校长，后勤工作副校长姜恺捷，教学副校长蔡晓东（兼）教学处主任，教学处副主任姜宁、李晓辉，学生处主任周杰，学生处副主任许纯厚、刘海霞，总务处主任张群生，教科室主任张建国，信息中心主任王新新，发展中心主任陈国才（兼分校校长助理），团委闫佳（副书记主持工作）。

11月，北京市示范性高中试评估报告《以人为本，服务社会，追求发展，追求卓越》对必修、选修、专修课的探索进行了总结。

12月21日，北京市首批高中示范校试评估专家组7位专家来校进行

评估。

2000 年 5 月 9 日新一届领导班子

这一年，袁爱俊校长在逸夫楼做了题为《以人为本，服务社会，追求发展，追求卓越》的示范性高中校建设汇报，她从教学、德育、人事制度改革、信息化发展等多方面汇报了建设成果，提出了新的建设目标，为把我校建设成为国内一流、国际知名的学校，基础教育改革的基地，优秀中学生成长的摇篮，名师成长的沃土，信息技术应用的窗口，国内外学术交流的阵地而奋斗。西城区教育局领导也汇报了我校建设成绩。专家组随后参观了建设展板，观摩课间操，分组听课（综合文科课、科学研究课等），在下午分别召开了干部、教师、学生及学生家长的座谈会，全面了解学校情况，听取多方意见和建议。

2002 年 9 月 26 日，学校被北京市教委认定为北京市首批 14 所示范性高中之一。

我校获得北京市首批示范性高中认定

二、增强实力凸显优势　办学条件逐渐改善

对于学校教育来说，硬件是不可或缺的基础。我们的校园建设，一直采用高标准、高技术；硬件配置在国内中等学校中率先实现了信息化和现代化。

2000 年以来，学校利用每年寒暑假装修改造原有基础设施，对所有校园建筑进行了粉刷和外部装修，改造和扩建了物理、化学、生物实验室，所有教室、学生宿舍、老师办公室安装空调，教研组几次更换新办公桌、办公椅、柜子。

2001 年 1 月 2 日，李岚清副总理秘书、国家科教领导小组办公室主任廖晓淇、教育部基础司崔司长来校调研扩招扩建问题；汪光焘副市长来校；张保庆副部长来校。

8 月 20 日，三号教学楼竣工并投入使用，建筑面积 3372 平方米，地上六层有 18 个教室，地下一层是热力调压站，于 11 月 1 日投入使用，供热力量为7.5万平方米。

9月1日，新建的北教学楼投入使用，建筑面积8130平方米，有31个教室，计算机、阅览室1300平方米，电子阅览室能同时供110人上网，新增各类型多媒体教室13个，包括一个多媒体录像教室及摄像、编辑设备室；改造升级多功能会议室和广播室设备；新增多媒体双向闭路系统终端36套，为各办公室更新计算机36台，为一线教师配备140台笔记本电脑，约占一线教师人数的85%。与北京电信和北京建筑设计院合作完成校园网升级和设备更新，形成拥有600个信息点和530个终端的校园网络。

10月，为扩大校园面积，改善办学条件，经西城区政府协调，学校通过置地换地的方式，获得实验中学东侧“西西工程”10号地和教育部部长院两块地，总面积约4000平方米，并在10号地内建平房教室950平方米。

在女附中老校址上（今实验中学北校区）复原的学校老校门

2003 年 6 月，六号综合楼竣工并投入使用。建筑面积 9080 平方米，地上一层是餐厅，二层是礼堂，三、四、五、六层是学生公寓，地下一层是自行车库。学生公寓每个房间都配有中央空调和独立的卫生间，每层楼均配有淋浴房。

2006 年 4 月，实验中学北校区开始建设。

2007 年 8 月，北校区竣工并投入使用。

9 月 1 日，时任北京市市长王岐山参加了学校开学典礼并敲响新校区第一声上课铃声。北校区建筑面积 29930 平方米，占地 8700 平方米，采用传统与现代相结合的设计风格，集光导照明、雨水回收、太阳能热水和屋顶绿化等多功能为一体。

经典与现代相结合的实验中学北校区新教学楼

截止到 2015 年，实验中学有南北两个校区，相距约 300 米，总占地面积 43600 平方米，总建筑面积 80930 平方米。学校有教学楼三座，办公楼两座、科技实验楼一座、学生公寓一座。科技实验大楼内含通用技术专用教室、理化生实验室、科技创新实验室、计算机房、互联网实验室、数字媒体实验室等。学校图书馆藏书 15 万余册，学生报纸杂志阅览室有 600

多个座位、电子阅览室有 200 多个座位。学校建有 200 米跑道的塑胶操场，南北校区各有一座室内体育馆，内含游泳馆、篮排球馆、体操房、健身房，总面积约 7500 平方米。南北校区各有一个大礼堂，总座位数达 1200 个。学生公寓每个房间都配有中央空调和独立的卫生间，每层楼均配有淋浴房。

实验中学北校区新教学楼

三、班子团结师资雄厚　教育教学硕果盈枝

2001 年 5 月 27 日，西城区教育局、西城教育学会和学校联合主办的“新时期北师大实验中学教育暨王本中、张锦斋办学思想研讨会”在中国科技会堂举行。中共北京市委副书记龙新民、人大常委会副主任陶西平等领导到会祝贺，并为王本中、张锦斋两位校长授纪念牌。会后出版了《王本中、张锦斋办学思想研讨会论文集》。

王校长与张校长教学思想研讨会

2002年7月末，中层干部调整，李晓辉为教学处主任，任维兵、张瑞清为教学处副主任，杨文芝为学生处主任，鄂文艳为教科室副主任，王任为总务处副主任，孙明杰为团委书记。

2003年1月，袁爱俊校长当选北京市人大代表。10月，蔡晓东副校长当选西城区第九届党代表，陈国才当选西城区第十三届人大代表。

9月，确定学校机构设置安排：校长、总支书记袁爱俊，总支副书记李连荣、程凤春（挂职），副校长蔡晓东、李连荣、姜恺捷，办公室副主任滕淑玲，苏建华担任国际交流中心负责人。

2004年9月，学校干部调整，程凤春担任党委副书记，滕淑玲担任办公室主任，刘学东担任教育服务中心负责人，鄂文艳担任校长助理。

同时，启动第二次学校后勤改革，将原来的总务处变为教育服务中心，下设物业部、场馆部、餐饮部、基建部，并按照服务和经营分开的原则运行；按照“定编、定岗、定责”的原则进行了后勤人事的变革，打破常规，改变以往陈旧的管理模式，全面贯彻执行“教书育人、管理育人、服务育人”的方针，坚持后勤为教育教学服务，为师生服务的方向，强化后勤内部各环节的管理，发扬“勤奋、务实、高效、优质”的工作作风，努力提高自身素质，不断增强服务意识，提高服务质量和服务水平。

2005年9月，学校任命陈国才、刘学东担任校长助理兼任教育服务中心主任，黄广奇担任教育服务中心副主任，鄂文艳担任校庆办公室主任，张群生担任校庆办公室副主任，吴旬山担任分校办公室副主任。

2006年9月，黄广奇担任教育服务中心主任。

2009年5月，学校成立“体艺中心”，整合学校多年的体育、艺术教育实践经验，张义亮担任体育艺术中心主任。

7月末，学校领导班子进行了改选，蔡晓东当选新一任校长，程风春担任党总支书记，滕淑玲担任党总支副书记，陈国才、李晓辉、杨文芝、刘学东担任副校长。

9月，郝智勇担任教学处副主任，张建国担任校长助理。

2010年3月，中层干部调整，任维兵担任办公室主任，刘海霞担任学生处主任，孟学军担任国际交流中心主任，孙明杰担任学生处副主任，赵玉涛担任团委书记。

7月末，中层干部调整，尚建军担任教学处主任，孙兆前担任教学处副主任，李荔萍担任教科室副主任。

2011年9月，耿京波担任校长助理。

2012年9月，学校成立了国际部，完善了国际课程体系，构建了国际型人才培养模式。郝智勇担任国际部主任。

2014年9月，郝智勇兼国际交流中心主任，陈晨担任学生成长指导中心主任。

2015年9月，学校任命刘海霞担任华夏女子中学执行校长，赵玉涛担任学生处主任，李荔萍担任教科室主任，吕永新担任信息中心主任，郝智勇担任校长助理，李和担任团委书记，王新新担任校庆办公室主任；9月22日，师大任命陈国才同志为北师大实验中学党总支书记。

学校各级领导班子工作中紧密配合，协调一致，认真研究制定学校发展规划，确立教育理念和学生培养目标并付诸实践。

学校一贯重视教师队伍的建设，先后有21位特级教师在本校任教。2001—2016年，王敏①等12人被评为特级教师，蔡晓东等9人被评为北师大基础教育类研究员。学校现有教职工337人，其中专任教师256人，在岗特级教师7人，分别是林祖荣、姚玉平、崔明、李晓辉、李艳、王宏伟、张建国，北师大基础教育类研究员9人，市、区学科带头及骨干教师75人，高级教师151人，具有博士、硕士学位的教师181人，占教师总数的70%。学校名师荟萃，全体教职工拼搏向上，为创造一流的学校而努力工作。

学校始终把学生的健康成长放在首位，重视学生的全面、和谐、可持续发展。构建了以学生发展为本，让学生自主参与、自我管理、自我教育的学校德育工作模式；构建了面向全体、尊重个性的“必修+选修+专修+综合实践活动”的课程体系，开设了110多门课程；积极探索各类拔尖创新人才的培养，举办理科拔尖创新人才和人文社会科学拔尖创新人才实验班，开展国际型人才培养课程实验项目，开展“教体结合”培养高水平体育人才培养模式实验等。学校强调学生自主发展，积极构建符合学科教学规律的“学科教学知识体系”，打造高效活力课堂，研发促进学生自主发展的读本、学案、作业和测试等校本教材，鼓励和支持各种学生组织，学校

① 王敏，1965届高中（1）班校友。1997年，王敏老师代表中国物理教育界在匈牙利召开的国际物理教育会议上用英文演讲，题目是《国际物理竞赛中的绝对优胜者和他的老师》，这在实验中学的历史上是首次。2001年，新加坡是亚太地区国际物理竞赛的东道国，王敏应邀任其国家队之海外教练，在实验中学的历史上，她是第一位出任国际竞赛的教练。2002年，王敏被推选为国际纯粹物理与应用物理学会女性工作委员会委员。该组织为提高女性在物理学界的地位而工作，当时王敏是中国基础教育界的唯一代表，也是第一位代表。

有学生社团40多个。

学校积极开展对外合作与交流，近几年每年接待境外来访的学生和教师、外国政要和商界精英多达600余人次，美国前副总统戈尔、马来西亚副首相丹斯里慕尤丁、美国前国务卿基辛格、联合国秘书长安南夫人、微软公司董事长比尔·盖茨等曾先后到校参观考察。学校每年有几十位教师出国参观考察和学习，每年有400余名学生出国出境参观考察和学习。学校与境外的十几所中学建立了友好合作关系，与多所境外知名大学签订有“直通车协议”或“校长推荐计划”，是许多境外知名大学的生源基地校，学校还是联合国的全球对话学校和世界遗产青年教育中心。

经过不断的努力和创新，学校取得了丰硕的教育教学成果。学校是北京市首批示范性高中校，北京市“全面育人，办有特色”先进学校，全国十佳科技校，全国健康促进金牌校，全国传统项目先进校，北京市课程改革先进校，北京市教育科学研究先进校。

学校以治学严谨、育人有方闻名全国，中高考成绩优异，始终处于北京市前列，近些年高考一类本科上线率百分之百，绝大部分高中毕业生升入国内外知名大学，每年大约有25%的高中毕业生考入清华、北大，近两年每年有一百多人升入哈佛、耶鲁、麻省理工、加州理工、香港大学等世界知名大学深造。

第二节　创新教育理念

20世纪90年代，学校当时的领导班子在研究实验中学历史的基础上结合当时的背景提出了“以人为本，服务社会，追求发展，追求卓越”的办学理念。

进入21世纪之后，学校的教育理念不断创新，到2009年，学校通过深入研究分析，在《北京师范大学附属实验中学2010—2014年发展规划》中对学生的培养目标进行了与时俱进的完善和修正，即培养“全面发展、学有特长的英才，培养学生的科学素养和人文素养，增强学生的艺术修养和身心健康，使每一个学生都能做到：会做人、会求知、会办事、会生活。尊重个性、激发兴趣、挖掘潜能、培养特长，使学生成为具有深厚的中华优秀传统文化底蕴和开阔国际视野，学业成绩和综合素质超群、特长突出，胸怀远大、具有强烈社会责任感的优秀学生。为学生将来成为各个领域的拔尖创新人才打下坚实的基础”。

同时，学校在教育改革实践中认识到，推行新课改有其现实特殊性，而且当前教育功利化的现象非常突出，为此需要提出更加具有针对性的、鲜明的教育主张来保证新课改和学校教育的正确方向，于是2009年成立的新一届领导班子经过认真思考之后，明确提出了“做真教育、真做教育”（简称“两真”）的教育主张，并在2010年起实施的新一期五年规划里，对学校的培养目标、学校发展目标进行了重新表述。

“做真教育”，就是从促进人的发展的高度理解教育，理解人的成长规律，认真地研究学生，了解和尊重学生的需求、变化，能够让每个学生都能成为有能力创造幸福生活和美好社会的全面发展、学有特长的英才。“真做教育”，就是要求教师具备专业情感和态度，有开阔的视野、崇高的境界、积极的态度和扎实的专业素养，要脚踏实地进行教育教学工作。“两真”方针帮助教师深刻理解学校教育的价值追求，树立崇高的职业理想，确保我们的教育回归教育本真，按照教育规律、学生的个性需求促进学生自主发展的意识和能力。

“做真教育、真做教育”最简洁的表述就是按教育规律做教育。这里教育规律包括两个层面：一个是关于教育与社会关系的规律，关涉教育的最基本功能，即教育的使命；另一个层面就是关于教育与人的关系的规律，关涉的是学生的成长规律和教学规律。从实践的层面看，“做真教育、真做教育”就是追求教育的终极目标，实实在在地为学生的发展服务，发展和促进每个学生创造美好生活的能力；就是要按照人的成长规律做教育，本着科学精神，认真研究学生，了解学生，尊重学生，让每个学生按照适合自己的方式健康快乐地成长。在这个层面上，强调三点：面向全体、全面育人；学生为本、自主发展；尊重差异、特色发展。

20 世纪 90 年代，当时的领导班子关于学校办学理念的表述中包含有学校发展定位和发展方式，即“追求发展、追求卓越”。在推行新课程的过程中，学校将“追求发展、追求卓越”的内涵进一步深化和具体化，提出了“内涵发展、创新发展、卓越发展”“做精规定动作、做亮自选动作”“持续改进”等理念的细化，使全校上下深入准确地理解学校的发展定位和发展方式，使之成为学校发展的指导思想和工作原则。

历届领导班子始终在与时俱进地思考学校的发展方向和定位。在 2010 年实施的学校新的五年规划中指出了学校发展的重点和原则，即内涵发展、创新发展和卓越发展。

1. 内涵发展

实验中学的内涵发展重点关注三个方面：要发展能够吸引优秀学生、留住优秀学生、使优秀学生充分和自主发展的优质高效的课程体系、课堂教学模式、教学组织形式、学生指导和服务体系以及场地和专业设施等；要发展能够吸引优秀教师的高效的人力资源管理和薪酬体系及场地和专业设施；要发展能够使学校各项工作高效运转的组织体系、决策机制和制度规程体系。并努力在这些方面形成特色，同时继续深化实验中学的体育特色、艺术特色、国际化特色和拔尖人才培养特色，并进一步凸现学校诚信、严谨、求实、拓新的文化特色。

特色发展也是实验中学内涵发展的应有之义，实验中学的内涵发展既强调基本内涵的发展，也强调独特内涵的发展，更强调基本内涵的特色发展。

2. 创新发展

实验中学的创新发展首先强调营造一种鼓励创新的氛围，使各个部门、个人勇于创新、积极创新，不但能够从创新中获得更高的工作业绩和质量，而且还能够获得个人认可，达到成功的满足感。其次，实验中学有计划、有组织地开展各个层面的创新，学校层面的创新由领导层发动，关注学校整体的创新、机制的创新和核心要素的创新；部门层面的创新由部门领导发动，关注局部重要方面的内容创新、机制体制创新及部门工作方法的创新等；个人层面的创新由个人发动，包括开拓新的工作内容，采用新的工作方法等。第三，实验中学鼓励协同创新，即多个部门、多个学科、多个领域的人员就交叉领域、交叉工作、交叉学科进行协同创新。第四，实验中学的创新更关注学校核心要素的创新，这些要素包括课程、课堂教学、教学组织形式、学生指导和服务、学校管理机制、教师人力资源管理与薪酬机制、场地和专业设施等。

3. 卓越发展

卓越发展就是高水平的发展，有先进的教育思想和教育教学方法开展教育工作，创造一流的教育质量和一流的办学水平，培养出一流的学生。不仅要成为中国的名校，还要成为世界上知名的学校。我们所以要做这样的发展定位，是由历史的积累和现实需要决定的。

从现实的角度来看，由于学校的知名度和高质量的教育教学，每年都吸引着大批优秀初中毕业生争相进入实验中学，进入实验中学的学生可以说是百里挑一的，他们学业基础扎实，综合素质超群，具备成为拔尖人才的条件，学校必须把他们培养成为优秀的，甚至卓越的高中毕业生。为此学校必须成为教育思想和教育教学方法先进，设施设备条件和教育教学质量一流的卓越学校。同时，作为北师大的现代教育实践基地、教育部的对外开放窗口学校、北京市的示范高中校，实验中学也承载着展现中国基础教育优质学校风采，引领中国基础教育发展的责任。

第三节　扎实推进发展规划

2001年，学校为了适应新时期教育发展形势的需要，制订了《实验中学2001—2003工作行动计划》，决定实施以下六项工程：①德育整体化工程；②教学改革工程；③教育科研工程；④名师工程；⑤教育信息技术现代化工程；⑥管理现代化工程。

德育整体化工程，要求确定“德育整体化纲要实验”“中学生健康人格塑造”“学生自主参与的学校德育工作模式探索”等德育课题，制定养成教育、道德教育、理想教育等不同层次的教育内容，结合《实验中学学生常规》制定和贯彻班风校风建设，把养成教育作为一项首先要解决的重点问题加以研究，争取抓出效果。

教学改革工程，要求深化课程改革，逐步构建具有我校特色的校本课程体系，努力探索符合素质教育要求的学生学业评价方法。从2001年开始，在初中试行新的学业评价方案，同时启动高中学生学业评价的研究，经试点后逐步推广。

教育科研工程，要求树立“科研兴校”的理念，以教育科研为先导，增强干部教师队伍的科研意识。

名师工程，要求建立鼓励教师成长、加快教师队伍素质提高和优秀教师脱颖而出的机制，大力实施名师工程，逐步推出一批在北京市乃至全国较有影响力的名师。

教育信息技术现代化工程，要求将校园网升级至千兆网，并与教育骨干网联通，增加网络带宽，新建电子阅览室，新建3个多媒体网络学习教室，为物理、化学、生物专业教室配备多媒体教学设备，为60%的教师配备便携式电脑。建成智能化校园管理系统，不断丰富教学资源库和实用的软件开发平台；整合信息资源，完善网络管理，实现网络管理的安全、规范。

管理现代化工程，要求逐步实现管理手段现代化，并完成机构改革，形成三处（教学处、学生处、后勤处）两室（校长办公室、教科室）两中心（教育发展中心、教育信息中心）的格局。

2004年，学校制订了新的三年（2004—2006）行动计划。在研究现状背景、明确指导思想的基础上，提出新三年行动计划的目标和任务，实施四项工程：①质量优校工程；②人才强校工程；③管理民主化和科学化工程；④学校经营工程。

质量优校工程，要求加强班主任队伍建设，研究制定《班主任工作指导意见》，完善《实验中学学生文明行为规范》，建设一支以兼职为主、专兼职结合的具有一定专业水准的学生心理辅导队伍，制定和完善《教育科研管理条例》《教育科研成果奖励条例》《教育科研课题管理办法》。

人才强校工程，要求研究制定《北京师范大学附属实验中学教师专业发展条例》《实验中学学科带头人工作条例》《实验中学促进青年教师成长工作条例》，争取三年内推出10名左右在北京市有影响力的名师，其中3—5名成为全国知名教师，进一步完善岗位聘任制，实行教师职务评聘分开制度，研究制定《实验中学教师招聘条例》，研究和调整《实验中学结构工资方案》，研究制定《实验中学职员岗位津贴办法》，每两年调整一次校内工资（结构工资和校内津贴），确保我校教职工工资水平年均增长不低于10%，使我校教职工结构工资水平居于北京市示范校前列，并采取积极措施改善教职工的生活和工作条件，使教职工综合生活质量明显提高，研究制定《实验中学奖励条例》。

管理民主化和科学化工程，要求研究制定《北京师范大学附属实验中学教职工代表大会条例》，修改和完善《北京师范大学附属实验中学管理手册》。

学校经营工程，要求探索新的经营机制，逐步把具有经营性质的部分（如培训部、远程教育、房屋出租等）做强；核查学校资产，对学校资产进行分类管理，对于可能且有条件的方面向社会开放，提高资产的利用率，增加收入；利用学校的品牌优势和管理优势，增加收益。

2010 年，学校制定了新的五年（2010—2014）发展规划。通过分析学校的优劣势和面临的外部挑战与机遇，确立了明确的指导思想：①坚持面向现代化、面向世界、面向未来；②坚持“以人为本，服务社会，追求发展，追求卓越”的办学理念；③坚持以教育创新促进学校发展。

规划确立了学校发展愿景：成为国内一流、国际上有较大影响、特色鲜明的中华名校，我国基础教育领域的排头兵。办成教育思想鲜明、教育手段先进、教育设施完备、教育环境优美、科学严谨的现代化学校；办成集国内外教育大成之长，汇聚优秀教育教学管理人才之智，培养全面发展、学有特长的优秀中学生的示范校；办成实验人成长的沃土和精神家园，基础教育改革实验基地，中国优质基础教育的典范。

规划制定了学生培养目标：全面发展、学有特长的英才。努力培养学生的科学素养和人文素养，增强学生的艺术修养和身心健康，使每个学生都能做到：会做人、会求知、会办事、会生活；尊重学生的个性，激发学生兴趣，挖掘潜能，培养特长。使学生成为具有优秀中华传统文化底蕴和开阔的国际视野、学业成绩和综合素质超群、特长突出、胸怀远大、具有强烈社会责任感的优秀中学生，为学生将来成为各个领域的拔尖创新人才打下坚实的基础。

规划还制定队伍建设目标：打造一支爱岗敬业、专业基本功扎实、积极进取、勇于创新的教职工队伍；一支有思想、有激情、善合作、精通业务、执行力强、率先垂范的干部团队；一支富有职业理想和职业精神、精通业务、结构合理、团结务实、有强烈成就学生愿望的专业化教师团队；一支有较高专业素养、服务意识强、踏实肯干的后勤和职员队伍。目前，学校特级教师、市级学科带头人和骨干教师、“紫金杯”班主任不断涌现，而且在主要服务领域，都有高水平的专业技术人员，职员队伍的学历和专业化水平达到北京市前列。

近年来，学校的规划扎实开展，步步推进，指引着学校发展迈上新的台阶。最近一次《北师大实验中学 2015—2019 年发展纲要》提出，继续坚持“培养全面发展学有特长的英才”的育人目标，继续坚持高标准的队伍建设目标，努力实现卓然超群的办学目标等方面的内容，为未来学校发展指明了方向。

第四节　创新机制　优化管理

一、完善多元制度建设　创新学校管理文化

自 2009 年 7 月新一届学校领导班子上任开始，在国家和市、区正常工资增长的基础上，遵循“多劳多得”的薪酬制度设计原则，学校先后于 2010 年 10 月、2011 年 10 月、2012 年 9 月和 2015 年 9 月四次调整“岗位津贴”，教职工年薪人均由 8 万元左右增长至超过 12 万元，使我校工资水平始终居于北京市同类学校前列。

2012 年 1 月，为深化事业单位人事制度改革，建立和完善事业单位岗位管理制度，实现事业单位人事管理的科学化、规范化和制度化，根据上

级文件的精神，结合学校实际制定了《北师大实验中学岗位工资分级评定工作实施意见》。该方案建立了管理岗位、专业技术岗位、工勤技能岗位共三类八个等级的岗位工资分级制度，同时成立北师大实验中学“岗位评定评委会”，并按照“拟晋级人员需要下一级专业技术岗位上任职满四年及以上，符合条件者依据职称年限优先”等原则，至2016年4月止先后五次完成岗位工资调整的评审工作。

2013年5月，根据上级单位有关文件精神，为减少现金支付结算，提高支付透明度，进一步规范结算行为，结合学校实际制定了《北京师范大学附属实验中学公务卡管理办法（试行）》，有效提升了学校财务管理水平。

11月，为应对空气重污染，保护师生身体健康，学校成立了空气重污染应急领导小组和办公室，依据《北京市空气重污染应急预案（试行）》《北京市教育委员会空气重污染应急预案（试行）》和《西城区教育委员会空气重污染应急预案（试行）》有关规定，制定《北师大附属实验中学及分校空气重污染应急预案（试行）》。该预案依据空气质量预报，同时综合考虑空气污染程度和持续时间，将空气重污染分为4个预警级别，由轻到重顺序依次为预警四级（蓝色）、预警三级（黄色）、预警二级（橙色）、预警一级（红色）。同时制定的应急措施分别为：蓝色预警期间体育课停止长跑（女生800米，男生1000米）等剧烈运动，调整教学内容；黄色预警期间停止户外体育运动；橙色预警期间停止所有体育活动（含室内外）和其他户外活动；红色预警期间全校停课不停学。在雾霾肆虐期间，此应急方案及时执行，有效保障了极端天气情况下的师生身体健康。

2016年1月，为进一步规范我校公务接待工作及工作餐，切实贯彻中央八项规定精神，厉行勤俭节约、反对铺张浪费，根据国家及上级单位文件精神，结合学校实际制定《北京师范大学附属实验中学公务接待及工作餐管理办法》（简称《办法》）。该《办法》明确公务接待范围及内容为上级部门、相关学校或有关单位领导来校视察、访问、调研、交流或商洽等；公务接待原则为坚持有利公务、务实节俭、严格标准、简化礼仪、高效透明、尊重少数民族风俗习惯。严格控制公务接待范围，不得用公款报销或者支付应由个人负担的费用，严禁将非公务活动纳入接待范围。《办法》同时明确了审批流程、公务接待标准、报销流程等环节，为学校规范、科学管理公务接待奠定了制度基础。

二、建立干部应聘制度和学部制

2010 年 7 月 1 日，学校公布了《北京师范大学附属实验中学中层干部选拔任用办法》《管理岗位人选推荐表》《北京师范大学附属实验中学教育集团学生处岗位职责及任职资格要求》等。

附:《北京师范大学附属实验中学中层干部选拔任用办法》(节选)

第二条　中层干部选拔任用工作的原则

一、党管干部原则；

二、任人唯贤、德才兼备原则；

三、群众公认、注重实绩原则；

四、公开、平等、择优原则；

五、民主集中制原则。

第三条　中层干部的任职资格要求

一、热爱教育、热爱实验中学，愿意为教职工和学生服务；

二、有较好的政治和业务素质，为人正派；

三、工作积极主动，责任意识和团队协作意识强，能够把主要精力投入所任职岗位工作；

四、具有较强的政策理解能力、行政管理能力、人际沟通能力、研究能力和公文写作能力，能熟练使用办公软件；

五、身心健康，精力充沛，能坚持正常工作；

六、符合岗位需要的其他条件。

第四条　中层干部选拔任用程序

一、校长办公会研究决定拟聘岗位设置，明确岗位职责，提出任职条件。

二、公布拟聘岗位设置、岗位职责和任职条件，接受自荐和推荐。

三、党委组织考察。

1. 考察程序

（1）组织考察组，制定考察方案。

（2）采取个别谈话、发放民主测评表、查阅资料等方式，深入了解情况。

（3）形成书面考察意见。考察意见必须写实、全面、准确、清楚地反映考察对象德、能、勤、绩、廉方面的主要表现和特点，缺点和不足，民主测评情况，任用建议等内容。

2. 听取意见范围：主管领导、相关行政部门负责人、教研组组长、年级组组长、党支部书记、岗位所在部门相关人员、教职工代表。

四、党委委员会议研究决定拟任职人员。

听取考察组考察情况汇报，并就考察情况进行充分讨论，形成拟任人员决议。

2014 年 9 月 30 日，学校在初一和高一开始试行学部制管理，并开始研究《学部制度》和《学部主任岗位职责》（试行稿）。

2015 年 8 月 30 日，学校开始试行《实验中学学部机构设置与管理的意见》。

附：《实验中学学部机构设置与管理的意见》（试行稿）

为促进学生自主健康全面发展，提高管理效率，学校在原年级组基础上设置学部。学部是学校一线机构，是学校进行教育教学管理工作的基层单位，也是面向学生、教师、家长的综合管理机构。学部与各职能处室一起共同形成学校管理的矩阵结构，各职能处室对学部工作具有指导、服务和评价职责，学部负责教育教学工作的具体实施。

一、学部职责

1. 全面负责本学部工作。围绕学校工作计划和目标，结合本年级具体情况，制订学部工作计划，带领全体教师进行有效的工作，同时做好学期学年工作总结。

2. 学部负责学生常规教育与管理工作。学部负责学生的行为习惯和学习习惯的养成教育，同时激励及督促学生在现有的基础上努力拼搏，不断进步；学部负责对学生的不良习惯和违纪行为进行批评教育和必要合规的惩戒，并有向教导会申请给予学生处分的权利；学部负责协助落实学校重大活动的安排组织工作；学部负责自主设计和组织符合学生成长需求的各种活动，在每个学期开学前上报教导会批准后实施。

3. 学部负责常规教学工作。负责学部课堂教学秩序和学生课堂纪律的巡查、管理工作；了解本学部所有教师的授课情况，并对教师的授课提出建设性意见；配合学科教研组等部门进行国家课程、校本课程的实施，负责选课走班的组织管理工作；负责学部学生课后活动的组织和调控。

4. 学部负责班主任队伍与导师队伍的建设工作。充分发挥班主任的育人核心作用，对班主任进行工作培训，提升班主任队伍工作水平，督促班主任制订实施班级工作计划，检查计划执行情况；在学生指导中心指导下，探索导师队伍的建设以及导师工作机制。

5. 学部负责组织召开学部教师会、学生会和家长会，负责教师、学生和家长的沟通工作。定期召开教师会，研究学部教育教学工作及进行学情分析，统一思想，提高工作效率；定期组织学生会，对学生进行及时教育；定期召开家长会，做好家校沟通；适时进行教师、学生、家长的相互沟通，负责师生矛盾的紧急处理，发挥家校教育合力。

6. 学部参与教师的岗位评聘工作。学部参与选聘本学部教师岗位工作，对本学部教师岗位安排具有建议权，对教师岗位调整具有建议权；学部参与教师的年度考核工作，对考核结果具有建议权；学部参与教师专业技术职称评定和骨干类教师评选工作，对教师专业技术任职资格及骨干教师评选具有建议权。

二、学部工作机制

1. 学部工作由学部主任负责。学部主任负责学部的全面工作，同时参加学校行政会和教导会，参与学校管理工作。

2. 学部设置助理及相关岗位，负责协助学部主任工作或负责单项工作。学部助理协助学部主任工作，并负责某项单独工作，如学生教育与管理、课程与教学管理等；学部根据实际工作需要可以设置其他单项岗位，学部助理及相关岗位人员的聘任由学校负责。

3. 学部成立领导工作小组，学部主任领导工作小组开展学部管理工作。领导工作小组由学部主任、学部助理、教师代表组成，负责学部重大工作的协商和决策。

4. 每个学部有一位校级领导参加学部领导工作小组，负责学部工作的指导以及与各职能处室的协调工作。

第五节　卓有成效的党团建设

作为拥有百年历史的教育教学名校，实验中学一直致力于追求不断发展，追求卓越品质。2000 年以来，无论是党总支还是后来成立的党委，始终坚持贯彻执行党的教育方针、政策，坚持民主集中制，锐意进取，开拓创新，在党团建设、思想政治工作及文化建设上进行了积极的探索和实践。

一、完善组织机制，创新方式方法，发挥引领作用

为引领广大党员在学校的各项工作中发挥先锋模范作用，党委首先积极加强自身建设。

党委完善组织机制，加强制度建设。2000年以来，党总支高度重视干部、教师队伍建设，制定了学习规划。利用每两周一次的行政会，组织干部学习理论文章和典型案例；每学期进行1—2次班子生活会，互相交流工作中的困惑和收获，理顺工作思路；每周组织教职工进行一次政治学习，通过邀请各领域专家做报告、教师代表交流教育教学经验等，提升学习效果；在学校心理咨询室单辟一条教师心理热线，请专业医师进行教师心理辅导。

2010年1月，学校在党总支换届选举基础上成立了党委。党政领导进行了交叉任职，使学校党的工作与行政工作实现了紧密结合。党委成立以来，积极进行制度建设，努力完善各项工作机制。建立党组织例会制度，学校党委委员会每月开一次例会，遇有重大事项随时召开会议；制定实验中学党员发展工作流程，将党员发展工作进一步规范；制定并形成了年底的调研、总结和反馈制度；建立了支部书记联席会议制度；制定并执行了实验中学中层干部选拔任用办法；制定“三重一大”制度等。

为了强化党员发挥先锋模范作用，学校党委在征求意见的基础上制定了《实验中学党员模范作用要求（六条）》和《实验中学党员干部模范作用要求（八条）》，明确要求党员要在各项工作中发挥模范带头作用。

党委通过创新方式方法、提高效率来加强党建工作。2011年6月，学校建立了党建网站，开辟了党建交流平台；在学校图书馆设立党建书籍专

栏，供广大党员群众借阅。

二、加强学习和培训，增强干部和党员的专业知识和业务能力

为了增强领导班子的理论水平和专业化水平，学校党委坚持每年为班子成员订阅部分专业杂志、书籍。

2010年，党委组织干部到国家地震应急救援中心学习和体验应急管理，强化应急管理意识，学习应急管理的知识和简单技能。

10—11月，组织中层干部、部分年级组组长、教研组组长和教师考察学习江苏省洋思中学和河南永威学校，学习“先学后教、当堂训练”的教学模式及管理经验。

2011年3月，组织干部参加“高情商与领导力”培训等，通过多方面学习培训，增强干部的管理水平。

党委重视支部书记队伍建设。

2011年5月15日，党委邀请原161中学党总支书记梁嘉正为我校支部书记做题为《中学党的基层组织书记工作》的报告，并带领支部书记参观北京军区装甲六师，进行国防技能训练。

2012年5月18日，党委组织支部书记及委员赴湖广会馆参观学习，布置发展党员相关文件。

2015年11月29日，党委组织党委委员、支部书记及支部委员等赴国家博物馆参观学习，重温民族复兴发展历程。

三、开展富有成效的党员教育活动

2000年以来，党总支利用党的生日进行主题突出的教育活动，组织了韩村河生态参观、瞻仰河北乐亭李大钊纪念馆、奥运通信一日游以及参观恭王府等活动，提高了党员意识，融洽了党员关系，增强了党总支的凝

聚力。

2010年，党委成立以后，积极策划安排，开展了富有成效的主题党日活动。

7月1日，组织全体党员赴天津参观平津战役纪念馆。

2011年7月1—2日，党委组织全体党员及部分积极分子赴河北狼牙山开展“踏英雄足迹，做时代先锋”红色之旅活动，表彰了25名优秀党员，各支部为党的生日献上了精心准备的节目。

2012年5月，党委在各支部中征集“党员教育故事”。13个党支部共上交教育故事68篇，涉及教育教学及管理的方方面面，集中展示了党员教师的教育智慧、爱心和职业素养。经过党委审核，共评选出一等奖2名，二等奖19名，三等奖47名。所有教育故事结集为《实验中学党员教育故事汇编》。

6月29日—7月1日，党委组织“亲近文化遗产，传承中华文明”河南“文化之旅”活动，党员们参观了洛阳龙门石窟、白马寺和清明上河园。

2013年7月1日，全体党员在四会堂举行“庆祝建党92周年党员大会”。会上表彰了18名优秀党员，程凤春书记做了有关“中国梦”的报告。

2014年6月29日，全体党员赴奥林匹克森林公园举行了主题为“凝聚党员团队，弘扬高尚师德”的建党93周年庆祝活动。党员们通过党史问答和“飞夺泸定桥”等团队拓展活动共庆党的生日。

2015年6月30日，党委举行了主题为“忆党史　学党章　颂誓词　强党性”的建党94周年庆祝大会。党委书记程凤春做了题为《践行“三严三实”，促进教育发展》的主题报告，全体党员回顾了党史发展历程，重温了入党誓词，加强了党章学习。

2016年6月28日，党委组织全体党员参观国家博物馆，感受文化，重温入党誓词。党委还在全体师生中进行家风征文，共收到教职工、家长、学生的征文 82 篇，结集为《传承——北师大实验中学师生家长谈家风征文集》。

此外，党委积极响应党中央“我的梦 · 中国梦”宣讲活动的要求，精心设计了系列宣传教育活动。2013 年 4—5 月，邀请央视著名主持人白岩松，2008 年北京奥运会开闭幕式运营中心主任、西城区委书记王宁等进行“中国梦”系列主题讲座，对广大师生进行爱国主义教育。

四、重视民主建设，充分发挥群众组织的作用

学校党委积极支持工会开展工作，组织丰富多彩的文体活动，增强党群关系；充分发挥青教研、民主党派、共青团等组织的作用，加强管理和保障，在全校形成团结向上的校园氛围。

党委积极支持工会开展丰富多彩的文体活动，增强党群关系。包括工间操、卡拉 ok 大赛、教工读书沙龙、教工书法作品展、教工合唱节、教工乒乓球比赛、教工排球比赛及“五 · 一”“十 · 一”教工家属亲情游等。这些活动丰富了教工业余文化生活，增强了凝聚力。党委还和工会一起开展节假日走访慰问困难、生病教工，帮助教工解决看病、住房、子女入学及升学等实际问题，使教工感受党的关怀、学校的温暖。

党委积极领导和支持团委和青年党校开展工作。

2007 年 4 月，青年党校师生 38 人来到河北省平山县西柏坡参观学习。

2008 年 5 月 4 日，团委组织非毕业年级在学校操场举行了“青春创想”主题活动。党总支书记、校长袁爱俊，党总支副书记李连荣、程凤春进行了“青春寄语”，各班在规定的场地内进行主题为“奥运、青春、责任”的艺术创作。

2010 年 1 月 20 日，我校党支部 62 名学员在学校观看了李大钊同志的纪录片，随后参观了位于西城区文华胡同 24 号的李大钊故居。

2012年4月20日，校团委组织29名青年党校学员踏上西柏坡红色之旅。

2014年5月4日、5日两天中午，校团委组织了“五四青春创想”“我的青春我书写”“星级团支部颁奖典礼暨青春主题电影展映”等五四青年节主题活动。

2015年7月6日，在中国人民抗日战争暨世界人民反法西斯战争胜利70周年、卢沟桥事变78周年纪念之际，我校65名少先队员、共青团员来到李大钊故居，开展了“铭记历史、缅怀先烈、珍爱和平、开创未来”主题团队日活动。

党总支和党委积极支持青年教师开展工作，通过定期组织集体学习、外出拓展锻炼、请老教师讲实验中学的传统等活动，凝聚年轻力量。

学校有民盟和民进两个支部，总支关心民主党派成员，校财政给予党派活动充足的经费保障。民主党派与总支关系融洽，有较好的参政议政意识。

多年来，学校党建工作取得了可喜的成绩，多次荣获西城区先进基层党组织、西城区教育系统思想政治工作优秀单位及教工委宣传思想工作十好评比等表彰。袁爱俊校长、程凤春书记、蔡晓东校长等多次荣获西城区及区教育系统党内表彰。

第二章　课程建设与教学改革

第一节　课程建设的探索

2000 年 4 月，为了迎接新时代社会发展对教育提出的挑战，为了适应国家高中课程改革，学校决定先行一步，提出在全国理科班开设科学研究（物理、化学、生物、地理）课程和综合文科（历史、地理、政治、语文）课程①的设想，一线教师根据学校的设想自愿组成跨学科的课题组，承接实验任务。

与此同时，在总结多年办理科班经验的基础上，学校重新修订了全国理科班课程计划，新课程计划的三个突破点是:“科学研究课”“综合文科”“信息技术课程”。

科学研究课着重培养学生的科研能力，使学生受到科学研究全过程的训练，培养学生的创新精神和实践能力；综合文科以专题研究为主要模式，着重加强学生的人文修养，使其形成正确的世界观，掌握科学的方法论，培养学生处理信息的能力和分析解决问题的能力；信息技术课程，先期以培训学生计算机及网络的基本语言、概念和常用软件的使用为主，而后重点在于这些知识技能在学科教学中，特别是在研究性学习、综合文科等和社团活动中的应用。对计算机特别感兴趣和具有特殊才能的学生，可以学习程序设计、制作软件和参加有关竞赛。

① 科学研究课程课题组长：李晓辉，组员：张建国、杨文芝、王韬、孙兆前、刚永运。综合文科课程课题组长：鄂文艳，组员：单大昭、陈国才、林谦、王宏伟、李军、李荔萍、宋燕昭。

9月，学校选定了物理、化学、生物、地理4个学科的7名教师组成科学研究课题组，选定了政治、历史、地理、语文4个学科的8名教师成立综合文科课题组，经过不到半年时间的准备，在全国理科实验班正式开出了这两门新的课程。

2002年，在全国理科实验班近3年的研究与实践的基础上，经过近半年时间的平稳起步之后，学校形成了较为成熟的研究性学习课程运行管理机制，并在以网络为核心的信息技术平台上创立了独具特色的研究性学习的推进模式。

学校提出的“分站式”的实施模式，即在研究性学习课程实施的不同阶段，分别依托不同的信息技术平台（软件）进行课程的实施与管理。如果条件成熟，我们会考虑各取所长，在整合的基础上，开发出一套适应学校研究性学习课程全程实施与管理模式的、新的信息技术平台。

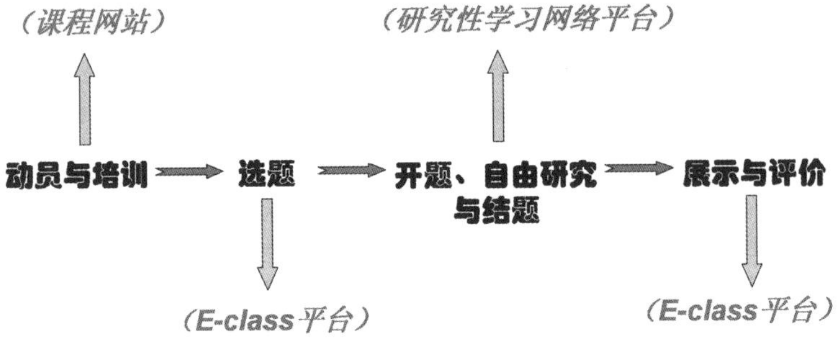

“分站式信息化”的研究性学习课程实施流程示意图

2002年9月—2005年8月，“初中‘历史与社会’教学中培养学生综合能力的研究与实验”课题在初中数学实验班开始三年“历史与社会”课程教学改革试验，三年的史地政课程统一规划，改上“历史与社会”课程，课题负责人鄂文艳，课题组成员有康星、王洪海、王宏伟、赵玉涛、宋燕昭、孙明杰、陈晨、李军、吴国英、冯琳、苏海燕、黄荣、林谦等。三年的研究成果是：多节研究课及教材补充材料和教学素材库被人民教育出版社发表、引用、出光盘，多篇教案、论文、研究报告发表、获奖，多名教师成为人民教育出版社“历史与社会”课程培训专家。

2007年5—8月，筹备新课程改革工作。5月，学校部分行政干部、全体教研组组长等30人赴海南、深圳，学习高中新课改经验；6月，学校主要领导召开研讨会，讨论新课改中学校高中课程建设的指导思想、培养目标、课程设置；8月，学校组织研制《北京师范大学附属实验中学自主设置高中新课程实验方案》及配套文件，并向市教委申报“自主安排普通高中新课程”实验校。（2008年3月10日，学校收到北京市基础教育课程改革实验工作领导小组《关于同意部分学校进行“自主安排普通高中新课程”实验申请的函》，正式成为北京市首批“自主安排普通高中新课程”实验校。）

8月18日，召开全体教师新课程改革动员大会，正式启动高中新课程改革实验工作。

9月4日，召开高中校本课程建设专题研讨会。本次研讨会明确了高一校本选修课开设的意义、开课原则、规划和校本选修课程的课程纲要和学案的编写要求。

9月，启动学校课程信息技术管理平台。学校启用“研究性学习和选修课程”信息技术管理系统，并对高一年级全体教师进行了技术培训。

11月7日，召开课程纲要及学案编写工作会。会议重点讨论了《新课程学分认定及模块考核实施指导意见》，并部署了高一年级国家课程的各模块课程纲要和学案的编写工作。

12月21日，承办“走进北师大实验中学——2007年西城区高中新课程改革现场会”。市基教处李奕处长、市基教研中心王云峰主任、市教科研基教所张爱兰主任、首师大王海燕教师、市基教处王凯老师、西城区教委田京生主任、西城区教委李燕玲副主任以及西城区各中学校长、主管教学校长、教学主任参加了现场会。李燕玲副主任主持了现场会，并高度评价了学校的新课改工作，指出学校在日常工作和新课改的有机结合中做出了表率。李奕处长从全市新课改的角度对西城区的工作给予了肯定并提出希望。

2008 年 5 月，教学校长蔡晓东主编的《信息技术背景下的研究性学习》一书获北京市第五届教育科研优秀成果二等奖。语文教研组组长尚建军负责的“新课标下高中语文选修课开发的研究与实践”课题研究报告获得北京市第五届教育科学研究优秀成果一等奖。

9 月，学校获北京市首届校本课程先进校评优活动一等奖第一名。

9 月 1 日，学校编印《研究性学习手册》和《学生选课指导手册》。

10 月，深入推进课程纲要和学案编制工作。9—16 日，学校分别召开高一、高二备课组长会，就课程纲要及学案编制和使用工作进行了专题调研。30 日，学校召开高一、高二年级全体教师会，对后阶段深入进行课程纲要和学案的编制和使用工作进行部署。

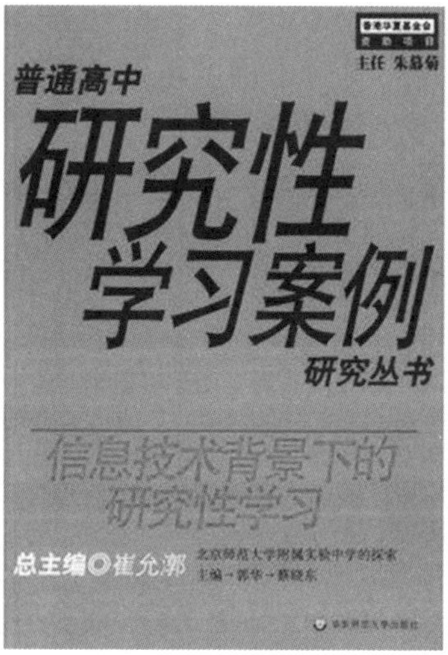

《信息技术背景下的研究性学习》

同年，学校开设了“文科兴趣班”，以此为实践基地，不断丰富、完善“文科兴趣班”的课程，凸显文科特色，适度拓宽必修课的文科内容，逐步形成了“人文讲座 + 主题研究 + 文化考察”的专修课程体系，并形成人文社会科学人才培养模式。

2009 年 5 月，“体艺中心”以学校体育、艺术学生社团为基地，进一步挖掘校内外资源，构建了体艺特色人才培养模式。

金帆舞蹈团专场演出

2010 年 3 月 16 日，论证“理科拔尖创新型人才培养特色班”实验方案并通过评审，学校理科拔尖创新型人才培养特色班正式成立，并针对理科拔尖创新人才的培养开设了“科技创新 + 学科竞赛”系列课程，构建了理科拔尖创新人才培养模式。5 月 7—8 日学校首届“理拔班”进行加试筛选。

2012 级高一（7）班学生做创新实验

2012级高一（9）班在沈嵘老师（前）、
班主任何文春老师（后）指导下做物理实验

5月，学校编印了《研究性学习教师用书》，与《研究性学习手册》共同构成了学校研究性学习课程。

10月20日，李晓辉副校长在学校逸夫楼为来自全国各地约150位校长做了题为《创新校本教研的内容与形式，保证自主设置课程的有效实施》的报告，对学校新课改过程中所采用的持续改进理念及课改实践工作进行了说明，展示了学校课改过程中的成果，为即将或已经进行课改的学校领导提供了一定的思路。

11月12日，李晓辉副校长在课程中心做了题为《关于特色人才培养特色班》的汇报，重点从招生工作、实验方案、学情跟踪、今后发展四个角度交流学校理科拔尖创新人才培养的实践研究情况。

11月22日，程凤春书记在西城区新课改工作总结会上，做了题为《全程精细化教学管理的实践和思考》的报告，阐释了学校全程精细化教学管理的内涵，说明了学校全程精细化教学管理模式的基本指向，梳理了学校全程精细化教学管理的实践工作，与在座数百位领导、专家、教师分享了学校在新课程背景下所进行的持续改进教学管理模式创建的初步探索成果。

2010 年，中外合作办学项目申报成功，学校在此项目的基础上，成立了“国际部”，开设国际型人才培养特色班，挖掘校内校外课程资源，构建了“四类主体课程 + 四类活动课程”的课程体系，构建了国际型人才培养模式。

国际部科学校本教材

国际部数学校本教材

国际部英语校本教材

国际部文科校本教材

随着课程资源的不断开发，校本课程也越来越丰富，学生个性化、多样化发展的需求日益强烈，对学生进行自主意识和能力的培养也日益重要。2010 年，学校开始以“心理健康”必修课为基础构建“生涯规划”必修系列课程，帮助学生提升自主意识和能力，直接指向学生的个人发展。

至此，学校面向特色人才培养，以促进自主发展为目标的新课程体系形成了三级架构。

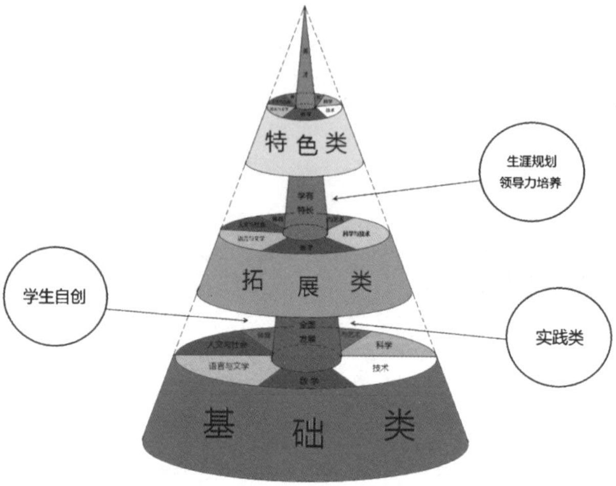

北师大实验中学课程体系示意图

2011年6月23日，学校通过“北京市基础教育课程先进单位”申请答辩，荣获“北京市基础教育课程先进单位”称号。

8月，2010—2011学年度北京市基础教育课程建设先进单位和优秀成果评选结果揭晓，学校被评为课程建设先进单位；9项课程建设优秀成果参加评选，其中，3项获一等奖、2项获二等奖、2项获三等奖。

2012年3月，学校积极参与北京市“遨游计划”项目，先后进行“基于学科教学知识体系的读本的建设”“构建多元化课程，促进学生自主发展”“多样化课程实施，助力多元化人才发展”等项目研究，持续至今，对学校进行教育教学创新改革、总结经验、固化成果有积极的推动作用。

10月，在北京市教委组织的第二轮课程改革总结大会上，李晓辉副校长做了题为《深入探究，持续改进，全面保障新课程高效实施》的总结报告，从课程设置、课程实施、队伍建设三个方面对学校第二轮课程改革进行了全面深入的总结。

11月，学校申报“基础教育创新人才培养”项目，包括理科拔尖创新人才、国际型人才、体育艺术人才三个特色人才培养项目，为特色人才培养模式的形成奠定了基础。

2013年2月，学校《新课改下自主设置课程的实践研究》成果在北京市第六届教育科学研究优秀成果评选中获基础教育专项奖。9月，获第四届北京市基础教育教学成果奖二等奖。

6月，尚建军主任在新课程自主排课复审会上做了汇报发言。学校新课改以来所进行的自主课程建设，获得专家们的一致肯定和高度评价。

7月，以“中华传统文化”为主题的人文游学（台湾）项目启动，项目采取校内外专家讲座与实地浸润研学相结合的方式开展，为学校后续综合社会实践活动的开展奠定了基础。

9月，研究性学习平台正式上线，实现了研究性学习课程实施的信息化管理，包括实时反馈、资源共享、动态评价等。

10月，成立自主课程实验成果著作编写委员会，启动《做真教育》著作编写工作。校长亲自挂帅，各个部门紧密配合，将自主课程实验成果编写工作与全面总结学校新课改以来各项工作成果的梳理有机结合，为学校新的五年规划寻找新的增长点，提供新的思路。

11月，举办西城区“构建多元化课程，促进学生自主发展”科研月活动。蔡晓东校长在大会上做了题为《构建多元化课程，促进学生自主发展》的主题报告，陈晨老师做了题为《高中生涯教育校本课程的开发与实施》的发言，张建国老师做了题为《学科教学知识体系的构建》的发言，学生代表做了题为《实验校园日记》的发言，从各个层面展现了学校新课程改革中多元化课程对学生自主发展的有力促进。

2014年12月，成功申报“新形势下人文社科人才培养模式探索”北京市高中特色实验项目，聚焦于探索新型人文社科人才理念、相应的课程体系以及课程资源，形成既具实验中学特色，同时又可供兄弟学校参考的新形势下人文社科人才培养模式。

教学处尚建军主任在科研月总结大会上发言

陈晨老师在科研月总结大会上发言

张建国老师在科研月总结大会上发言

2015 年 3 月，尚建军主任在课程中心组织的自主排课工作总结会上发言，对学校课程实施中的分层分类走班教学探索进行了汇报，获得现场领导、专家的高度评价。

3 月，《做真教育　真做教育》专著正式出版，这本著作既是对学校六年来新课改的全面总结，也是站在历史的高度，对学校办学理念的深刻诠释。

11 月，《做真教育　真做教育》成果获北京市西城区“十二五”教育教学优秀成果一等奖。

12 月，“十二五”科研规划课题“促进学生发展的研究性学习管理方式的实践研究”正式立项。

2016 年 5 月，“SDSZ 研究性学习平台”微信公众号上线，研究性学习课程的信息化管理水平得到了进一步提升。

《做真教育　真做教育》

5月16日，在市教委2015年基础教育项目验收工作会上，学校教学处孙兆前副主任做了《新形势下人文社科人才培养模式探索》项目研究报告。报告对学校人文社科人才培养项目的研究特色、经验进行了全方位的总结，并对后续推进工作做了说明。

第二节　教学组织形式的探索

2014年3月，相继在高一、高二的数学、外语、物理和高三全部国际班探索分层走班教学。这标志着学校分层走班教学探索的开始，此时的层次划分为开始阶段的初级探索。

7月，为保证综合实践类课程的顺利实施，艺术类课程专业教室投入建设，在信毅楼地下一层相继建成电钢琴教室、民乐教室、陶艺教室和摄影教室。这些专业教室的建成为综合实践类课程分类走班教学的开展与实施提供了教学保障。

8月，实验中学《学生选课手册》在新高一年级下发，内容包括学校课程简介、选课要求和方法、数理化分层教学指导意见及课程纲要、“综合实践类”课程指导意见及课程纲要、校本选修和体育专修模块目录等。《学生选课手册》是学生了解高中课程的重要指南，为学生更好地自主选择所需课程提供了有效帮助。

9月，继续探索高中基础类课程的分层走班制教学（层次定为PARB）。学校把数理化三科分别分成“PARB”四层，称之为“PARB”分层课程体系。PARB是Professional，Advanced，Regular，Basic的首字母合体，P是专业，A是高级，R是标准，B是基础。其中标准级R的教学标准和评价标准是课程标准和高考考试标准。以R级为基准，分别向上向下延伸。向下延伸出B级（基础级），教学和评价的标准是课程标准和会考标准。

附：实验中学课程层级表

时间	课程科目	课程层级	适用学生	人数上限
高一第一学期第二学段开始	数学 物理 化学	P级专业	为今后进一步在名校理工科专业进行深造奠定基础；达到本学科高中学习的拔尖水平；课程在国家课程和高考范围之外，大幅拓展自主招生、竞赛及大学先修等内容。	40（35+5）
		A级高级	为今后在理工科或其他领域学习奠定基础；达到本学科高中学习的优异水平；课程在国家课程和高考范围之外，适度拓展自主招生、竞赛及大学先修等内容。	40
		R级标准	为今后在高校各个专业进一步学习做好本学科的知识和能力储备；达到本学科高中学习的优秀水平；课程内容以国家必修课程和选修课程、学业水平考试和高考考查为范围。	40
		B级基础	为今后在高校进一步学习奠定必备的学科基础；达到本学科高中学习的基本要求；课程内容以国家必修课程和选修课程、学业水平考试和高考考查为范围。	20

9月4日，召开分类走班教师课堂管理工作会。会上，孙兆前副主任对《分类走班教师课堂管理指导意见（初稿）》进行了逐条说明和解读。李晓辉副校长对学校施行分类模块课程走班的背景进行了客观的分析，启动分类走班可以更好地促进学生“自主选择”“自主负责”“自主学习”，是实验中学教育教学改革的标志性举措，对于学校发展有着深远的历史意义。尚建军主任强调了任课教师在分类走班中的主导作用和课堂管理责任。

9月，“综合实践类”课程分类走班教学正式在高一年级实施，相关配套文件《分类走班教师课堂管理指导意见》《分类模块课程评价方案》等一同下发。

10月，因积极开展综合实践活动课题研究，成绩突出，学校被全国教师教育学会综合实践活动学科委员会评为“全国综合实践活动课题研究先进实验学校”。

11月，《北师大实验中学2014级高一学部分层走班教学实施指导意见》正式颁布。

12月，积极推动与分层走班教学相匹配的课程资源建设，如课程纲要、读本、学案（或）练习。

2015年1月，召开全校教育教学研讨会，教学校长李晓辉做了题为《分类分层走班探索》的报告。学校首次面向全体教师展示学校在分类分层教学中的实践探索与阶段成果，对于获得全体教师的认同、激发全体教师的教育教学创新有着非常重要的作用。

3月，校本选修、分类走班等课程实现“在线选课”、APP考勤全程信息化管理。这些信息平台的建成为学生的自主选课做好了保障，为教师的有效管理提供了便利条件。

9月，高中非毕业年级继续进行综合课程的分类走班和数、理、化等学科的分层走班教学探索。初二年级进行数学、英语等学科的分层走班教学探索。对综合类课程、理科课程、英语学科不同课程类型的课堂教学展开研究。

11月，举办西城区科研月活动，主题是“选课走班学习　促进学生多元化发展”。活动展示了学校近两年在分层分类走班教学方面的研究和实践探索。教学校长李晓辉从分层分类选课走班的改革基础、设计理念、执行措施等几个层面详细具体地介绍了学校的经验和反思。北师大教授綦春霞作为评课嘉宾称赞实验中学的举措已经超越了课程改革的狭义范畴，做到了真正以学生为本的课程研发。西城教育研修学院院长马景林给予高度评价，并希望实验中学能够继续发挥西城区乃至北京市的科研骨干校作用，让更多的学生受益。

第三节　教学研究（管理）的深化

一、教学研究

2007年10月17日—11月30日，教学处组织开展“与学案结合的新课程课堂教学模式”研究实践活动。研究注重学生的学习过程，注重学生在课堂中的深度参与，以关注学生为重点，正式拉开新课程改革的序幕。

2008 年 9 月 16 日，教学处召开《新课程背景下的课堂教学设计》专题研讨会，全方位展开以课堂教学设计为抓手的新课程改革教学探索。

10 月 7 日—12 月 12 日，教学处组织开展“新课程课堂教学设计与实施”评优活动，总结提升“课堂教学设计”教学探索。

2009 年 3 月 17 日，召开了第五届教育教学年会，主题是“新课程背景下课堂教学有效性的实践探索”。教学研究由“教学设计”向“教学有效性”延伸。

9 月，教学处主任李晓辉主持的“关于课堂教学持续改进的实践探索”立项为北京市“十一五”规划重点课题，教学校长蔡晓东主持的“持续改进教学管理模式创建的实践研究”立项为全国教育科学规划专项课题，标志着新课改背景下的课堂教学进入理论提升阶段。

2010 年 1 月 14 日，举办了北京市研讨会“通用技术课项目实践教学模式探讨”。岳云霞老师的《提高通用技术课堂教学有效性的研究》中提出“项目实践教学模式”，从此改变了通用技术课的课堂生态，由此，项目式学习在综合实践类课程中得到广泛运用。

8 月 28 日，第六届教育教学年会以“新课程背景下学生有效学习与健康发展”为主题，探讨学业和健康的关系，为注重学生生命体验的“高效课堂”“活力课堂”的提出奠定了基础。

2010 年 9 月—2011 年 2 月，教学处组织开展第四届“希望杯”教学设计评优活动，出台了《课堂实施评价方案》，标志着教学研究从“有效课堂”向“高效课堂”的发展。

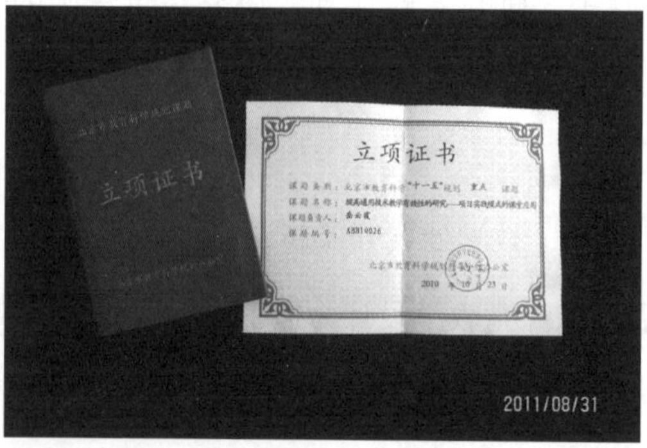

《提高通用技术课堂教学有效性的研究》立项证书

通用技术组自编教学资料

2011 年 1 月 17 日，教学处召开《教学时空》第一次编委会，标志着《教学时空》编辑部成立。11 月，《教学时空》第一期刊出，成为学校重要的学术专业平台。

3 月 14 日—5 月 27 日，教学处组织开展第四届“希望杯”课堂教学评优活动，正式提出“课堂活力”的教学理念，标志着课堂教学研究从关注学业到关注学生生命体验的新阶段。

4 月 23—24 日，教学处召开“高效复习暨学科建设研讨会”，李晓辉副校长做了题为《高效学习与学科建设——再谈减负增效》的重要讲话。“减负增效”成为教学管理研究的重要内容。

9 月，教学处启动“活力课堂”教学研究活动。提出“三个一”的具体要求，即一个教学设计，一个课堂实录，一个教学反思。“活力课堂”研究开启“全员研究，人人做课，实践探究”，进入话语体系的阶段。

2012 年 3 月，教学处启动活力课堂“学科月”展示活动。各学科教研组组长相继在全校大会上向全体教师做本组的成果汇报。“活力课堂”研究进入“聚焦学科，挖掘内涵，理论建构”的第二阶段。

10 月，教学处就各年级教辅、作业等情况做问卷调查。“严控教辅数量”“严控作业数量”等成为减负增效的重要把关内容。

2012 年 11 月，2013 年 4 月、10 月，教学处组织教研组组长、年级组组长等教师赴上海中学、华师大二附中，山东杜郎口中学、昌乐二中，江苏东庐中学、洋思中学，进行考察、调研，深化对高效课堂、活力课堂的研究。

12 月，教学处组织各学科教师相继参与北京数字学校名师同步课程（BDS）的录制，开启了为数字化、网络化教学研究积累资源、模式探索的历程。

山东杜郎口中学考察学习

江苏东庐中学考察学习

2013 年 3 月，教学部门相继出台《北师大实验中学作业、练习减负相关要求》《关于年级统练的要求》《周末及假期作业布置要求》《作业布置、批阅及练习安排的意见》等文件，规范管理，提高“减负增效”实效。

4 月，教学处组织、培训教师参加“北京市初中教师教学基本功培训与展示暨初中教师实验技能培训和展示活动”，共计 23 人次获得一等奖。

9 月，教学处组织召开首次“新入职教师拜师会”，继承创新学校“传帮带”的优良传统，完善指导教师制度。

同时，教学处组织开展“活力课堂”专家进课堂活动，“活力课堂”研究进入“理论自检”阶段。

11 月，学校荣获西城区第五届“西城杯”课堂教学大赛优秀组织奖。

李晓辉校长在拜师会上总结发言

尚建军主任主持拜师会

2014年9月—2015年1月，教学处开展以“课堂中学生活动设计”为主题的课堂研究活动，“活力课堂”进入常态化实施阶段。

11月28日，教学处承办西城区科研月活动，主题为“生命成长的40分钟——让课堂充满活力”，“活力课堂”的理念得到广泛关注。

新入职教师拜师会合影

蔡晓东校长在《生命成长的 40 分钟》科研月发言

2015 年 1 月，召开教育教学研讨会，“活力课堂”的内涵、特性与维度得以明确。“活力课堂”是指学生、教师和学科知识都焕发生命活力的课堂。“四个特性”是主体性、过程性、互动性和生成性。“三个维度”指学科知识的活力、教师的活力和学生的活力。

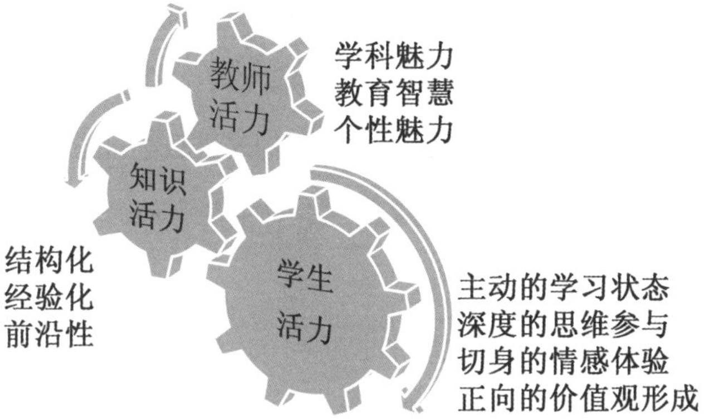

活力课堂示意图

9月，教学处出台了《北师大实验中学活力课堂评价指导》，“活力课堂”研究进入“制定学科活力课堂评价标准”阶段。

10月，教学处组织教师参加“西城杯”教学大赛，参赛教师全员获奖，取得特等奖13名、一等奖17名、二等奖10名的好成绩。

11月，《生命成长的40分钟——让课堂学习绽放生命活力》成果获北京市西城区“十二五”教育教学优秀成果二等奖，体现教学改革创新的新成果。

2015年11月—2016年11月，语文、数学、英语、物理、化学、生物、历史、地理、政治、体育、通用技术等学科陆续出台了本学科的活力课堂评价标准。

2016年9月，展开以《活力课堂学科评价标准》和《课堂活动设计》为题的专家教师研究课活动，西城区学科带头人以上和教研组组长共63人进入研究课名单。由此拉开活力课堂与核心素养、新课程标准、新中高考关系研究的新阶段。

二、教学评比

2007 年，学校先后开展“有效课堂”和“高效课堂”的研究，教师们踊跃参加，展开教学探索和实践；2012 年至今，实验中学提出并实施“活力课堂”的教学思想，探索有生命力的课堂教学，在有效、高效的基础上实现“课堂活力”。实验中学的教师们践行的先进教学理念，提升了教师的专业素养，在各级教学评比中成果斐然，每年都有数名教师在国家级、市级、区级的教学比赛中获得奖项。

11 月，英语教师何秀杰（是北京市唯一入围选手）赴南京参加第七届全国中学（初中）英语教学观摩研讨会，荣获一等奖和教学设计单项奖。

2008 年 11 月，英语教师郝静、陈林林作为北京市的初、高中的唯一代表，赴重庆、武汉参加第四届全国初、高中评优课展示研讨会，都荣获全国特等奖，为北京市赢得了荣誉，展现了我校英语教师的高水平、高素质。

2011—2012 年度，通用技术组韩英魁、赵强、郭明霞老师在全国劳动技术、通用技术教育、综合实践活动优质课评选活动中获一等奖，迟蕊老师获得二等奖；英语组郝静老师荣获第九届全国中学英语教学观摩研讨会三等奖。

2012—2013 年度，数学组欧湘亿老师获人教 B 版全国高中数学课程论文比赛一等奖；化学组瞿辉老师获全国中学化学优质课观摩评比暨教学改革研讨会一等奖；电教组薛颖老师获全国综合实践活动课程教学观摩研讨暨第六届学术年会一等奖。

2013—2014 年度，化学组马佳老师获 2014 年中学化学优质课评比特等奖；地理组张毅、薄俊丽老师获 2014 年全国中国版初中地理教材优质课评比一等奖。

2014—2015 年度，化学组马佳老师获 2014 年全国高中化学优质课观摩暨教学培训活动特等奖；通用技术组韩英魁老师获 2014 年第十一届全国普通高中通用技术实验工作研讨会教师技能竞赛一等奖；英语教师何明在第十届全国初中英语课堂教学观摩研讨活动课例评选中获二等奖。

2015—2016 年度，生物组王卫红老师获 2015 年第三届全国中小学实验教学说课活动一等奖；体育组张雪老师获 2015—2016 年度体育—美育新课程实践优秀教案、论文评选一等奖；通用技术组郭明霞老师获 2016 年第十一届全国普通高中通用技术实验工作研讨会一等奖；英语组黄乐佳老师代表北京市参加了在苏州举行的第二届骨干教师同课异构研讨会，以独特的授课方式、新颖的设计角度讲授了“Siblings”这一话题的阅读课，展现了高水平教师的风采，博得了与会者的高度赞扬。

2016 年 11 月，由中国教育学会中学数学教学专业委员会主办的“第八届高中青年数学教师优秀课展示与培训活动”在福州举行，我校刘丹老师代表北京市参赛，获得一等奖。由中国教育学会外语教学专业委员会主办的“第十届高中英语课堂教学观摩培训”在重庆江南体育馆举行，我校外语组的曹向前老师代表北京市参赛并获得一等奖。

2011—2016 年度教师各级教学评比获奖人次

奖项级别 \ 年度	2011—2012	2012—2013	2013—2014	2014—2015	2015—2016
国家级	5	4	3	2	3
市　级	19	38	34	5	12
区　级	26	20	1	4	46

丰硕的全国教学评比成果，直接体现了实验中学的教师们不断践行“两真教育”，探索优质的课堂，提升教学的质量。这些努力成果构筑了实验中学的优质教学，是学校长足发展的深厚基石，也是学生成长的有利

支持。

第四节　学习模式的探索和自主学习平台的建设

2009年9月，承担Ipv6项目，提供教学案例。

2014年3月，《雾霾天作息时间》及相关配套教学安排、应急管理纳入实验中学教学管理体系，同时微课录制、学生自主学习等相关工作也逐步展开。

同时，与信息中心合作，开启为学生自主学习推进网络平台的建设工作。主要工作有：1. 推进读本、学案、练习册数字化；2. 推进网络互动平台的建设。通过这两项工作，逐步建成“数字实验教育”的规划目标。

4月，成为北京数字学校首批基地校之一，积极推进数字学校建设：以教学方式变革为核心，以微课、虚拟课堂等形式促进各种现代信息技术与日常教育、教学活动深度融合；以在线课程开发为中心，以满足学生个性化学习需求为根本目标，以跨校选课学习等形式促进优质教育共享，实现教育公平。

8月，积极承担教育部“移动学习”教育部—中国移动联合实验室项目，成为实验基地学校。运用以平板电脑、智能设备、宽带无线网络为基础的信息技术所提供的学习资源和学习环境，实现信息技术与教育教学的真正融合。

2014年12月—2015年9月，组织部分学科录制微课，充分发挥已录制的微课的作用，组织部分学科探索翻转课堂教学研究。

2015年3月，继续推进基于网络的学生自主学习平台的建设，探索学生自主学习模式。教学处与信息中心联手就课程建设、资源建设、教学方式及管理方式等问题研制出实施方案，为下学期局部试点做好相应准备。

移动学习公开课后参与活动的领导和专家进行交流

12 月，开展微课培训，教授老师运用“微课宝”“CS”等软件录制微课，并向全校任课教师下发微课宝或手写板。由此，微课教学在全校范围展开，以应对雾霾等恶劣天气或其他无法开展正常教学的情况。

2016 年 1 月 18 日，举行“微课”教学研讨会。研讨会围绕“微课”教学的实践与思考展开，明确了“微课教学”的概念和要求，为后续顺利开展微课录制工作明确了方向，奠定了基础。

2016 年 1 月 18 日—3 月 1 日，为提高教师微课制作技能，促进学生自主学习平台建设，以备课组为单位，开展了微课展示活动暨教师微课大赛。

3 月，微课大赛总结及颁奖。微课大赛期间，共计上传微课 229 节，参与教师 172 人，教学处尚建军主任以视频形式对微课大赛进行了总结并组织颁奖。

第三章　德育为先　助力发展

实验中学的德育特色之一是活动丰富多彩、有声有色。丰富的活动为学生提供了多姿多彩的校园生活，为学生提供了成长舞台。经过多年的实践积累，各种活动注入实验校园文化，形成独特风格，为学生成长提供了滋养心灵、锻炼能力、培养情操的广阔舞台。“立德树人”“德育为先”，在一代又一代德育人不懈的努力和探索下，逐渐形成德育课程精品化、德育活动系统化、德育队伍专业化、德育管理民主化的特色。

第一节　打造德育精品课程

一、班会、校会

班会、校会是学校开展德育工作的重要途径，学校坚持将班会和校会作为必修课程列入课表，专时专用。从 2010 年 2 月开始，将校会设计为主题板块式的方式，主要板块有“教师论道”“学生视野”“主题班会”“校园导航”“时政热点”“书画艺术”等，并不断丰富。校会形式的改革，特别是“学生视野”板块的设立，为学生搭建了参与学校德育课程建设的平台，大大激发了学生们的热情，提高了德育的时效性。

班会同样结合社会时政、德育主题和班级建设的实际，形成系列的主题班会模式，如：走上实验 / 青春 / 成功……之路、班级文化建设系列班会等。深入落实德育目标，实现育人功能。

二、电影课堂、专家讲堂、精英论坛

电影课堂、专家讲堂、精英论坛是我校开展德育教育的精品课程。

2003 年 3 月 18 日，校团委组织党校学生观看了电影《惊涛骇浪》，并组织学生对电影内容进行了专题讨论。本次活动的设计参照了课堂教学设计的形式，在电影观看的组织、讨论及反思作业等环节也突出了电影课堂的特点，进一步细化、完善了利用电影进行教育的活动形式。此后，以电影课堂进行的教育活动逐渐丰富。环保题材、励志题材的《可可西里》《海洋》《舞动人生》《当幸福来敲门》等入选电影课堂。利用优秀电影作品作为教育载体，可以回顾经典，也可与时俱进。我校在利用电影课堂进行学生教育的实践中，做出了有益的探索与尝试。

从 2004 年开始，专家讲堂已成为德育教育的重要载体，先后有美国纽约州立石溪大学矿物物理研究所副所长陈久华、北京大学中文系教授钱理群、台湾著名作家刘墉、前中国奥委会副主席及秘书长魏纪中、奥运宣讲团团长徐达、荣誉校友汪大正、收藏专家马未都、“鸟巢”中方总设计师李兴刚、“全国道德模范”陈光标、央视著名节目主持人白岩松、国际象棋大师谢军等专家、学者、社会知名人士做客专家讲堂，就社会热点、领域前沿或学生关心的问题进行精彩演讲，开阔了学生们的视野，启迪着一代又一代实验学子。

2013 年 4 月 9 日，走出荧屏　走进校园——央视著名节目主持人、新闻评论员白岩松与我校师生畅谈“中学生 · 中国梦”。白岩松回忆起自己的中学时代，用生动的例子向大家阐述了重视友情、培养良好的心理素质、培养高情商、不要事事追求完美、要学会独立思考的重要意义。

三、领导力课程

2009 年，我校参与了中国教育学会牵头的课题“中国中学生领导力开

白岩松来到专家讲堂

发”，成为首批课题课程学校。课程主要在高中阶段开课，课程历经课程班、选修课、生涯课、必选课等形式，在杨文芝副校长关注指导之下，先后由吴国英、赵玉涛、王国庆、李军、李和等老师任课并带队参加了全国中学生领导力大赛展示会，取得优异成绩。2010 年 7 月“第一届全国高中生领导力与创新力大赛”中陈昱同学获得“学生组委会优秀干部奖”，其小组荣获“优胜小组奖”，之后在各届比赛中均获得一等奖或特等奖，刘明毅同学曾获优秀领袖第一名。我校将“领导力”作为德育课程，为学生个性成长搭建专业平台。

四、社会实践课程

社会实践是学生走出课堂、走进社会、了解社会、服务社会的重要途径，也是我校着力打造的德育课程之一，包括军训社会实践、春游社会实践、多学科融合社会实践等。军训社会实践活动是实验中学初高中入学教育的重要组成部分，培养学生不怕苦、不怕累的顽强作风和勇于克服困难的精神；培养学生听从指挥、遵守纪律和树立集体主义观念；培养学生互相关心、互相友爱的品质和自强、自信、自立的思想。通过对学生进行入学教育，了解学校的培养目标、校规和校纪及奖惩制度，为迈好中学生活第一步做好充分的物质和心理准备，为做一名合格的中学生奠定良好的基础，初步建设班集体，为即将开始的初高中生活做好铺垫。除了常规的军事训练以外，还有诸如国防教育讲座、内务评比、板报宣传、歌唱比赛、拔河等活动课程，在活动中不仅锻炼了个体，也增强了集体的凝聚力。

“读万卷书、行万里路”是学校师生认同的教育理念。学校坚持每年组织学生进行春游和社会实践活动。

2010 年 7 月，初二师生近 500 人赴日本进行修学旅行活动。活动分为“科技环保、世界遗产、公民教育、中日文化比较”四大主题，路线有分有合。本次修学活动将研究性学习、综合社会实践活动、领导力培养融为一体，开创了以年级为单位进行综合性修学旅行的先例。

2016 年，开始尝试多学科融合的社会实践活动，学校首次组织高二学部 400 余名师生赴国内多地进行社会实践活动，内容涵盖科技、人文、公益等诸多方面，通过教研组合作研讨、设计课程、学生自主选择、深入课程和实地考察、研究成果汇报等方式，将研究性学习和社会实践活动有机结合，多方面、多角度帮助学生了解国情、热爱祖国、开阔眼界、增长知识，着力提高学生的社会责任感、创新精神和实践能力。

第二节 开展德育系统活动

学校的德育活动丰富多彩，近些年来，在一代又一代德育人的探索下，逐渐形成活动项目负责制、班级承办制、学生组织承办制、主任牵头负责制的方式，形成以“四礼五节”[①] 为主线、德育活动与课程相结合、德育教

① “四礼”指的是开学典礼、毕业典礼、成人冠礼、十四岁青春宣誓；“五节”指的是合唱节、体育节、科技节、艺术节、文化节。

育与学科教学相结合的模式。

一、开学典礼

开学典礼是学校重要的德育活动之一，每学期初举行。

2005 年，举行了主题为“科技与人文”的盛大的开学典礼暨“实验中学青少年科技与人文研究院”成立仪式，北京市副市长范伯元，原北师大校长、中科院院士、著名数学家王梓坤，中科院院士、著名化学家黎乐民出席了开学典礼。

2006 年，开学典礼的主题是“更快、更高、更强——我们共同的追求”，典礼上举行了北师大实验中学奥运示范校颁牌仪式，林铎区长亲自为学校颁牌并讲话。

2007 年 9 月 1 日，开学典礼暨新校区落成典礼隆重举行。市长王岐山、副市长孙安民等市区和北师大领导出席。王岐山市长亲手启动了新学年的第一声上课铃声。在悦耳的铃声中，王市长感慨万千，深情地对三千多名师生讲起了自己的少年往事，回忆自己走过的路，激励同学们共同努力，为奥运、为国家建设贡献力量。

2011 年 9 月 1 日，全体师生在操场隆重举行“光荣与梦想——继往开来的卓越团队”为主题的开学典礼。教育部副部长刘利民等领导莅临开学典礼。他在讲话中肯定了学校的辉煌成绩，对同学们提出了三点希望，即一要富有理想，志存高远；二要从小做起，注重养成；三要珍惜时间，勤奋学习。此后将每年第一学期的开学典礼主题定为“光荣与梦想”，第二学期的开学典礼主题确定为“奋进与拼搏”。在大主题的指引下，每学期会有不同的小主题，如“我的梦·中国梦”“追逐梦想”“三校融合　共话祖国”“我和奥运精神”等。

二、毕业典礼

毕业典礼在每年6月或7月举行。2006年4月27日，举行了2006届“多大绿色通道”学生毕业典礼，这是学校第一次为被海外大学录取、因出国不能参加毕业典礼的同学专门单独举行的毕业典礼。

从2012年开始，每年在礼堂举行隆重的毕业典礼仪式，学生身着礼服，头戴礼帽，从校长手中接过毕业证书，书记拨穗，表示学子们顺利毕业。

2014年，在高三毕业典礼上开展新的尝试，学生成立筹备组，将微信技术和信息技术有机融合在毕业典礼中，获得良好的效果。

毕业典礼上的拨穗仪式

三、成人冠礼

十八岁成人冠礼活动是学校的经典活动，也是德育精品课程，是团委每年“一二·九”运动纪念日前后组织的大型主题教育活动。主题为“成长、感恩、责任”，时长为两课时。

2005年5月4日，学校400多名师生来到天安门广场参加了首都中学生十八岁成人宣誓仪式暨青春奥运行动风采展示活动。学生啦啦队的《啪啦啪啦》舞，得到了全场师生的一致喝彩。

成人冠礼活动

2008 年，成人冠礼活动的整体设计借鉴了课堂教学的思路，明确活动的三维目标，设计重点突出、难点突破的活动环节，实施时注意氛围的营造，情景的设计，活动的导入、展开、高潮、升华、留白、反思等，使成人冠礼活动的设计越来越规范，组织越来越科学，成效越来越显著。

2010 年，德育副校长杨文芝、团委书记赵玉涛与年级组共同讨论，反复磋商，将成人冠礼活动改进为“成长的足迹，成人的誓言，成才的风帆”系统主题教育活动。

2011 年，将家长、学生的发言整合为两代人的对话：“感恩与责任”。其中 2011 年高三（7）班“成才的风帆”的班会还获得了全国班会评比的特等奖。

2012 年的成人冠礼活动改革，将两代人的对话用视频短片《我们的十八岁》的形式，选取六对家庭，通过几组同学们关心的问题用对话的方式展开，引起很大反响。

四、十四岁青春宣誓活动

20 世纪 90 年代初，以十四岁离队入团为教育契机开始的教育活动，在长期的思考与实践中不断融入新的教育目标，完善活动的内容与组织形式，最终定为“十四岁青春宣誓活动”。将“学会感恩、学会合作、珍爱生命、树立理想”作为活动目标，在过程中培养良好的行为习惯、集体主义观念及社会责任感，为进一步形成正确的世界观、人生观和价值观打下良好的基础。在教育的氛围营造、情感调动、行为固化等方面做了有益尝试。该活动在毕业生问卷调查中排在“中学时代难忘的活动”的首位。

五、合唱节

合唱节作为学校全员德育教育体系的活动之一，不仅能够培养学生的艺术修养、增强团队意识、合作能力、领导能力，还能够促进师生间、学生间的人际交往，弘扬民族精神，加强美育教育，提高学生艺术素养，丰富校园文化并有效促进班集体的文化建设，加强班级凝聚力，是深受师生喜爱与关注的学生活动。每年 5 月学校如期举行“百灵之声”合唱节。

2015 年，为纪念世界反法西斯战争胜利 70 周年，举行了“为了不能忘却的纪念”第 16 届“百灵之声”合唱节。

2016 年，为纪念中国共产党成立 95 周年、红军长征胜利 80 周年，举行了“红星照耀中国　凯歌唱响青春”第 17 届“百灵之声”合唱节。伴随着水木年华卢庚戌老师优美的歌声，卢老师与实验学子分享了自己的从艺之路、音乐历程，带领着孩子们品味音乐梦想的美好。“为梦而生”的主题演讲，激励了现场 600 多名初二的观众和 1000 多名来自初一和高一收看电视直播的实验学子。

六、体育节

每年9月，实验学子汇聚在体育场举行一年一度的运动会，又称体育节，这是体育健儿的盛会，也是打造文化、加强班级凝聚力的舞台。入场式表演班班参与，各显特色。2015年开启了集团运动会的先河。2016年的运动会增添了校庆元素，运动场上30多个氦气球、30多位创校运会纪录的校友名字随风飘扬，表达了学校对校友们的深深惦念；颁奖处的背板专门为获奖同学提供一个拍照留念的平台，体现了学校对学子们的人文关怀；运动会首次尝试学生现场解说，为观众及时了解和关注场上赛事提供了便利；闭幕式上实验华夏女中的功夫扇表演，给在场的师生留下了深刻的印象；在颁奖环节，还特别邀请了往届创纪录校友给团体奖项颁奖，实验学子的拼搏精神在这一刻代代相承。

七、科技节

1980年10月，为响应市区号召，举办了首届“科学月”活动，由物理、化学、生物和地理教研组老师设计、组织了一些与学科教学相关的学生活动。

2000年10月，将21届“科学月”活动改为“科技节”，理科教研组老师设计、组织了更多的科技活动，营造了“爱科学、学科学和用科学”的校园氛围。

2007年10月，科技教育办公室联合学校各部门、教研组、年级组、团委和学生会，隆重举办了第28届科技与人文节，设计了理化生实验操作竞赛、高空落蛋、物品再循环市场、模拟联合国等20余项科技与人文类活动。

自2012年起，又尝试着由理科教研组（通用技术、物理、化学、生物、信息技术教研组等）分别承办当年的“科技与人文”节活动。

八、艺术节

从1990年开始，每年12月，校园中充满着艺术气息，歌唱、舞蹈、乐器、表演等有特长的学生有了一片天地，艺术组、通用技术组、语文组、英语组的老师参与其中，为艺术节增光添彩，为校园生活增添了浓墨重彩的一笔。

2005年12月16日，第16届艺术节在北展剧场拉开帷幕，市区领导、武警支队政委出席观看了开幕式节目。正值学校与武警总部直属支队军民共建20周年，武警支队的官兵们也带来了精心准备的节目。

2007年1月9日，第17届艺术节闭幕式暨90年校庆启动仪式在北展剧场召开。

2011年，艺术节主题为“陶瓷艺术”。由世界遗产青少年教育中心、实验中学联合主办的陶瓷文明系列活动于12月19日正式拉开序幕。以蓝国华、黄云鹏为首的12位景德镇陶瓷大师走进学校，现场制瓷、画瓷，并亲手指导学生创作，耐心详细地讲解陶瓷知识，带师生们走进神奇、博大的陶瓷世界。实验中学博物馆开展为期一周的“陶瓷展览”，展出不同窑口、不同时期的陶瓷代表作品，让同学们从陶瓷的发展进程中了解中国的历史进程，了解中华文化的发展脉络，激发民族自豪感。学校希望通过活动激发学生对文化的认同与敬爱，成为胸怀祖国、放眼世界的优秀青年。

2015年12月的艺术节以“书画+笔墨传承”为主题，开启了艺术节主题式的模式。弘扬以书画文化为代表的中华传统文化和艺术，培养学生艺术修养与审美情趣，通过专家讲座、参观、展示、体验等专题教育活动，通过学生亲身参与、体验活动，展示各学科教学成果，激发学生的兴趣爱好，感知艺术魅力，培养对艺术感悟、解读和鉴赏的能力，进一步引领学生提升审美品位、构建精神家园，为学生的终身发展和幸福人生奠定基础。

九、中华传统文化节

学校特别重视中华传统文化教育，努力将学生培养成既有中华传统文化底蕴，又有宽广的国际视野的优秀中学毕业生。

2004年12月27日，举办了主题为“传承中华文化、弘扬民族精神”的首届中华传统文化节活动，这是学校德育年的一项首创，目的是以活动为载体，通过展示、参与等活动，传承中华传统文化，弘扬民族精神，培养学生的艺术修养，对学生进行爱国主义教育。之后文化节隔年举行，两年一次的文化节将传统文化植根于实验学子心中。

经过十几年探索，2014年将传统文化节从爱国主义教育的高度进行层级式设计，之后与艺术节交替举行。2016年12月，举行第七届中华传统文化节“传·颂”（传实验百年薪火，颂中华千载文明），以观看演出、课程成果汇报、体验活动、比赛展览等形式，弘扬中华民族传统文化，迎接实验百年校庆，传承实验文化，提高学生人文积淀、人文情怀、国家认同和国际理解等核心素养。汉字之美，汉字听写大赛，戏剧大赛，话剧展演，传统文化课程成果展示，中国广播艺术团民族文化艺术进校园，书法篆刻摄影大赛和展览、板报、橱窗、楹联评比、为祖国河山立传——李可染绘画作品展、班级文化嘉年华异彩纷呈。汉字之美是清华校友为母校学子量身定制的，从汉字的起源及一些游戏的体验活动中寻找汉字之美。文化节将初一的传统文化课程以“文化盛宴”暨汇报展示的形式展现，并辅以腾讯视频直播，这在学校文化节的历史上属于首次，同时开启了文化节主题式的模式。

十、戏剧教育

戏剧教育也是德育教育的一项重要内容。每年文化节和艺术节期间，实验的校园中精彩剧目不断。《雷雨》话剧演出由语文教研组承办，自 2012 年以来，学校已经成功培养了四代整幕剧剧组。

2012 年 12 月 9 日，第一代《雷雨》在西城区教育研修学院举办的“西城区四校（四中、八中、师大二附、实验中学）话剧联演”中正式公演，演出地点在四中大礼堂。导演杨思汀，指导教师樊后君。

2013 年 4 月 3 日，语文组“人生如戏”高二话剧节在四会堂如期举办。演出剧目：第一代《雷雨》，《哈姆雷特》《茶馆》。12 月 23 日，第二代《雷雨》在四会堂公演，指导教师崔英剑。

2014 年 9 月 24 日，在西城文委和世界遗产青少年教育中心的积极推动下，“2014 西城区百姓戏剧节”展演活动之戏剧大讲堂在学校礼堂首次开讲。12 月，第三代《雷雨》（导演崔英剑）登陆国家话剧院，首次拉开了“西城百姓戏剧节”中学生专场演出的大幕。

2015 年 10 月 31 日，由北京市基教研中心主办，我校承办的北京市中学生戏剧表演观摩研讨会暨第一届北京市中学生戏剧节热身活动，在四会堂成功举办。12 月 4—6 日，第三代《雷雨》在国家话剧院公演。12 月 5 日，更是高朋满座。中国联合国教科文全国委员会秘书长杜越，北京市委常委、教工委书记苟仲文等市区领导以及来自市区的教研员们到场观看了演出。这场演出属于“对话青春，致敬经典——2015 西城百姓戏剧节”中学生专场之一，学生戏剧专场演出从一开始就成为戏剧节一道亮丽的风景线。12 月 13 日，“戏剧社”作品《堂吉诃德》（导演白晓英楠）和“先锋话剧社”作品《一个无政府主义者的意外死亡》（导演沈夏童）在国家话剧院公演。12 月 23 日，第三代《雷雨》剧组赴清华大学演出。

2016 年，第四代《雷雨》剧组共有两组，他们是经一年的戏剧课程培训并海选出来的代表。

多年来，从课本剧会演到“戏剧实践课”，从独幕剧演出到全幕剧展示，从校园舞台到面向社会的国家话剧院演出，实验学子们在小剧场、小舞台的戏剧表演实践中不断收获对大社会、大人生的理解，不仅提高了综合实践能力，而且深刻体验到文化的魅力和力量，更收获了一种奉献才华、服务社会的成就感和责任感。

6 月 21 日，高一学部全体师生汇聚一堂，观看了主题为“不到园林，怎知春色如许”的京昆专场演出，特别邀请吴荻老师出任艺术指导，宋琳老师担任导演。本次活动是戏曲单元教学的延伸，意在引领学生感受传统戏曲的魅力，弘扬传统文化。

12 月 10—11 日，我校京昆专场演出——《粉墨·四季》在护国寺西区剧场公演，首次拉开了“西城百姓戏剧节”中学生京昆专场演出的大幕。这次为大家奉献精彩演出的除我校京剧社的学生外，还有特别邀请到的吴荻老师、冯琳老师和已毕业校友马阳艺、何思凝。

十一、辩论赛

辩论赛是展示风采、锻炼学生的口才及思辨能力的盛会，颇受学生喜爱。

2015 年 3 月 24 日，北京市中小学生辩论俱乐部启动仪式在逸夫楼举行，市委常委、教育工委书记苟仲文等市区领导、全市各区县语委、基础教育、教研部门负责同志以及学校师生共 120 余人参加启动仪式。苟仲文书记为朝阳区教委、通州区教委和西城区教委颁授小学生、初中生和高中生辩论俱乐部标牌。至此，北京市高中生辩论俱乐部落户实验中学。11 月，学校师生牵头的高中生辩论俱乐部举办了首届京津地区中学生辩论赛。2016 年 12 月，第二届京津冀中学生辩论赛决赛在四会堂举行，北京市教委副主任李奕、团中央社会联络部副部长王婷等领导出席。

学生辩论赛

第三节　培养德育专业队伍

德育队伍是开展德育教育的重要人员保障。我校秉承德育为先、立德树人的工作宗旨，通过班主任工作站、各年级（学部）班主任工作组、青年班主任个体导师制、德育名师实训项目组，采取走出去、请进来、校本培训、专家讲座、考察学习多种途径加强班主任队伍建设。以班主任成长阶梯制度、班主任评优制度作为制度保障，形成校级骨干班主任（校骨干—区级首席—区级德育学带）、校级优秀班主任（区级优秀班主任—市级紫禁杯班主任）的班主任队伍体系。从体验式德育到对话班级文化，再到班级文化建设，努力打造班主任队伍和一个又一个班集体，通过主题培训，加强学生干部队伍建设。

一、班主任队伍建设

2005 年 3 月 26 日，田家炳基金会“二十一世纪学校德育发展路向”教育研讨会在学校举行。

2010 年 10 月 13 日，学校举行班主任工作站成立仪式暨班主任生涯教育技能培训活动。西城区通过建立中小学首席班主任制度和优秀班主任工作站，打造出高素质、充满创意和活力的班主任团队。每届首席班主任的聘任期为两年。之后班主任队伍建设以班主任工作站为依托开展活动，先后进行过“班集体的有效建设”“日常管理与班级评价”“班主任成长项目”“班级制度的建立与完善”“有效德育”“协作育德”“创建良好的家校育人环境”“班级活动的有效开展”“班集体多元评价”“体验式德育”“对话班级文化”等主题的培训活动。

班主任大会

学校重视起始年级的工作，特别是起始年级的班主任工作。2009 年 11 月，学校在外研社国际会议中心召开第一届初一、高一起始年级工作研讨会，主题是“关注起点、整体规划、形成共识、达成目标”。本次研讨会阐释了学校的育人理念——全面发展、学有特长的精英式人才，探讨了初一、高一年级学生的特点，提出确立目标和养成习惯为起始年级最重要的两项任务。之后每年均举行起始年级工作研讨会，由学生处和教学处交替组织，学部制改革后由各学部自行组织研讨会。

二、学生干部队伍建设

学生干部的领导力培训一直是实验中学提升学生干部引领作用的重要措施，培训对象主要是校学生会、校团委以及起始年级的班干部们，在校内或培训基地开展培训活动，通过领导力训练、服务领袖课程、领袖风格测试、青少年领导力拓展培训等课程，旨在提高干部们的领导力，每年也都在不断地根据学生的需求进行调整。领导力培训主要针对沟通、情商和领导力、团队协作、服务意识等进行培训。

学生干部训练营

三、德育制度建设

为配合西城区教育系统首席班主任制度的开展，推进学校班主任专业化发展、提高德育工作实效性和针对性，2013 年 3 月，学校出台校级骨干班主任、校级德育学科带头人和西城区教育系统首席班主任推荐认定办法。通过校级骨干班主任、校级德育学带、区级首席班主任履行“榜样示范、专业引领、教师培训、德育科研”四大职能，达到促进班主任队伍专业发展，提升学校德育工作水平的目的。

2014 年 4 月，学校制定《实验中学班主任队伍建设相关制度》，每年 5 月份评选优秀一次。评选分为：校级优秀班主任、区级优秀班主任、北京市“紫禁杯”班主任；校级德育学科带头人及首席、骨干班主任。专业水平每 3 年（自然年）评定一次。

学生处是学校德育工作的主导部门，是德育活动的组织者、引领者，在德育副校长的引领下，在德育主任的带领下，处室加强团队和制度建设，每周一召开主任例会抑或是学生处处室大会。从 2014 年到 2015 年，随着实验二龙路中学德育主任和实验华夏女中德育主任及团委书记的参与，真正实现实验中学教育集团的处室主任例会，对于教育集团德育的一体化具有重要作用。

实验中学的德育队伍受到了各级领导的认可和表彰。2000 年 5 月，袁爱俊校长参加全国德育工作会，获得全国德育标兵称号。从 2003 年至 2016 年，先后有陈莹、刘红、黄珲、刘畅、张茂焕、黄彩英、杨昭华、何文春、王冰、郝静、金从武获得北京市“紫禁杯”班主任称号。

“紫禁杯”优秀班主任金从武在 2015 年 9 月 15 日德育年会上的发言中指出：“爱是人类最美好的品质，一个有爱心的人一定是社会需要的人。且行且思，逐渐地，我把爱分成了 9 个层次，来引导塑造学生的爱心：第一层次爱是欣赏；第二层次爱是喜欢；第三层次爱是快乐分享；第四层次爱是心甘情愿地给予；第五层次爱是相互激励；第六层次爱是无时无刻的牵挂；第七层次爱是快乐地奉献；第八层次爱是付出一切（时间、财富甚至生命）的献祭；第九层次爱是相忘于江湖。什么是教育？也许永远不会有圆满的答案，所以有人类就一直会有教育。我要做的教育是能促进孩子三十年发展的教育。那是什么样的教育呢？那是用我的善良和人类的文明使我和我的学生更善良；用我的一言一行、用我的每一堂课使我的学生有志向、有能力创造出新的文明！有爱相随，且行且思，每天都在超越昨天的自己，那么离教育的目标就会近些，更近些！”

第四节　实现德育民主管理

我校德育建设的另一个特点是德育管理的民主化。在 20 多年学生自主参与日常管理、听证会、学生会、学代会等自主教育的基础上，学校自主管理机制不断完善，学生自主管理方式不断出新，团代会、学生团委、多种多样的学生社团不断涌现，实现了学生的自主、健康、全面、特色的发展。

一、团代会和学生团委

2002 年 11 月，实验中学第一届团代会举行，收到代表提案 42 份。团代会的召开，进一步完善了学生团员民主生活制度，促进了学生自主管理的能力，进一步发挥了团组织的核心作用。团代会每两年召开一次。

“我最喜爱的老师”评选活动是团委的经典活动之一，2004 年 9 月 11 日，在团委倡导下，第一届“我最喜爱的老师”评选活动举行，从方案策划、前期准备，再到颁奖典礼，完全由学生自发组织完成，获奖老师的颁奖词，全部由所教学生亲自撰写，学生们用笔墨记述了他们心中“最喜爱的老师”。获奖教师从学生手中接过获奖证书，感觉到学生对教师的认可，作为教师的荣誉感油然而生。作为传承优秀实验文化的载体，“我最喜爱的老师”评选活动在不断成长，并渐渐成为实验中学的标志，一代代地将实验中学尊师重道的精神传承下去。

2010 年，第一届学生团委正式成立，设书记一名，由组织部、宣传部、校刊部、文艺部、志愿者部五个部门组成，成员共 22 人。谢谦益同学当选为第一届学生团委书记。学生团委的成立，为学生提供了更多发展平台，《影来窗际》作为学生团组织的刊物，被称为“校刊”。

同年，在学生会的倡导下，学生 ALI（ACTION LEADERSHIP INNOVATION）公益组织成立，旨在为实验学子提供更多的组织和开展活动的平台，之后开展了丰富多彩的公益活动，如爱运动等。

2011 年，首届 F.L.Y（FILM LEADERSHIP YOUTH）微电影节在四会堂举行。之后每年举行学生微电影节，获奖作品将参加在日本举行的亚洲国际青少年电影节。

二、学生社团自主管理新模式

社团建设一直是学生民主生活的重要组成部分，多年来，我校形成了学生社团自主管理的模式。

2011 年 9 月 14 日，第一届星级社团评选制度形成。通过评选提高社团质量，打造社团平台，为学生自主发展打下坚实的基础。星级社团评选为学生社团提供了一个被肯定和赞赏的平台，在评选制度的激励下，社团展示、社团嘉年华等活动蓬勃开展。

学校共有大小近百个社团，其中辩论社、猎狐行动社、模拟联合国社、世界文化遗产社等社团影响力很大。

三、学生自主性活动探索

2011 年 5 月 29 日，在学校领导的关心和美铝公司的支持下，“亲近自然，逐梦青春”大型主题植树活动开展起来了，学生会、学生团委、领导力课程班学生为领导组，初一年级学生和部分家长参加，教师退居幕后，让学生成为活动的领导和主人。该活动增强了同学们的环保意识与社会责任感，响应社会低碳环保的号召，为地球新添一抹绿色；同时给同学们亲近自然的机会，体会人与自然密不可分的关系，弥补学生“自然情怀”的缺失；让同学们理解树与人共同成长，在活动中启发其对童年的反思与青年的憧憬；另外，在家长与孩子共同的参与下，增进了彼此的感情，也让家长更加重视家庭环保教育。从 2011 至 2014 年，共举办四届大型主题植树活动。

2012 年，“拾缘”开业了。学生公司遴选出咖啡馆的服务员，并建立组织机构，总店长下面从各班抽出分店长，每人轮职一两天，店员都是义务参与，真正地当成了事业来认真对待。店员们分工明确，财务、采购、服务质量、宣传等井然有序，盈利基本都用于慈善活动，帮助有需要的人，学生的积极参与和主动创造被充分调动起来。

学校倡导学生自主发展，学生组织编订的刊物，如校刊、校报、新生宝典等展现出丰富多彩的校园生活，也体现了学校的育人理念。2011 年 8 月，实验中学第一本《新生宝典》发到了每一位新生手中，刊物向新生介绍了学校基本情况、地理环境、管理结构等信息，帮助学生第一时间了解实验校园及文化传统。之后每年进行修订，成为新生入学教育的教材。

2013 年，第一个学生会的官方平台“SDSZ 实验人”开始运营，这是属于全体实验人交流的空间与对外宣传的新媒体，也成为实验中学丰富的校园活动、校园文化展示的新窗口。2016 年，第一个学生团委的官方平台

“SDSZ 学生团委”开始运营，该平台加入“校务工作”“美文选编”和“时事评论”板块，立足于团员先进性和思想性的体现。

第五节　生涯教育与学生指导

2000 年，学校外聘心理专家、首都经贸大学心理学教授杨眉开设了“人格心理学”专修课，开启了学校心理课程的建设；引入专业测评，建立学生成长档案；成立家长学校，家校协同助力学生成长；开展首个心理课题研究：“示范性高中学生健康人格教育的实证研究——从几种核心人格特质的培养入手”（市级）。

2002 年，我校设置专职心理教师岗位；规范建设起始年级心理档案；成立咨询师沙龙活动，组建专职、兼职和外聘心理教师师资队伍，发展至今，学校已有一支由专职教师 6 人、兼职教师 5 人和外聘教师 2 人组成的共 13 人的学校咨询师团队，定期召开咨询师沙龙活动，研讨学校咨询工作机制，会诊咨询个案，进行专业成长，外聘心理专家定期为咨询师们进行督导。为学生个体与小团体辅导工作的有效开展提供了保障。

2005 年 7 月，请学者为高一年级学生做《高中生涯规划》讲座，普及生涯教育理念，标志着学校生涯教育工作的专业化开展。

9 月，高一年级开设心理必修课，标志着学校心理健康教育的系统性开展和全员覆盖。

2007 年，我校建立“健康乐园”，基于世界卫生组织健康理念，建立了面向全校学生、教职工群体普及健康知识和理念，提供运动健身、身心调适、团队活动等功能的综合的健康服务中心。

2008 年 11 月，校学生心理社团成立，并逐渐发展成为学校学生心理志愿者团队。

2009 年 5 月，我校举办首届“吾爱吾心”心理节，向全校师生普及健康理念和知识，促进师生关注自身心理健康。学校借助校外培训机构，培养校内生涯教育专业师资，开展生涯指导工作。

11 月 19 日，我校健康乐园成为西城区德育心理部与北师大心理学院指定实习实践基地；健康乐园获评北京市西城区示范心理咨询室。

2010 年 9 月，开设初一“学习智慧”必修课程和高一“生涯规划”必修课程，面向全员开展生涯指导。

11 月，学校成立了生涯教育项目组和生涯教育教师成长小组，为学校生涯师资发展提供了保障机制。

2011 年 4 月 1 日，“生涯发展与教育研究中心”成立，学校召开首届生涯教育高端研讨会，会上举行了学校生涯发展与教育研究中心成立仪式。教育部基础教育二司副司长、北京师范大学博士生导师申继亮，台湾著名生涯辅导专家和心理治疗专家、澳门大学教育学院教授金树人，北京师范大学心理学院教授侯志瑾，北京教科院德育研究中心研究员、中小学心理健康教育专家杨忠健，北京市教委基教一处处长杨志成，北京市西城区教委副主任赵蓬欣，以及我校全体校领导参与了中心成立仪式。研讨会上蔡晓东校长介绍了学校生涯教育工作的发展和现状，说明了生涯发展与教育研究中心成立的背景，金树人教授与申继亮副司长共同为中心揭牌，申继亮副司长发表重要讲话，强调要把目光放长远，把生涯教育作为学校的重要工作之一，同时也肯定了学校在生涯教育方面的成果。

6 月 18 日，成立高中生涯教材编委会，由著名教育家顾明远先生、澳门大学生涯教育专家金树人教授、北师大心理学院资深学者林崇德教授任顾问，顾明远先生和王本中校长分别任编委会主任和副主任，蔡晓东校长任主编，杨文芝副校长任副主编，组织一批校内外专业师资编写了高中生涯教育校本教材，促进了生涯规划课程的进一步研发，为校本教材的理论高度与专业水平提供了有力保证。

10月，《生涯规划（高中）》和《生涯规划管理手册（高中）》校本教材在中国出版业中历史最悠久的出版机构商务印书馆出版，并获北京市第二届中小学心理健康教育优秀成果（生涯教育）征集活动教材类成果一等奖、获2011—2012学年度北京市基础教育课程建设优秀成果评选一等奖。

11月17日，由北京市教育委员会基础教育一处、北京教育科学研究院德育研究中心、北京教育学院联合主办，西城区教育委员会与我校共同承办的“北京市中学生生涯教育现场会”在我校召开。会议包括大会活动、现场观摩、高峰研讨三个主要环节，教育部、市区各级领导，各区县心理教育、生涯教育、德育专家及教师逾340人参与活动。

12月，学校生涯项目组教师撰写的案例《基于学生自主发展导向的生涯教育实践与研究》获评教育部全国中小学德育工作优秀案例，并获北京市教育大会的德育案例一等奖。

2013年1月9日，德育全景展示活动暨“祥云行动”德育校长走进北师大实验中学现场学习活动在学校举办。

3月31日，我校召开第二届生涯教育高端研讨会，会议特邀美国纽约州库克大学教授、中国总校区名誉终身校长、华侨大学管理学教授、博士生导师黄天中教授，中国人民大学心理研究所博士生导师俞国良教授到校，与部分生涯教育教师进行了座谈，就在校学生生涯教育的下一步研究方向和工作策略进行了研讨。

6月，生涯教育备课组教师赴厦门访谈黄天中教授，确定高中生涯课程形态为“体验式学习”。

11月25日，我校举办“体验式学习在中学生涯教育中的应用”研讨活动。这次活动是北京教育学院于11月25—27日举办的“中美中学职业生涯规划教育专题培训”的一部分，也是我校生涯教育工作的阶段性总结。

活动中，示范了生涯电影课堂教学。

12 月 9—11 日，学校承办北京心理卫生协会学校心理卫生委员会、北京市教育学会教育心理学研究会主办的 2010 年学术年会，并举办北师大实验中学生涯周活动，交流示范学校生涯教育工作。

2014 年 1 月 15 日，学校起始年级在家长、学校的统一安排和部署下，举行了“家长生涯人物进课堂”活动。

5 月，在北京市科委资助下，我校自主研发的“北师大实验中学生涯探索实验室”建设完成。该实验室是学生进行自我探索的场所，是生涯探索活动及课程的平台之一。实验室设计基于中学生涯教育校本模式，依据霍兰德职业兴趣理论、舒伯生涯发展理论及加德纳多元智能理论研究，结合本土化职场信息，通过高科技仿真技术还原经典职业活动，促使学生提升生涯规划能力，成为主动的、理性的、创造性发展的人。

5 月 17—24 日，我校“生涯探索实验室”在中国科普博览最高水平的全国科技活动周北京市主会场亮相，参与“实验室故事”展览板块，与北京大学、清华大学、中国科学院、北京工业大学等高校的实验室科研项目共同参展。国务院副总理刘延东，北京市委书记郭金龙，科学技术部部长万钢等出席开幕式并到现场参观，我校实验室的设计理念受到了与会领导的赞许。展览中，北京电视台科教频道记者对蔡晓东校长进行了直播专访。蔡校长为电视机前的广大观众介绍了我校的生涯教育理念以及实验室主要功能，实验室的项目体验受到广大市民的广泛关注，在科技周 400 余个展览项目中脱颖而出，被评为最受观众欢迎展区，杨文芝副校长代表学校领取了该奖项。

9 月，成立“学生成长指导中心”。根据学校指导职能，我校建设了集研究、指导、培训于一体的专业机构，面向学生、教师和家长开放。指导中心针对实验学子的成长规律和需求，在品德、心理、学业、生涯、生活等方面提供指导，以个体为中心，选择课程、活动、团体辅导、个体辅导等指导形式，助力实验学子自主发展、健康成长、服务社会。

同时，改革高中“生涯规划”校本课程为分类走班、小班化教学，学校设立“生涯学科备课组”。由21位跨学科（心理、数学、化学、物理、政治、英语、信息技术）科任教师组成，由学生成长指导中心主任兼备课组组长。

10月28日，“初中生学法指导行动研究”现场会在学校召开，本次会议由北京市教育委员会基础教育一处指导，北京教育学会初中研究分会、“初中生学法指导行动研究”课题组主办。

2015年3月18日，我校召开导师制校本研究教师项目组启动会，学校校长蔡晓东，德育副校长杨文芝及参与项目组的教师参与会议，北京师范大学发展心理研究所所长、教育部普通高中学生发展指导项目研究负责人方晓义教授及其专家团队出席并给予指导，此次会议所开启的导师制校本研究在学校的历史上具有里程碑的意义。

7月，升级版《高中生涯规划》校本教材在北师大出版社出版。

9月10日，教育部办公厅公布了首批205所全国中小学心理健康教育特色学校名单，作为北京市8所中小学之一，我校被认定并命名为首批全国中小学心理健康教育特色学校。

10月26日，我校举办了第三届生涯教育高端研讨会。会议邀请了多年致力于台湾地区中学生涯课程建设和师资培训的郭祥益博士到校就中学生涯辅导体系构建做专题交流。

10月18日、11月1日，我校举办生涯教育开放日公益活动。开放日旨在面向社会宣传和推广中学生涯教育理念，家校协同推进中学生涯教育实务工作。

11月13—14日，首届“高中学生发展指导高峰论坛”召开。来自全国各地的400多名专家学者、学校管理者和一线教师汇聚我校，共商学生发展指导大计。该论坛由北京师范大学和北京圣陶教育发展与创新研究院共同主办，由北京师范大学附属实验中学、北京师范大学发展心理研究所、北京师范大学高中生发展指导研究中心联合承办，围绕“高考改革和学生发展指导”，从品德、心理、学业、生涯、生活等各个方面在课程活动、团体辅导、个别指导上深入探讨辅助措施和个性发展方案；蔡晓东校长代表学校做了《焕发生命活力，促进终身发展》的专题报告，陈国才书记主持会议开幕式。论坛活动开幕式上，由北京师范大学董奇校长亲自揭牌，在我校成立“北京师范大学高中学生成长指导中心”。

2016年5月18日，“北京市生涯课程建设现场会”在我校召开，全市各区县的领导、专家学者和骨干教师代表以及外省市兄弟学校领导和老师共500多人到场参加了现场会。会上学校杨文芝副校长做了题为《自主·体验——新高考背景下的生涯课程建设》的报告，总结了学校10年生涯教育研究与实践经验，学校生涯学科备课组老师展示了初、高中三节示范课。

10月28—29日，第二届高中学生发展指导高峰论坛在学校召开。本次高峰论坛旨在进一步推进学生发展指导在高中学校的推广和应用，规范高中学生发展指导，提高学生发展指导的科学性和有效性，加强国内高中学生发展指导工作的交流和合作，并正式成立了“高中学生发展指导联盟”民间组织。

第四章　特色教育活动　学生学有专长

第一节　屡创佳绩的科技教育活动

学校自 2000 年开始进行《2001—2005 年中国青少年科学技术普及活动指导纲要》的子课题“中小学实施指导纲要水平评价指标体系”研究，在校领导的关心和支持下开展了智能机器人创作、校本课程（科学研究专修课和选修课等）开发、科技月等科技教育活动。

2002 年 3 月，李挚、郭宇铮和于冬琪三位同学创作的《实验探索者》第一代智能机器人作品，首次获第 22 届北京市青少年科技创新大赛一等奖，并于 8 月获第 17 届全国青少年科技创新大赛二等奖，开创先河，赢得佳绩。

2003 年 3 月，学校智能机器人创作小组的作品获第 23 届北京市青少年科技创新大赛一等奖。

8 月，始于校本选修课的“徐霞客综合实践活动”获 2003 年第 18 届全国青少年科技创新大赛十佳优秀科技实践活动第一名，影响显著。

2004 年 3 月，鲍喆、郑鑫和王晨谷三位同学创作的机器人作品获第 24 届北京市青少年科技创新大赛一等奖。此作品引起了 7 月 1 日首次到学校进行计算机教育交流活动的科学巨人比尔·盖茨的浓厚兴趣，并于 8 月获第 19 届全国青少年科技创新大赛二等奖。

2005 年 3 月，第 25 届北京市青少年科技创新大赛上，郑鑫同学获第三届北京青少年科技创新市长奖（北京市仅有 5 名），这是我校学生第一次获此殊荣。李派、王蕊两位同学撰写的两篇科学研究论文均首次荣获一等奖，开创了新局面；张策、沈熹和苑盛成三位同学创作的机器人作品也获得本届市赛一等奖，并于8月获第20届全国青少年科技创新大赛二等奖。

郑鑫，2005届高中（5）班校友，在校时曾获奖无数：第一位获得每年只有5名中学生有幸获得的“北京市市长奖”，由市长王岐山亲自签名表彰，这也是实验中学第一个获此殊荣的同学。2005年上海国际工程师大会未来工程师联展竞赛二等奖，第19届全国青少年科技创新大赛二等奖，第四届全国青少年电脑机器人竞赛一等奖，北京市科技创新大赛一等奖，第四届北京市青少年电脑机器人竞赛一等奖。在学科竞赛中，获得全国中学生数学奥林匹克竞赛二等奖、物理奥林匹克竞赛二等奖，北京市中学生化学竞赛一等奖、北京市中学生物理力学竞赛一等奖、北京市中学生数学建模竞赛三等奖、北京市中学生数学“希望杯竞赛”优秀奖等奖项。

2005年3月郑鑫获市长奖后与范伯元副市长（右1）和袁爱俊校长（左1）合影

2003年加入教育部全国理科实验班，在完成高中书本知识的学习之余，我们更积极参加诸如综合文科、科学研究课、化学、英语等各项兴趣研讨课，拓展自己的视野，充分利用学校提供给我们的教学资源。时间和勤奋积淀出丰硕成果，在参加了“机器人”制作小组之后，在指导老师的关心指导下，我们的“博弈天行中国象棋机器人”取得了骄人的成绩，在全国和北京市青少年科技创新大赛等重大赛事中多次摘取一等奖，并代表母校第一次获得了北京市市长奖的殊荣。

参加科技创新活动，不仅为了充实生活，锻炼能力，增长见识，更重要的是：在这里，我们和同学们同甘共苦，结交了一些真正的朋友；在这里，我们感悟到了团结协作的力量和快乐；在这里，我们学会了毫无保留地付出；在这里，我们懂得了人生历程的又一个层面，并为自己的未来积累下宝贵的财富。

科技创新活动是以学生的自主性、探索性学习为基础，从学生生活和社会生活中选择和确定研究专题、以个人或小组合作方式进行的学习。这也让我找到了真正的兴趣爱好和发展职业。

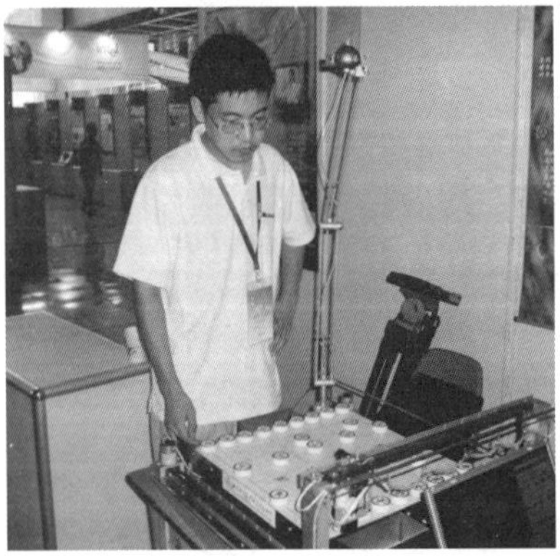

2005年5月20日北京市科技周上，郑鑫同学与教育部陈至立部长及菲利普教授共同点击火星位置

从高中母校毕业之后，来到清华工业工程系学习，本科结束之后到新加坡国立大学机械系继续博士和博士后研究，我现在从事的专业即是工业机器人的研究。我们现在和新加坡最大的Keppel吉宝造船厂合作，设计研发为船体表面除漆除锈和焊接使用的机器人。在博士后结束之后，我也即将回国为祖国的建设服务，作为高级硬件工程师加入到深圳华为总部工作。

（摘自郑鑫同学的感言《成长的天空》）

作为北京市中小学科技活动示范校和科普教育基地，我校十分重视科技教育工作，将“提高科学素养，培育创新精神”作为工作宗旨，在科技教育方面具备了良好的发展基础，积累了比较丰富的科技教育和科技活动经验，有一批水平较高的从事科技教育活动的教师。

9月1日，在2005—2006级开学典礼上成立了“北京师范大学附属实验中学青少年科技与人文研究院”，范伯元副市长、王梓坤院士、黎乐民院士等市区领导和高校教授应邀出席成立仪式，多位同学荣获研究院设立的“科技英才奖”和“人文英才奖”，郑鑫同学获第一届“校长奖”。

2005年9月范伯元副市长（右1）和黎乐民院士（左1）
为我校青少年科技与人文研究院揭牌

12月底，在科技教育示范校的基础上，我校成功入围北京金鹏科技团首批分团校（仅6所）。

2006年3月，杨喆、陆斌和刘思宇同学的机器人作品获第26届北京市青少年科技创新大赛一等奖；曹昌同学的论文获本届市赛一等奖，并于8月获第21届全国青少年科技创新大赛一等奖，这是学校学生撰写的科学研究论文首次获此佳绩。

2007年1月，孙靳睿和费昀同学创作的第六代智能机器人作品获一等奖，赢得荣誉。

3月下旬，我校六名学生参赛的五项科技创新作品在北京市第27届青少年科技创新大赛决赛中获得优异成绩：三项获一等奖，两项获二等奖。

5月20—26日，刚永运、李英杰老师带领九名学生首次组队参加在新加坡举行的第一届新加坡国际科学挑战赛（SISC：Singapore International Science Challenge），成绩优异。在Amazing Race中，三名同学所在小组分别获第一、二、三名；在研究项目评判中周天石同学的研究项目获“Merit”奖；在科学挑战陈述的竞争中，周天石、黄玉姣和席家翌组成的小组表现突出，获“Distinction”奖。

5月底，王桐获暑期免费前往澳大利亚西澳大学重点实验室开展课题研究交流活动证书（北京市仅有两名同学）；杨玥和王韧获暑期免费赴南非约翰内斯堡参加“2007年国泰航空非洲野外体验计划”资格（北京市仅有两个名额），参加体验环境保育课程活动。

8月，李星野同学与他人合作的研究论文获第22届全国青少年科技创新大赛一等奖，周天石同学研制的科技发明获二等奖。

10月中下旬，举办了丰富多彩的第28届科技与人文节活动（以往称为“科技月”活动）。

12月，刚永运和王洪海老师带领的六名学生获第13届北京市中小学生自然科学知识竞赛高中组亚军。

2008年3月31日，市教委成立了北京青少年科技创新学院，并正式启动“翱翔计划”，学校成为首批十四所基地校之一。

11 月 10 日，由教育部、中国科协、香港周凯旋基金会共同举办的第八届“明天小小科学家”奖励活动颁奖典礼在北京人民大会堂举办，中国科协常务副主席邓楠、教育部副部长陈小娅等出席颁奖典礼并颁奖，曹付生老师指导的秦一骁同学获一等奖，并获“明天小小科学家”荣誉称号（全国仅有三人获此殊荣）。

中国科协副主席邓楠（左 3）为我校获“明天小小科学家”
称号的秦一骁同学（左 2）颁奖

12 月 1 日，杨文芝主任、高筱元老师带领四名女学生受邀参加了在北京钓鱼台国宾馆举办的第五届中国青年女科学家奖颁奖典礼，近距离聆听中国青年女科学家的事迹。

2009 年 3 月，在第 29 届北京青少年科技创新大赛中，学校参赛师生获优异成绩：秦一骁同学获第七届北京青少年科技创新市长奖；11 位参赛学生的 8 项科技创新作品获一等奖 4 项，二等奖 4 项；科技教育办公室刚永运老师获北京十佳科技辅导员称号（第一名）。

7 月，第 24 届全国青少年科技创新大赛上，曹婧同学的研究论文获二等奖，刚永运老师获全国十佳优秀科技辅导员荣誉称号（第五名）。

11 月，在第九届“明天小小科学家”奖励活动终评活动中，王祺同学获二等奖，韩希泽文同学获三等奖。

2010 年 3 月，第 30 届北京青少年科技创新大赛决赛上，12 名参赛学生创作的 11 项科技创新作品获优异成绩:6 项一等奖，4 项二等奖，1 项三等奖。

8 月，第 25 届全国青少年科技创新大赛上，殷岳同学的研究论文获一等奖，张芃芃同学的研究论文获三等奖。

11 月 17—23 日，5 位高三学生参加了第 10 届“明天小小科学家”奖励活动终评活动，获得一等奖 1 项（殷岳）、二等奖 2 项（秦泽瀚和郑岩）和三等奖 2 项（焦天翼和刘笑疏）的优异成绩，创造了学校在此项科技活动中的最高纪录。

2011 年 1 月 30 日，成功承办第 11 届北京青少年机器人竞赛创意大赛，5 名学生的 3 个参赛项目均取得了优异成绩：2 项一等奖，1 项二等奖。

3 月 24—27 日，第 31 届北京青少年科技创新大赛决赛上，学校殷岳同学获第九届北京青少年科技创新市长奖；17 名参赛学生创作的 14 项科技创新作品获优异成绩：7 项一等奖，6 项二等奖，1 项三等奖，在入围决赛作品数量居北京市第一名的基础上，又创造了学校此赛事获一等奖数量最多的新纪录。

7 月 18—22 日，孙卓睿和王时敏两位同学的机器人作品获第 11 届中国青少年机器人竞赛创意高中组一等奖。

8 月 2—8 日，陈梓睿、丁治平和李京睿同学的三个参赛项目（入围决赛数量属学校十多年来最多）在第 26 届全国青少年科技创新大赛决赛分别获一等奖、二等奖和三等奖，陈梓睿同学还获得了此赛事的最高荣誉——“中国科协主席奖”（全国仅三人），创造了我校参加此赛事获奖的新纪录；我校获得“全国科技教育创新十佳学校”，蔡晓东校长上台领取奖牌，这是我校科技教育工作的历史性突破。

蔡晓东校长领取“全国科技教育创新十佳学校”奖

8月22日，殷岳同学获第七届中国青少年科技创新奖，这是我校首次参加此表彰活动并获奖。此奖项由邓小平同志的亲属倡议，团中央等部门主办，主要表彰大学生，全国共有100名，中学生仅32名，北京仅有1名中学生获奖。

9月22日，我校作为市教委“翱翔计划”的生物学科基地校，成功承办了第三届青少年翱翔科学论坛生物学科分论坛活动，市教委相关领导和众多高校教授出席，对31位翱翔学员的30篇研究成果进行了专业问询和点拨指导，近300人参加了本论坛活动。

11月15—21日，六位高三学生参加了第11届“明天小小科学家”奖励活动终评活动，姜江同学获一等奖，并获“明天小小科学家”荣誉称号；冀逸峰、丁治平和王楚昭同学获二等奖，蒋笑瑀和施燕捷同学获三等奖，无论是获奖数量还是奖次均创造了学校在此项科技活动中的新纪录。

12月2日，刚永运老师带领10名女同学参加了在北京钓鱼台国宾馆举办的第八届青年女科学家奖颁奖典礼。

2012 年 3 月 22—25 日，第 32 届北京青少年科技创新大赛决赛上，姜江同学获第十届北京市青少年科技创新市长奖；24 名学生创作的 23 项科技创新作品获得优异成绩：9 项一等奖，10 项二等奖，4 项三等奖，刷新学校此赛事一等奖数量最多的纪录。

8 月，郭萱同学和张若及同学的两个参赛项目均获第 27 届全国青少年科技创新大赛一等奖。

11 月，五位高三学生参加了第 12 届“明天小小科学家”奖励活动终评活动，郭萱和范恩隆同学获二等奖，嵇尹瑶、江菡婕和孙知英同学获三等奖。

2013 年 3 月 21—24 日，第 33 届北京青少年科技创新大赛决赛上，张若及和郭萱同学获第 11 届北京青少年科技创新市长奖；学校 18 名学生创作的 15 项科技创新作品获得优异成绩：8 项一等奖，5 项二等奖，2 项三等奖，刘宏一和陈杰昊同学获“科技英才奖”。

8 月，马西薇、乔中天、刘宏一、高翔宇和康子博五位同学的四个参赛项目，在第 28 届全国青少年科技创新大赛上获得 1 个一等奖，1 个二等奖，这是学校参加全国青少年科技创新大赛以来取得的最好成绩。

12 月 16 日，第 13 届“明天小小科学家”奖励活动，六名高三同学成绩优异，再创辉煌。万若萌同学获一等奖，并获“明天小小科学家”称号；陈杰昊、唐子博和张心怡同学获二等奖，宫泽和金燊同学获三等奖。

2014 年 1 月，国际部高二（14）班 12 名同学组成的队伍在印度举行的空间站设计大赛（亚洲区）（Asian Regional Space Settlement Design Competition）中获得冠军，这是唯一一支以亚洲冠军身份参加世界区比赛的中国队伍。张雅萌同学同时获 DICK EDWARD 领袖奖（DICK EDWARD’s AWARD for EXCELLENT DISPLAY of LEADERSHIP）。

1月14日，北京市基础教育阶段化学与生命科学领域北京师范大学附属实验中学“创新人才培养协作体”成立大会在我校逸夫楼报告厅举办，北京市、西城区教委相关领导，众多高校教授和多所中小学校领导及教师等出席。

3月27—30日，第34届北京青少年科技创新大赛决赛上，刘宏一和万若萌同学获第12届北京青少年科技创新市长奖；24名学生创作的18项科技创新作品获得优异成绩：8项一等奖，8项二等奖，2项三等奖。

5月11—16日，在美国洛杉矶举行的第65届英特尔国际科学与工程大奖赛（Intel ISEF）上，万若萌同学荣获一等奖，美国麻省理工学院林肯实验室（小行星发现机构）将以她的名字为一颗新发现的小行星命名。这是本校学生获得的国际科技竞赛最高奖，也是北京市中学生第二次获此奖项。马西薇、乔中天同学也向全球70多个国家和地区的约1700名中学生展示了他们的科研项目。

我校领导机场迎接载誉凯旋的中国代表队部分成员
（右5是中国科协青少年科技中心蒙星副主任）

11 月，颜东晖和贾铭鑫两位同学获第 14 届“明天小小科学家”奖励活动三等奖。

2015 年 3 月 27—29 日，第 35 届北京青少年科技创新大赛决赛上，14 名学生创作的 13 项科技创新作品获得优异成绩：7 项一等奖，6 项二等奖。

10 月 26 日，三名高三参赛同学参加第 15 届“明天小小科学家”奖励活动，聂昊明同学获得一等奖，茹星语和王子川同学均获二等奖。

2016 年 3 月 25—27 日，第 36 届北京青少年科技创新大赛决赛上，聂昊明同学获第 14 届北京青少年科技创新市长奖；学校 7 名学生创作的 5 项科技创新作品获优秀成绩：1 项一等奖，1 项二等奖，1 项三等奖。

2016 年聂昊明同学获“第 14 届北京青少年科技创新市长奖”

5 月 22 日，谢龙芯同学撰写的研究论文首次参加第 14 届全国中学生水科技发明比赛暨斯德哥尔摩青少年水奖中国地区选拔赛总决赛，并获得二等奖。

8月14—18日，第31届全国青少年科技创新大赛上，谢龙芯同学获得二等奖。

10月29日，四名参赛同学参加第16届“明天小小科学家”奖励活动，王维曦和靳丰泽同学获得二等奖；王冬青和王阔同学获得三等奖。

11月27—31日，赵奂老师带领10名国际部同学组成的SDSZ-China代表队在美国波士顿举行的第13届国际遗传工程机器竞赛（iGEM）上获得金奖，这是中国大陆地区高中代表队首次在这个合成生物领域最高水平的比赛中获得金奖。

第二节　探索“体教艺教结合”人才培养新模式

一、探索“体教结合”人才培养新模式

自2000年以来，在完善学校体育课程的同时，为培养学有特长的高水平人才，学校特设各类体育与艺术队伍。为保障体育、艺术类团队的成长，在校长（校长办公会）的指导下，学校安排校级领导专门分管、统筹规划学校的体育、艺术工作。在2009年学校专设了体育艺术中心部门，有一套比较健全的管理机制，形成了“校长—处室主任—体育、艺术教研组—体艺教师”的垂直体系，旨在加强体育和艺术教师的队伍建设，进一步加强对体育和艺术教学工作的常规管理，力争使体艺教学的常规管理更科学、更合理、更有利于工作的开展。配合学校整体工作，开展有效有益的体育艺术课外、校外活动，全力支持各团队发展。

近十年学校的体育教育走得坚实有力，在传统的体育课程之外，学校先后建立了几支专业的体育特长队伍，女子排球队、游泳队、田径队、高尔夫球队、赛艇队。这些队伍在发展中的成果已同学校的教育文化融为一体，形成学校教育开拓创新的动力。学校朝气蓬勃的女子排球队已有近百

年的成长历史，这是中国近代女子体育教育的历史，也是中国女子教育走向全面的典范。进入新世纪后，发展中的女子排球队步伐稳健豪迈，成绩非凡，在每年的各项北京市中学生排球比赛中，一直保持着冠亚军的成绩。游泳队从2000年开始尝试“教竞结合”，培养全面发展的高端体育人才的新模式，先后培养了17名国家运动健将，15名中国国家游泳队队员。在此期间，获得了“中国国家游泳队‘体教结合’示范基地”的荣誉。学校一直将田径的跑步锻炼作为学生强身健体的第一选择，在教练员与学生的努力下，校田径队已成为西城区的首位，同时也是北京中学田坛里的一支劲队。近两年，学校在追求卓越、开拓创新的体育教育理念下，先后建立了两支“新兴体育”的高尔夫球队与赛艇队，在自然和谐的环境中培养团结拼搏的运动精神。

2000年9月，北师大实验中学游泳队成立。

2001年5月，开始招收游泳特长生。

8月，北师大实验中学女子排球俱乐部成立，中国著名女子排球运动员、教练员郎平女士兼任我校排球俱乐部名誉主席。这是郎平第一次，也是唯一一次为青少年的排球梦想之路指引护航。

2002年8月，女排一、二队代表西城区参加北京市运动会，分别获得女子甲组、乙组两冠军。

2003年6月，游泳队张婧同学获国家运动健将称号，是游泳队建队以来首位获得该等级的队员，该生后来升入清华大学。

2004年6月，游泳队与北京市体育局开始合作办学，创建新式“二线”专业队。

2005年6月，受国家体育总局游泳管理中心委托，由我校9名同学组成的中国青少年游泳队赴法国赛尔内参加第十届欧洲青少年游泳锦标赛。游泳队共参加了41个单项的比赛，获得28枚金牌、9枚银牌和4枚铜牌，这是我国参加该项赛事以来成绩最好的一次。另外，女子排球队受国家体育总局委派，赴美国犹他州参加世界青少年排球挑战赛，获得17岁组第5名。

8月，女子排球队代表北京市代表团参加全国中学生运动会（河南郑州），获得全国亚军。这是北京市中学生代表队历史上首次进入该赛事决赛。

2006年7月，游泳队完全自主培养的队员王曦明入选中国国家游泳队，师从著名教练韩冰岩。

8月，田径队被评为北京市级田径传统项目学校。

2007年3月，在德国南部城市巴特贝格察伯恩举行的第29届世界青少年游泳锦标赛上，我校游泳队代表中国参赛再创辉煌，共获得29枚金牌。在其中的5项接力比赛中，我校游泳队夺得了4项冠军；有5人打破赛会纪录，并夺得团体总分第一名；队员王雨菲获最佳运动员奖。本次赛事共有来自世界27个国家或地区的代表队参加。

10月，田径队重新夺得北京市传统校田径运动会初中组团体冠军。

2008年6月，游泳队被中国游泳协会、国家体育总局游泳运动管理中心批准成立“中国游泳协会游泳运动学校”。

8月，学校综合体育馆作为北京奥运会排球训练馆接待各国女排代表队训练，在此期间校女排观看了古巴女排和中国女排的训练，并与教练、队员进行了交流。

2009年1月，游泳队队员受国家体育总局委派，我校师生15人，与其他通过全国选拔的代表团一起，赴澳大利亚参加“2009世界青少年运动会（青奥会前身）”。

4月，女子排球队应邀出访意大利（威尼斯）参加国际青年排球锦标赛，获得女子组第七名。

6月，国家体育总局授予我校“中国游泳‘体教结合’示范基地”

称号。

8月，田径队首次单独组团参加全国中学生田径锦标赛。

2011年7月，承办中国国家游泳队赴“第14届国际泳联世界锦标赛出征仪式”。

2012年7月，蔡晓东校长出席“北京市学校体育教育大会”，应邀为“北师大实验中学近百年学校体育教育足迹”做主题发言。蔡校长指出：实验中学始终把“培养健康身体”作为第一要旨，其后才是“发展基本知能，培植高尚品格”；大力推动“做真教育，真做教育”的指导思想，按照人的成长规律和教育的发展规律做教育，了解并尊重学生的成长和发展需求，让每个学生都能成为有能力创造幸福生活和促进美好社会的全面发展的、学有特长的英才。

10月，校秋季运动会在中国国家体育场（鸟巢）隆重举行。这是该场地自2008年奥运会之后，首次接受普通中学在此召开学校运动会。

2013年8月，田径队张洛铮同学代表北京代表团夺得全国中学生田径锦标赛男子初中组跳远项目冠军（成绩6.72m）。

2014年8月，游泳队获得“中华人民共和国中学生运动会”北京代表团游泳队组团资格，师生20余人，出征上海，获5枚金牌及团体总分第二名的好成绩；女子排球队获得全国中学生排球锦标赛冠军（黑龙江铁力市），这是2000年以来获得的第一个全国冠军；田径队钱大鹏同学在北京市全运会田径比赛中以7.34m的成绩首次通过国家一级跳远运动员标准，并打破北京市青少年田径比赛跳远纪录。

2015年5月，我校被评为国家级游泳传统项目学校、国家级田径传统项目学校。

9月，成立高尔夫球队。

2015年—2016年8月，田径队白景先同学连续两届夺得全国中学生田径锦标赛男子初中组 200 米项目冠军（成绩 22"51）。

2016 年 8 月，游泳队毕业生刘兆尘作为中国奥林匹克代表团成员之一参加了第 31 届夏季奥林匹克运动会。

9 月，秋季田径运动会上，为庆祝 100 年校庆进行“实验中学田径队历史名人典礼”活动。与此同时，赛艇队成立。

10 月，田径队重新夺得北京市传统校田径运动会高中组团体冠军。女子排球队为庆祝 100 年校庆，举办“实验中学排球嘉年华”，历届排球队员、教练员欢聚一堂。

12 月，女子排球队在 2016 北京市中小学生排球冠军赛女子高中组决赛中以 3∶0 战胜北京一〇一中学再次蝉联该项比赛冠军，北京电视台体育频道和网络频道首次现场（光彩体育馆）直播中学生排球比赛。

附：体育队优秀毕业生感言

少年不老

玄琳[①]（2013 年实验游泳队优秀毕业生）

我游泳 17 年，12 至 18 岁共有 35% 的时间出现在实验中学的游泳馆。6 年里，我作为实验学子拿到的金牌没有 100 枚，也有 99 枚。恩师李惠燕、樊悦领着我们游遍了当年还是城八区的北京和中国大大小小的城市。

在校时，我曾在《游泳周刊》上讲述过我与实验游泳队的故事。实验中学是一个可以发现少年时代的你与众不同的地方。实验游泳队在 2009 年被授予“中国国家游泳队‘体教结合’示范基地”。鱼和熊

① 玄琳，2007—2013 年就读于我校，13 岁成为国家健将级运动员，本科就读于清华大学电机工程与应用电子技术系；清华大学电机工程与应用电子技术系“学生年度人物”，屡次获校设奖学金；清华大学“十佳运动员”，十年来首位创造高校赛会纪录的清华女子游泳队员；曾任清华体育代表队副书记，创立清华体坛人物志专栏，获清华大学新闻中心优秀作品奖；清华大学电机工程与应用电子技术系直硕生，研究方向为电力系统及其自动化方向。

掌不能兼得的谚语已经被我们这帮孩子所颠覆。我既是单届全国比赛六个项目的冠军获得者，也是全年级第二的实验学子。角色的不断转换反倒是让我觉得刺激和挑战。少年时代的不畏艰难、不忘初心在我的游泳队里被大家演绎得淋漓尽致。

我是来自实验游泳队一名普通的队员。我知道游泳只是我们漫长人生里的一件事，或许我也已经不是当初那个能在实验泳池里极速前进、自在超越的少年了。

但少年不老，我还想再围着实验操场跑上个60圈，再游到晚上8点看回实验的路灯；少年不老，我们还是爱穿红衣白裤，骄傲于在泳池里拜过的把子。

少年是不会老去的，他永远有最想去的地方和最想偶遇的人。

实验人都有少年心。要做的事，遇到的人，无论岁月如何变迁，我们定如少年般真挚对你。

百年实验，也正如少年。

少年不老，肩负大任，热血昂扬，不问岁月！

玄琳

二、探索“艺教结合”人才培养新模式

学校创办之初是一所仅招收女生的女子中学，历来极为重视艺术教育，艺术、美育教育始终是我校教育体系中极为重要，且占有很大比重的有机组成部分。多年来我校加大对艺术教育设施、设置的投入，加强软环境的开发与管理，取得了很好的成效，在2000年初先后成立了校舞蹈团、合唱团、民乐团。这些以专业特长为锻造目标的团队，不仅美化了校园，更滋养着有艺术天赋的孩子。

2000年9月，实验中学分别成立了合唱团与民乐团。

2001年5月，实验中学开始招收声乐、民乐类特长生。

9月，实验中学成立了舞蹈团。

2005年5月，舞蹈作品《紫舞吟袖》获北京市第八届学生艺术节比赛一等奖、指导教师奖与最佳创作奖。

12月，合唱团（初中组）首次参加西城区学生艺术节获区级一等奖。与此同时，高二（8）班合唱团参加西城区学生艺术节获区级一等奖，并被推送至北京市参加市级比赛。

2006年3月，高二（8）班合唱团获得北京市高中班级合唱比赛一等奖。

2007年3月，艺术团应洛杉矶市长邀请，赴美国参加由北京市旅游局举办的“北京风情，舞动美国”迎奥运大型活动。

5月，舞蹈团作品《秦丫韵韵》获北京市第十届学生艺术节比赛一等奖、指导教师奖、最佳创作奖。

7月，合唱团和民乐团应邀参加萨尔斯堡音乐节，获得优秀团队称号。

9月，实验中学艺术团在人民大会堂举行“学校90周年校庆庆典”大型演出。民乐团应邀参加中华文化遗产论坛开幕式大型演出。

12月，合唱团（初中组）获北京市第13届学生艺术节市级一等奖。与

此同时，2009 届高中部（7）班合唱队参加西城区学生艺术节获区级一等奖，并被推送至北京市参加市级比赛。

2008 年，校舞蹈团凭着孜孜不倦的努力，以优异的成绩被北京市教委授予了“北京市学生金帆舞蹈团”的荣誉称号，在艺术前行的道路上，原创了多部优秀作品，多次获得市、区级一等奖。合唱团经过多年的发展，现由初中童声合唱团、高中混声合唱团及高中男声小合唱团组成。自建团以来，曾连续参加北京市第五至十九届学生艺术节合唱比赛，多次获得市级一等奖。在校班级合唱队也多次被西城区推荐到市级比赛，取得优异成绩。由一群热爱民族乐器的非艺术特长生组建的民乐团现已发展成为学校艺术团中人数庞大且激昂震撼的乐队。从一个小型的学生艺术队成长为大型的学生乐团，充分体现了我校“艺术育人”的特色教育方针的正确性。近两年学校又萌生出小型的艺术类社团，如管乐团、京剧社、话剧社、街舞社等，如一股清风吹拂着校园的每一寸角落，丰富和美化着校园的文化生活。

3 月，2009 届高中部（7）班合唱队获得北京市高中班级合唱比赛一等奖。

4 月，舞蹈团被北京市教委授予“北京市学生金帆艺术团舞蹈分团”光荣称号，系西城区第一所被评为此称号的中学舞蹈团。

7 月，合唱团（初中组）队员作为北京学生代表参加全球首播的 2008 年奥运会运动员入场仪式并现场演唱。

2010 年 1 月，艺术团应邀参加洛杉矶华人春节晚会，获得当地人的极大好评，并受南加州州长的接见，确定 2010 年 1 月 26 日为“北师大实验中学日”。

10 月，民乐团、合唱团（童声组）作为全国中学生代表参加中国国务院主办的“意大利—中国文化年”的交流活动。

12 月 18 日，学校师生共同参演的金帆舞蹈团专场演出《让我们一起舞蹈吧》在北京梅兰芳大剧院举办，晚会内容分为“我和往事”“我和同学”“我和老师”三个篇章，以舞蹈的形式展现了我校师生为实现梦想执着追求的奋斗历程。在这场演出中，参与表演的学生186人，参与演出的教师团共有64人，分别由校长、书记、一线的老师们，以及各部门的教职工组成，共同凝聚了实验师生的艺术教育智慧，共同撑起美丽精彩的舞台。

2011年2月，艺术团应邀赴台湾新竹参加市台办举办的“两岸师生元宵”大型演出。

5月，舞蹈作品《童年骊歌》获北京市第14届学生艺术节金帆团组展演一等奖、最佳表演奖。

7月，民乐团应邀远赴爱沙尼亚参加世界青年艺术节演出。

9月，实验合唱团的“男生组小合唱队”成立。

11月，合唱团（童声组）应邀与哈佛大学鳄鱼合唱团进行同台交流演出。

2012年3月，合唱团（初中组）获北京市第15届中小学生艺术节市级一等奖。高中男声小合唱团获北京市第15届中小学生艺术节市级一等奖。

10月，舞蹈团受邀参加在国家大剧院的大型活动“北京市金帆艺术团25周年舞蹈专场晚会”。

2013年10月，邀请中国著名舞蹈艺术家潘志涛教授，在实验中学创立了“潘志涛名师工作室”。

12月，舞蹈团应邀参加中央电视台《舞蹈世界》栏目“舞蹈全民星”节目录制。

同时，学生话剧社成立，高二年级学生的话剧《雷雨》全剧演出。

2014年2月，艺术团受中国对外友好协会邀请赴法国参加联合国教科文组织总部非遗展演，在巴黎及枫丹白露进行了专场演出，得到法国人民的高度赞扬，展示了中国青少年艺术教育的成果。

12月，话剧社应邀参加当年西城区百姓戏剧节会演，在国家话剧院进行《雷雨》全剧会演。

2015年4月，民乐团获北京市中小学生艺术节民乐比赛金奖。舞蹈作品《竹颂》获北京市第18届学生艺术节舞蹈展演金帆团组金奖、最佳创作奖。《竹颂》的创作基于实验中学始终对中国传统文化的追求及承载，以实验学子优美、谦逊的舞姿，表现出了竹子高洁纯美的意涵。

12月，话剧团应邀参加西城区百姓戏剧节会演，在国家话剧院小剧场演出话剧《雷雨》全剧、《一个无政府主义者的意外死亡》以及学生创作课本剧《堂吉诃德》。其中话剧《雷雨》走出校园，在清华大学蒙民伟音乐厅演出。

2016年3月，合唱团（初中组）获西城区第19届中小学生艺术节一等奖，北京市第19届中小学生艺术节金奖、最佳训练奖。

8月，艺术团全体成员赴英国参加爱丁堡“麦穗艺术节”，于当地时间14日下午在爱丁堡国际会议剧场（EICC）成功上演。这场90分钟的演出都是由我校艺术团中的舞蹈团、合唱团、民乐团和管乐团共同承担，是一场综合性的艺术专场，近120名学生参演。在演出中，学生们热情活泼的表现和精彩的节目，向国际舞台展示了中国中学的艺术水平，同时也展现了我校艺术育人的教育理念。演出得到了爱丁堡各界的广泛关注，同时也获得了前来观演的使领馆、教育局领导的赞誉，以及中外观众的喜爱。

9月，雷雨剧团成立，教职工话剧团成立。

艺术教育是当前全面推进素质教育，促进学生全面发展和健康成长的一项迫切任务，也是学校实施素质教育的主要途径和内容。我校在艺术教育活动和校园文化建设上也创造出众多非凡的成绩。2000年至今的十几年时间里，我们用实实在在的成果记录了学校在“体艺”教育方面一路前行的足迹。从学校的各项体育队伍与艺术团队的发展与实践上，充分体现了实验“一体一艺”的特色教育方针和培养“全面发展，学有特长的英才”的育人理念。

附：艺术团优秀毕业感言

实验舞魂

杨璐①（2003年舞蹈团优秀毕业生）

回眸在实验的六年，最为深刻的记忆莫过于舞蹈，因为舞蹈，我创下了N个第一：第一批初中舞蹈特长生；校舞蹈队成立后第一批骨干；为学校在市里拿到第一个舞蹈比赛一等奖；第一批代表学校出国演出交流；也是学校第一个高中舞蹈特长生……当然，这些成绩凝聚着校领导和老师们对艺术教育普及的坚持，渗透着对我们的关爱和培育，为我们创造了德智体美劳全面发展的环境。我是最受益者之一，艺术是触类旁通的，多年的舞蹈训练，陶冶了我的艺术情操，开拓了我的创造性思维，使我对世界充满了丰富的想象力。在2003年众多高中名校毕业生中我脱颖而出，获得香港中文大学在内地招生的唯一建筑设计学专业的名额。我非常感激母校，是实验教会我学有所用，去做自己喜爱的事情，即使现在事业繁重，我也始终不离不

杨璐

① 杨璐是校舞蹈团优秀毕业生；本科、硕士就读于香港中文大学建筑学院，毕业后在香港、北京从事建筑设计工作多年，现在伦敦获奖建筑师工作室 Sybarite Architect 担任主设计师及大中华地区市场管理、高级建筑设计师。

弃艺术爱好，益于生活，益于健康，魂系舞蹈，魂系实验！

第三节　国内领先的遗产教育

早在1995年5月，为出席联合国教科文主办的第一次世界遗产青年论坛，我校依据中国教科文全国委员会“青少年参与世界遗产保护工作计划”，开展了一系列教育活动：举办世界遗产知识讲座、制作长城模型、编写有关世界遗产的校内专刊和教材、参观世界遗产地、组织演讲比赛、设想开展经常性活动，并于7月24—28日参加了在挪威卑尔根召开的第一次世界遗产青年论坛，杨洋老师和两名学生在论坛上交流了我校在世界遗产保护和宣传方面的做法、观点与经验。

世界遗产国际青年论坛——什刹海考察

2003年中国教科文全国委员会制订“世界遗产与青少年教育”计划，要“在全国选择几所重点学校开展世界遗产青少年教育，然后逐步推广”。

我校适时地抓住契机，承担了国家级科研项目——“世界遗产与青少年教育”研究与实践任务。

2004 年 5 月 1—3 日，北师大实验中学受中华人民共和国联合国教科文组织全国委员会委托，成功地举办了首届世界遗产教育青年论坛，并通过此论坛在中国各遗产地启动了“世界遗产与年轻人”教育项目。

6 月 28 日—7 月 7 日，中国联合国教科文组织全国委员会与苏州市成功地承办了“第 28 届世界遗产大会”。北师大实验中学鄂文艳和吴荻两位教师应邀出席了“第 28 届世界遗产大会——中国论坛”，鄂文艳老师作为中国各遗产地教师代表，在论坛上做了发言。

2005 年 7 月，北师大实验中学世界遗产教育的研究报告《用世界遗产教育点亮孩子的心灵》，代表中国联合国教科文组织全委会在东北亚世界遗产教育研讨会上作为主报告汇报交流。

2006 年 6 月 5 日，中国第一个文化遗产日来临前夕，我校发动北京十二所示范高中举行了“责任与使命——亲近文化遗产传承文明火炬”青少年宣言发布会暨第二届世界遗产国际青年论坛新闻发布会。

10 月，参加在韩国举行的第三届“东亚通过 ASP 网络开展世界遗产教育促进可持续发展教育会议”，袁爱俊校长发表主题演讲。

2007 年 3 月，北师大实验中学世界遗产教育的研究报告《对建设具有文化品质学校的思考和实践——世界遗产和中华文化特色学校》在韩国举办的世界遗产教育国际研讨会上交流；8 月 18—20 日，在蓬莱和平论坛 · 可持续发展与世界遗产教育国际研讨会上汇报交流。

2008 年 9 月，承接联合国教科文最大的青少年文化交流项目第三届全球对话国际研讨会，“全球对话”（Mondialogo）开展学校之间的竞赛目的主要是用于提高对多元文化及多元文化教育重要性的意识，号召学校积极培养学生多元文化对话及教师专业能力，其中包括多元文化对话能力，它是学习过程不可缺少的组成部分，鼓励通过丰富多彩的国际交流为世界和平和相互理解做贡献，通过项目型教育方法探讨世界问题来加强素质教育，大力发展年轻人间及教师间的跨文化友谊。

11月，被联合国教科文组织授予我校“世界遗产青少年教育中心”“联合国教科文组织联系网络学校”的称号。

2009年6月4日，接待来自32个国家的常驻联合国教科文组织大使、副代表和联合国教科文组织官员，并进行广泛而深入的交流。

6月13日，正值我国第四个文化遗产日，由中国联合国教科文组织全国委员会及世界遗产青少年教育中心举办的“首届世界遗产青少年教育论坛”在我校召开。同时，我校艺术馆宣告落成。联合国教科文组织中国全委会副秘书长杜越、国家文物局副局长董保华、财政部教科文司司长王家新、北师大党委书记刘川生、北师大副校长樊秀萍等领导参加了启动仪式。

8月19—21日，参加在山东蓬莱和平论坛·可持续发展、文化多样性、有质量的全民教育国际研讨会，袁爱俊校长发表主题演讲:《学校在尊重文化多样性、促进和平与发展中的作用》。

从2009年起，由国家文物局主办的“全国青少年文化遗产知识大赛”在全国大学生中掀起文化遗产的热潮。2010年，世界遗产青少年教育中心加入，同时承办中学组的比赛，每年根据遗产地的不同而选取相应的主题贯穿整个活动。我校一直参加历年的比赛。

2010年6月8日，世界遗产教育青少年研究中心受教科文全委会委托，接待了联合国教科文文化助理总干事、世界遗产中心主任佛朗西斯科·班德林先生，他听取了中国文化遗产的教育情况，并与来自实验中学、四中、八中、人大附中等学校的学生亲密互动。

8月14—17日，联合国教科文组织协会世界联合会和中国联合国教科文组织全国委员会、中国教科文组织协会全国联合会在京联合主办了联合国教科文组织协会世界联合会第29届理事会。联合国教科文组织协会世界联合会理事以及联合国教科文组织协会亚太地区联合会、欧洲地区联合会、拉丁美洲及加勒比海地区联合会、非洲地区联合会和阿拉伯地区联合会的代表，以及中国教科文组织协会全国联合会代表应邀参加此次会议。理事会期间召开题为《可持续发展教育促进国际理解》的论坛，世界遗产青少年教育中心主任袁爱俊、亚太地区世界遗产培训与研究中心苏州分中心主任周苏宁应邀在论坛上分别就《在学校可持续发展教育中培养学生国际化素养的思考与实践》《世界遗产保护的未来之举》做了专题发言，受到各位理事和地区代表的一致好评。

12月4日，学生社团“世界文化遗产社”“国剧社”“国学社”“动漫社”的社员们在逸夫楼分享了郑山麓老师的西藏画卷，并与郑山麓老师面对面进行了对话交流。

12月20日，由世界遗产青少年教育中心主办、北师大实验中学历史组承办的守望系列活动之青铜主题活动盛大启动。活动由两部分组成，上午青铜器收藏专家与历史组和艺术组的老师进行了青铜对话；下午青铜器研究专家、首都博物馆研究室副主任冯好博士与高一年级全体同学分享了青铜故事。

2011年5月，实验中学邀请裕氏草编、面塑、泥塑彩绘脸谱、西城皮影（德顺班）非遗传承人进校园。

2012年，北师大实验中学世界遗产青少年教育中心受联合国教科文组织世界遗产中心（法国·巴黎）委托，举办中国帕特里莫尼托世界遗产探奇动画片脚本大赛。大赛旨在让中国的青年人积极参与到世界遗产保护中。2012年6月，经联合国教科文组织的专家评委团评选，高二（3）班段与石、高三（1）班游乾睿、高三（10）班殷硕包揽中国赛区前三名。联合国教科文世界遗产委员会请法国动漫专业公司根据第一名段与石的作品改编制作动画片，成为联合国教科文组织版权所有的帕特里莫尼托世界遗产探奇系列动画片之一，在日本京都举办的《世界遗产公约》缔约40周年的全球庆典上播放。获奖信息在联合国教科文官方网站刊出。

12月14日，第五届中华传统文化节开幕。本届文化节的主题为“梨园溢彩”。校长蔡晓东、书记程凤春等校领导以全套彩妆登台。初二年级班主任以戏曲里的“才子佳人”为主题盛装打扮。全国政协常委、中国京剧院原院长、国家一级编导吴江，中国文学艺术基金会、中国非物质文化校园传承基金执行理事长黄俭，武警总部直属支队副政委翟康太、主任张占周参加了开幕式。

2014年，由世界遗产青少年教育中心主办、实验中学历史组承办的守望系列活动之国瓷主题活动盛大启动。国家级非物质文化遗产唐三彩烧制技艺代表性传承人、高级工艺美术师、洛阳唐三彩研究院院长、洛阳唐三彩博物馆馆长高水旺大师带领着大家走进唐三彩，揭开它神秘的面纱，令广大参观者叹为观止。

第四节　学生荣誉与成长

一、各类奖励

学校坚持“以人为本，服务社会，追求发展，追求卓越”的办学宗旨，把培养“全面发展，学有特长的英才”作为学生的培养目标。为了全面贯彻国家教育方针、全面践行学校育人理念和培养目标，学校从三个维度设立了12个奖励项目，以鼓励、表彰在各个领域取得优异成绩的学生。

在促进全面发展方面，设立了两大奖项，三好生奖及由三星公司资助设立的三星奖学金奖。在推动学生们学有所专、专有所长方面，校内设立了五大类共八个奖项。其中学业专长类：实验智学奖；礼仪、社会工作类：文明学生奖、优秀学生干部奖；特殊才能类：实验之星奖、特殊才能奖；科技创新类：与北京京育教育发展促进会合作设立京育科技创新奖；卓越才能类：实验银帆奖、实验金帆奖。从培养英才的角度，设立了两个高端奖项，即实验英才奖和实验校长奖。每年10月，学校举行“优秀学生表彰会”。学校历届学生也获得了各项国家级优异成绩。

2007年9月，初二（1）班王思萌同学获“全国十佳少先队员”荣誉称号。

我校王思萌同学小学三年级就参加了奥运宣传片的拍摄，在《中国骄傲》奥运专题片中宣读北京奥运承诺宣言，参加“2008北京奥运会吉祥物颁布仪式”主题歌《北京欢迎你》的演唱，她还要做奥运志愿者，把奥林匹克精神传播到更多人的心中。王思萌关心他人，在“手拉手地球村”的活动中，她带领同学们回收报纸、矿泉水瓶子，卖掉后把钱捐给贫困山区的小朋友。她学习成绩优异，综合素质突出，先后获得了“北京市三好学生”“北京市十佳少先队员”“全国十佳少先队员”称号。

（摘自2007年10月12日北京师范大学附属实验中学网站）

2009年，陈凯文同学参加北京电视台的sk状元榜，获得年赛亚军的好成绩。

2010年12月16日，在北京市教委举办的第24届北京市中小学生金帆、银帆奖颁奖典礼上，我校有6位同学获“金帆奖”，5位同学获“银帆奖”，创造了学校在此项活动中的最好纪录（指导教师张义亮、王新房、赵强、刚永运）。

2014年，郑举之同学参加BTV状元榜的比赛，连胜10场比赛，打破了状元榜有史以来的纪录。

二、竞赛成绩突出

2008年，全国中学生生物学联赛中，我校共有6人获得一等奖（北京市共22人），其中2位同学还代表北京市参加了全国中学生生物学联赛（北京赛区选派4人）。

2009年8月，在第18届全国中学生生物学奥林匹克竞赛中，2010届学生夏思杨、邹梦廉获银牌。在全国青少年信息学奥林匹克夏令营中，2010届学生吴淳获铜牌。

10月，在第26届全国物理竞赛（决赛）中，2009届学生于乾获一等奖。

2010年7月，在第41届国际奥林匹克物理竞赛中，2009届学生于乾获金牌。

学校制定了以学科竞赛辅导和大学先修课程为抓手的英才培养战略，从体制上保障了拔尖人才的脱颖而出。在贯彻学校的要求方面，前些年，物理组采取的模式是：高中三年为一个周期，每个年级酌定1—2名老师负责，其他老师组成坚强的后援团，做到有求必应。组内倡导老师们应主动循序渐进地担起尖子生培养工作，并通过编制课程大纲，优化模块顺序，划清补缺边界等“基本建设”，向规范、高效的“科学培训”方向不断进取，力争早日达到全组范围内的“培训教材统一、集体教研统一、分工负责统一”的教练组负责制的目标。

发挥于乾的“小老师”作用

于乾取得国际金牌绝不是偶然的。和其他同学相比，他有着更优秀的特质。一是心静，也就是心无旁骛，思考深入。二是纯朴，没有功利色彩，真诚待人，乐于助人。三是就像一个始终平视前方的爬山者。瞄着近期的目标，迈好当下的一步；不过多考虑最终的结果，免得被太高的山峰所震慑、喝退。于乾通过不断的努力，逐渐崭露头角，我就尝试着让他来做老师的助手。除了帮助老师答疑之外，还布置一些专题让于乾先准备，再登台讲解，以提高他思考问题时的全面性和表达问题时的准确性。久而久之，于乾在同学们眼中俨然成为一个小老师的形象。

老师的成就常可用所教学生的成绩来衡量。我常用这样一句话激励自己：教不出能超越自己的学生的老师不是好老师。我欣喜地看到，在我的引导、“怂恿”下，于乾他们一步一步地在接近并超越老师，心里甭提多美了！

过五关、斩六将

2009 年的 9 月，第 26 届全国中学生物理竞赛的大幕徐徐拉开。

这之前的一个暑假，师生互相陪伴，在分校的物理实验室里，度过了一个火热但很充实的盛夏。前半段主攻复赛，后半段回过头来迎接预赛。为了节省吃饭的时间，我曾把肉、素包子带到教室；也曾有热情的家长叫了外卖，为大家送来热气腾腾的快餐……

预赛，并不轻松，必须进西城区前 35 名才能进入复赛，不可轻视。

复赛，高手过招，逐鹿课外，难度陡增。且战线较长，分两次进行。理论笔试占 140 分，实验操作占 60 分；两者相隔一周，按两试总分选出参加全国决赛的北京市代表队。于乾不负众望，赫然其中。

全国决赛是复赛结束一个月后的 10 月，在上海举行。受学校委派，我全程陪同。经过来自各地“诸侯”的激烈较量，于乾以全国第 10 名的成绩获全国一等奖，显然应在国家集训队的 50 人名单以内。按他这样的成绩，清华、北大都乐于直接保送，且可以任选专业，于乾选择了清华大学电子工程系。这一幕使我们进一步感受到了名牌高校对物理竞赛尖子学生的认可。我开始筹划下一阶段于乾到北大物理学院参加全国集训的各种准备。这时候，组委会通知，成绩在全国前50名的同学开会，内容是，征求大家的意见，是否同意参加全国集训。于乾的一句话，我瞬间懵了……

“我不想参加集训了”

这是于乾刚刚和他爸爸说的一句话，于乾爸爸第一时间告诉了我。由于已经没有沟通的时间了，我来了个缓兵之计。我要求于乾先向组委会表态“待定”，协商后再向组委会反馈最后的意见。理由是，万一我们又想参加集训了，主动权还在我们自己手中。于乾又一次听了老师的话。要不然，后来得到的这块国际金牌还真不知落入谁手。

我问他时，于乾承认自己不想参加集训的理由很简单：集训需要几个月的时间，前段时间由于准备物理竞赛落下的其他课程就没时间补了。我猜测，这孩子可能也想让几个月来一直紧张、疲惫的身心松弛一下。我深知这次集训对于乾开阔视野、强大内心的重要性。我要在这关键时刻承担起老师的责任，给眼前这位单纯、认真的大男孩以耐心的说明和必要的指导！

当我告诉他，集训过程是由全国物理界顶级的老师讲课辅导，是和全国最优秀的颇具物理天赋的学生讨论切磋，最容易碰撞出思想的火花，是最精彩、最高端的学习过程时，他会心地笑了：好吧！接着，反馈完“我要参加全国集训”的决定，他马上就开始问起有关集训的一、二、三来……

走向巅峰

在北京大学进行的为期两个多月的高水平集训，围绕5个奥赛名额和8个亚赛名额的竞争，程度之激烈已达白热化。阶段性测试的成绩精确到小数点以后。在这一阶段，作为最想了解他的一点一滴的人，我不能不问，但又不能多问，怕占用他的时间，增加他的压力。我严格控制与他沟通的次数和通话时长，要求自己和于乾联系前，先备好课再接通电话，发短信时注意言简意赅。他回答我最多的就是：还可以！就那样！我了解他的低调，只要不说“砸了”，就可能有戏！

2010年元旦刚过，我收到了于乾第一次主动打来的电话，他说得是那样的平静：他以总分全国第四的优异成绩入选新一届奥林匹克竞赛国家代表队，紧接着就要开始出国前的适应性训练。

出国比赛前，蔡校长亲自接见了于乾，勉励他为国争光，为学校添彩。看得出，此时的于乾已是沉着稳健、信心满满……

不久，便从克罗地亚的首都萨格勒布传来爆炸性新闻：于乾同学在第41届国际中学生物理奥赛中夺得金牌！至此，于乾登上了中学生物理学习的巅峰，实验中学的校史上又增加了亮丽的一笔，蔡校长的“两真教育”理念又增加了新的注脚。

开学典礼上颁“校长奖”

9月1日，新学期开学典礼，张建东副市长（当时是西城区区长）等领导来校祝贺，显然，于乾刚获国际金牌是开学典礼大会的重头戏。毫不夸张地说，这次对辅导老师和获奖学生的奖励规格之高绝对是空前的，蔡校长的用意很明显——激励后来者。以此昭示大家：谁做出成绩来，学校就重奖谁！学校专门为我和于乾每人制作了一块铜制鎏金奖牌，上面写着“校长奖”三个大字和获奖者的名字。先进行了于乾向辅导老师献花，然后于乾发表获奖感言，他的轻松和幽默，引来了学弟学妹们的既羡慕不已又捧腹大笑。最后，我作为辅导老师做了简短发言。

身去麻省，心留故乡

2011年，在清华大学读了一年的于乾，又接到了美国麻省理工大学的特殊录取通知书，同意他带着清华大学大一所修的学分，转入该校，以示对他刻苦学习的精神和所获成绩的认可。他找到了我，商量该如何抉择。

他想去麻省理工，毕竟是国际顶尖名校；我觉得这样有利于尽早打开国际视野，接触科技前沿。师生不谋而合，很快一致敲定。他想把金牌留给母校，按老师说的珍藏于校史馆，让学弟学妹们参观浏览，受到鼓舞。第二天，他特地穿上西装（正值盛夏），带上金牌，与老师庄重合影，并留下诗句：母校情深，师恩难忘；身去麻省，心留故乡。

（摘自王新房老师《国际金牌的“故事”》）

2010年8月，在第19届全国中学生生物学奥林匹克竞赛中，2011届学生刘帅、杨林枫获铜牌。

10月，在第27届全国物理竞赛（决赛）中，2010届学生笪琨获一等奖，并入选国家集训队；耿其尊、刘骥琛、余可获二等奖。

2012年8月，在第29届全国青少年信息学奥林匹克竞赛中，2013届学生薛钟行获银牌；2014届学生周天茗获铜牌。

与此同时，在第11届中国女子奥林匹克数学竞赛中，2014届学生尚佳琦获银牌。

2013年1月，在中国奥林匹克数学竞赛中，2013届学生薛钟行，2014届学生马成、李兴远获银牌；2014届学生杨玉琛获铜牌。

8月，在第30届全国青少年信息学奥林匹克竞赛中，2014届学生周天茗获银牌；2015届学生季智成、徐禹生获铜牌。

2014年1月，在中国奥林匹克数学竞赛中，2014届学生于淼、赵嘉霖、马思源获金牌；2014届学生李兴远、杨玉琛获银牌。

5月11—16日，在美国洛杉矶举行的第65届英特尔国际科学与工程大奖赛（Intel ISEF）上，我校国际部高三（12）班学生万若萌的《为什么陆生植物不含高效吸收绿光的光合色素——从自然选择的角度探究含藻红蛋白的藻类未能进化为陆生植物的原因》荣获“一等奖”（奖励是可以用自己的名字命名一颗小行星），这也是我校学生荣获的国际科技竞赛最高奖！高一年级马西薇、乔中天两位同学也向全球70多个国家和地区的约1700名中学生展示了他们的《最早红杉属植物的表皮特征及生存环境初步探索》科研项目。

8月，在第31届全国青少年信息学奥林匹克竞赛中，2015届学生季智成获金牌；2015届学生张蒲石、王润基、贾岳青获银牌；2015届学生徐禹生获铜牌。

万若萌同学在项目展板前

三位参赛同学（右1马西薇，中乔中天）

万若萌同学从小是个“植物迷”，爱刨根问底。她从追溯植物的进化过程开始，一直深入到探求藻类登陆时的奥秘，她的这项研究主要回答了为什么植物进化成为绿色，而不是更高效的黑色。她搭建了一个研究藻类进化过程的装置，这项研究可以用于太阳能电池制造工艺的改进，以便提高效率。她曾于2013年12月荣获第13届全国“明天小小科学家”奖励活动的最高荣誉——“明天小小科学家”称号，2014年3月荣获第12届“北京市青少年科技创新市长奖”和北京市第34届青少年科技创新大赛优秀项目一等奖，并被美国哥伦比亚大学、宾夕法尼亚大学、杜克大学、加州理工学院和韦尔斯利学院等著名大学录取。

（摘自2014年5月19日学生科技网）

2015年1月，在中国奥林匹克数学竞赛中，2015届学生彭炳辉、谢彦桐获金牌；2016届学生刘睿、罗明宇获银牌。

5月，在全国中学生生物学竞赛中，2016届学生胡可、宋琳子、何纾宇获铜牌。

8月，在第32届全国青少年信息学奥林匹克竞赛中，2017届学生徐明宽获银牌；2017届学生颜珅、2016届学生金为开获铜牌。

10月，在第32届全国物理竞赛决赛中，2016届学生冯曦林、2017届学生李嘉镛获银牌。

2015年全国奥林匹克学科竞赛中，所有学科都有学生代表北京市参加冬令营。数学和信息学各有一人进入国家集训队。共有39人获得一等奖，13人进入北京队，共获2金4银7铜。

国际部高三年级创造了历史性的突破！名校录取数据显著提高；与国内同类学校相比优势明显；名校录取率居全国第一。与南京外国语学校形成一南一北占据全国一半名校录取结果的局面。

在第27届国际信息学奥林匹克竞赛中国队选拔赛暨精英赛中，学校高一（10）班徐明宽同学喜获精英赛金牌（北京共2人），高一（10）班吴一非同学获得铜牌。

在2015年全国中学生生物学联赛中，学校有7名同学荣获全国联赛一等奖。其中，有5人进入到北京市前16名，并参加了北京队选拔。经过选拔，学校有3人入选北京队，代表北京市参加“2015年全国中学生生物学竞赛”。

（摘自2015年5月15日北京师范大学附属实验中学网站）

2016年1月，在中国奥林匹克数学竞赛中，2016届学生刘睿、黄巍、彭宇辰获银牌；2016届学生卢丹葳荣获铜牌。

8月，在第33届全国青少年信息学奥林匹克竞赛中，2017届学生徐明宽、2018届学生陈通获金牌；2017届学生蒋林、吴一非、颜珅、孙司宇获银牌；2017届学生庆语其获铜牌。

8月，在第15届中国女子数学奥林匹克CGMO竞赛中，2017届学生初佳慧获金牌。

10月，在第33届全国物理竞赛决赛中，2017届学生李嘉镛、杨睿、张伊凡获银牌。

2017年1月，在中国奥林匹克数学竞赛中，2019届学生陈远洲获金牌；2017届学生王昕阳获银牌；2017届学生初佳慧获铜牌。

3月26日，第37届北京青少年科技创新大赛降下帷幕，我校24名学生创作的19项科技创新作品喜获11项一等奖，4项二等奖，4项三等奖。高三（10）班王维曦同学获“市长奖”，这是我校自2005年以来第10个获奖同学！今年一等奖11个，超过了2012年9个一等奖的纪录，创造了新的纪录。

近几年，学生发展水平稳步提升，不仅基础学习得到了夯实，发展性学习也得到了强化。从显性的成绩来看，学科竞赛、科技竞赛、体育与艺术竞赛、金银帆的获奖情况，位列北京市前茅。同时许多学生还在体育、艺术、领导力、科技、模联、JA等领域展现出卓越的才能。3人获“明天小小科学家”称号，10人获“市长奖”。

提起我校的非应试教育对学生成长的作用，2006届校友高鸿信[①]回忆道：

实验中学教育的非应试性，为我们今后的路奠定了自由的思想。我想用刘晓光和我作为例子。刘晓光是我的高中同班同学，我们两个是2008年全国高中化学竞赛实验中学仅有的两个省级一等奖，又同时保送进了清华化学系。刘晓光进入清华之后，致力于音乐事业。在清华高压的学业之中，他每天抽出2—3个小时练习吉他，从零基础，一跃成为清华大学吉他协会会长。他走上了校歌赛的决赛舞台，原创的歌曲出现在清华多场学生节与晚会中。2013年，刘晓光直升清华博士，师从理学院院长张希院士。在繁重的科研任务之外，刘晓光还搞起了音乐创业。他出了原创唱片专辑，好评如潮。在专辑的致谢中，实验中学音乐老师金铱的名字非常靠前。毕业多年之后还能与副科老师保持紧密的联系，不能不说是实验中学教育的成功。这个时候，还有人记得刘晓光所在的化学92班哪些同学获得了优秀毕业生吗？没有。但是，全校搞音乐的同学都知道刘晓光。

初中时候，我特别喜欢幽默风趣的李雪春老师，这是一位体育老师。高中时候，给我们传授人生哲理最多的老师，除语文老师之外，是蔡将老师，这也是一位体育老师。中学六年，没有一节体育课被主科老师占用，没有一节体育课放羊管理。我中学时体育成绩一般般，但实验中学的体育课无疑给我打下了良好的基础。进入清华之后，与刘晓光走上音乐的道路不同，我走上了体育的道路。同样也是零基础

① 高鸿信，男，1991年生于北京。2003—2006年就读于北师大实验中学分校初中（8）班，班主任何文春老师。2006—2009年就读于北师大实验中学高中（10）班，班主任何文春老师。2009—2013年本科就读于清华大学化学系。2013年至今在美国普林斯顿大学化学系攻读博士。

起步，我成长为清华大学中长跑二队队长，连续两年为全校同学进行北京马拉松赛前培训。回想起高中时候蔡将老师常说的一句话——“你们连跑步都跑不好还想打球”，我现在可以自豪地说：我跑步终于能跑好了。此外，作为跳绳队队长，我为学校拿下了十几年来清华首个北京市跳绳冠军。这与高中体育大课的时候，蔡将老师与张雪老师指导并鼓励我训练跳绳是分不开的。现在，我在普林斯顿大学，师从美国科学院院士 John T. Groves 教授攻读化学博士。博士期间完成了“大铁人三项”，成为全中国最年轻的完赛者之一，还登上了 Ironman 中国官网的首页。我的运动经历改变了周围美国人对亚裔“不爱运动书呆子”的成见。2016 年 1 月与 7 月，我还在普林斯顿分别见到了带团访美的张雪老师和蔡将老师。一位非体育生，能在毕业多年之后与体育老师保持联系，实验中学素质教育、全面发展的成功可见一斑。

（摘自北师大附属实验中学百年校庆征文：
高鸿信《从劣质超级中学谈起》）

2009—2016 学年度高中生学科竞赛成绩统计表

级别	年度	一等奖（人次）	二等奖（人次）	三等奖（人次）
国际	2009—2010	1		
	2013—2014	1		
全国	2009—2010	53	95	57
	2010—2011	63	88	72
	2011—2012	47	85	54
	2012—2013	55	96	38
	2013—2014	51	76	26
	2014—2015	78	120	66
	2015—2016	111	145	44

续表

级别	年度	一等奖（人次）	二等奖（人次）	三等奖（人次）
北京市	2009—2010	33	52	41
	2010—2011	57	83	69
	2011—2012	67	68	61
	2012—2013	75	61	51
	2013—2014	68	55	25
	2014—2015	83	75	34
	2015—2016	77	66	38

（注：仅含数学、物理、化学、生物、信息技术、科技竞赛成绩）

2008—2016 年重要学科竞赛获奖统计

学科竞赛名称	一等奖（人次）	二等奖（人次）	三等奖（人次）
全国高中数学联赛（北京赛区）	93	210	115
全国初中数学联赛（北京赛区）	130	140	101
北京市中学生数学竞赛（初二组）	124	177	136
北京市中学生数学竞赛（高一组）	96	103	74
全国高中应用物理知识竞赛	81	71	12
全国初中应用物理竞赛	102	134	186
全国中学生物理竞赛（北京赛区）	36	170	44
北京高一物理（力学）竞赛	103	140	33
中国化学奥林匹克初赛（原全国高中学生化学竞赛——省级赛区）	20	92	68
高中化学奥林匹克北京地区预选赛（原北京市化学竞赛——高一、高二组）	63	101	105
全国中学生生物学联赛	56	114	89
全国青少年信息学奥林匹克联赛（提高组）	137	111	24
全国青少年信息学奥林匹克联赛（普及组）	98	80	4

第五章　师资队伍建设与教师成长

第一节　科研兴校与教师专业化发展

一、先进科研理念与科研制度的确立

1999—2001 年学校发展战略中，确定了“以规范和高水平的科研促进教育教学，锻炼师资队伍”的战略规划。

2000 年 9 月，袁爱俊校长树立“科研兴校”理念，在 2001—2003 年工作行动计划中提出，实现学校“跨越式发展”的突破口之一是教育科研。

2002 年，教科室设张建国、鄂文艳为专职管理人员。教科室围绕素质教育和教育现代化，积极组织广大教师参与教科研活动。

2003 年，教科研工作配备了强有力的管理队伍，由北京师范大学教育管理学院程凤春（教授、博士）挂职副校长，主管教育科研。2004 年，教科室设有专职主任张建国，副主任鄂文艳、林祖荣，三人均为北京市市级骨干教师或特级教师，学校将教科研作为发展的重要突破口之一，提升学校的综合实力和声誉，这样强的科研管理阵容在中小学中尚不多见。

2004 年，在《北京师范大学附属实验中学 2004—2006 年行动计划》（讨论稿）中进一步阐述了“科研兴校”的定位，科研兴校是指把教育科研作为学校发展的重要动力，以教育科研为先导，增强师资队伍的科研意识，加大教育教学工作的科研力度，保证学校决策的民主化、科学化，把学校发展转移到依靠提高教育科研水平和师资队伍素质的轨道上来，加速学校

发展。同时通过学习和鼓励承担科研课题或相关项目的研究，首先在领导干部的层面统一思想，统一认识；还通过组织课题研究、组织以教研组为单位的研讨会设专题进行研究、组织教育教学年会、支持民间性团体（例如青年教师教育教学研究会、德育研究会等）在教师中予以宣传。

2005 年 12 月，教科研工作报告确定教科研基本目标为：培养一支队伍，建立一套制度，形成一批成果。他们力图通过努力，使教师具有较强的科研意识，能在教育教学实践中不断发现问题，并进行一定的理论思考和尝试设计解决问题的方案，能写出具有一定水平的研究报告或论文；一部分教师能在专家的指导下，针对课程教材或德育中较为根本性的问题独立地或带领一个课题组进行研究；一小部分教师能通过多种渠道参加国家级或部委级的课题研究；学校形成较浓厚的研究氛围。建立和完善了教育科研的管理体制，即校长领导、教科室管理的课题组长负责制，这一制度在学校科研工作的开展过程中起到了很好的作用；建立和完善有关规章制度，主要是《教育科研管理条例》《教育科研课题管理办法》《教育科研奖励条例》。为了加强骨干教师的培养，学校还出台了《北京师范大学附属实验中学骨干教师职责和管理的规定》；建立自主申报课题、专家组评审、学校提供行政支持的运行机制。适时地制定和完善了各项规章制度，主要有《实验中学教育科研条例》《实验中学教育科研奖励办法》《实验中学科研经费使用办法》和《实验中学教育科研课题组工作程序指导性意见》等文件。

同年，根据相关规章制度，学校在各级各类课题下拨经费的基础上，每年投资 20 余万元，用于支持科研的运作和教师奖励。学校还向具有一定规模和研究水平的课题组发放了笔记本电脑等设备，对其予以支持。

2006 年 6 月，在研讨总结“十五”教育科研工作经验与特色的基础上，讨论通过了《北师大实验中学科研管理制度》和《北师大实验中学科研管理工作条例》，这两个制度的建立标志着学校科研管理工作进入了成熟发展时期。此外，我们还研究制定了《北师大实验中学“十一五”教育科研规划》，作为今后五年学校教育科研工作的总体指导性文件。

2007 年 1 月，制定《北京师范大学附属实验中学 2006—2011 年教育科学研究规划》（草稿），把研究的重点下移，放在如何发挥科研在学校工作中的先导作用，坚持科研与教育教学实际紧密结合，把握教育教学的有效性并为之服务；进一步加强对科研工作的组织和管理，使科研的过程进一步规范化和科学化。

2008 年 6 月，为落实“科研兴校”的办学理念，制定《北京师范大学附属实验中学及分校教育科研基金管理条例》（修订稿）和《北京师范大学附属实验中学及分校教育科研奖励基金发放办法》（修订稿），并于 2008 年教代会讨论通过，特设立北京师范大学附属实验中学及分校教育科研基金，以促进“以教育科研为先导”理念的执行，以教育科研带动学校教育教学改革，培养科研型的教师，优化教师队伍，推动素质教育。

9 月，颁布《学校各级各类教育科研课题研究深度和管理要求》（简称《课题管理要求》），使教育科研能力及水平真正成为教师履职的必要条件和考核内容，使教育科研成为广大教师、干部在教育教学及行政管理工作等方面的行为习惯和工作方式，使“每位干部带题管理、每位教师带题授课”逐渐成为提高课程管理和教育科研水平的操作捷径和有效途径。

2010 年 1 月，发布 2010—2014 年发展规划，强化校本科研，着眼于多数教师，立足本校、立足本职、立足问题解决、立足短平快，引导教师通过校本科研提升工作水平，促进专业化成长；设立校本科研专项，鼓励和支持教师就自己工作中的问题开展课题研究，鼓励和支持教师总结工作经验；选择学校发展和教育教学中的一些重大和关键问题，组织校内外力量联合攻关，力争研究出有效的解决方案。

2011 年 9 月，落实“做真教育”的要求，加强教育科研的管理。为了使每位干部教师树立“科研兴校、科研兴教”的意识，让“研究”成为每个人常态化工作的一部分，新学年伊始，学校就明确提出要求“每位干部必须带题管理、每位教师必须带题授课”，积极倡导每一个工作部门都应大兴思考之风、研究之风，坚持“持续改进”的工作原则，研究新问题、探索新方法、总结新经验、创造新业绩，为学校教育的内涵发展、特色发展做出贡献，建立具有一定层次结构和规模的课题（包括项目）系统。

2012 年，教科室提出“四四四三”式管理模式，形成科研梯队。总结出学校的科研文化：“问题即课题，工作即研究，研究即成长，成长即成果。”

2013 年 2 月，《2012—2013 学年度学校工作要求及思路要点》提出：“加强教育科研，是学校内涵发展、特色发展的必然选择，是稳步提升学校教育教学质量与品质的根本保证。全校教职工必须树立‘科研兴校、科研兴教’的意识，让‘研究’成为实现‘两真’、落实‘两做’的有效抓手，让‘研究’助力于每一位教师的发展。”

2014 年 9 月，教科室提出用“软科研”打造“硬实力”。

2015 年，《2015—2019 年发展纲要》（实施稿）继续强化“科研兴校、科研兴教”意识，强化校本科研。鼓励和支持教师就自己工作中的问题开展课题研究，重点关注课堂教学模式的创新研究和实践、生涯教育的研究和实践、学生学法指导的研究和实践、学业指导的研究和实践、学科教学知识体系的研究和实践、线上课程的建设研究等；选择学校发展和教育教学中的一些重大和关键问题，如机构改革问题、集团化办学问题等组织校内外力量联合攻关，力争研究出科学可行的解决方案。

2016 年 5 月，提出教师协同成长，以“教学—科研”联动模式培养教师专业能力和综合素养，形成“教学—科研”会诊系统，提升课程与教学质量。

二、重点课题引领，助推教学水平

新世纪以来，学校的教育科学研究继往开来，硕果累累，多项成果获得国家、市、区等各级各类荣誉。

“十五”期间，立项国家级课题4个，分别是韩玲负责的“高中体育专修课研究”、王本中（后改为袁爱俊）负责的“课程方案下高中学校校本课程建设的实践研究”、梁侠负责的“思想政治课教学中德育实效性的研究”、鄂文艳负责的“初中‘历史与社会’教学中培养学生综合能力的研究与实验”。北京市教育科学规划办课题1项：袁爱俊主持的“示范性高中学生健康人格教育的实证研究——从几种特质的培养入手”。

“十五”重点课题开题论证会

“十一五”期间，立项国家级课题1项：蔡晓东负责的“持续改进教学管理模式创建的实践研究”。北京市教育科学规划办课题4项，分别是：袁爱俊主持的“学校可持续发展教育特色课程建设研究”、李晓辉主持的“关于课堂教学持续改进的实践探索”、岳云霞主持的“提高通用技术教学有效性的研究——项目实践模式的课堂应用”和杨文芝主持的“中学德育多元化评价体系的实践研究”。

“十二五”期间，立项国家级课题1项：张瑞清主持的“中国传统文化教育课程研发与实施的实践研究”。北京市教育科学规划办课题10项，分别是：赵鸿伟负责的“北京市首批示范校高三学生的体质健康现状调查及活动促进方案研究”、彭永新负责的“生涯教育拓展和资源开发研究”、陆云负责的“历史教学中学生自主构建虚拟博物馆的应用研究”、孙兆前负责的“校本科学启蒙课程《‘玩’科学》的设计与实施——基于‘科学与工程实践’的理念”、曹向前负责的“社会化考试背景下高中英语翻转课堂实践研究”、岳云霞负责的“通用技术课程（必修）分类走班模式的研究”、李艳负责的“基础教育学校课堂教学实验研究”、余勇涛负责的“行政班与分层走班并行背景下高中学生成长指导模式探究”、陈国才负责的“初中‘导师制 + 导生制’学生发展指导模式的探索”和苏海燕负责的“基于教育大数据挖掘的初中学生学情分析及教学指导的模式探索”。

“十三五”期间，2016年，立项北京市教育科学规划办课题2项，分别是：蔡晓东负责的“多维视野下的教育集团学区化办学的研究与实验”和宫娇娇负责的“互联网 + 生涯真人图书馆建设及在中学生涯教育中的应用实践”。

三、科研成果斐然，实力显著增强

“十五”期间，“中学语文教材教法改革的实验与研究”荣获首届北京市基础教育教学成果优秀奖。

“十一五”期间，我校3项成果荣获第三届北京市基础教育教学成果奖。分别是：陈国才主持，鄂文艳、李荔萍、王宏伟、李军参与的“高中综合文科课程研究与实践”，荣获一等奖；尚建军主持，潘春爱、袁海荣、范淑婧、马丽钧参与的“新课标下高中语文选修课开发的研究与实践”，荣获二等奖；蔡晓东主持，任维兵、张建国、李晓辉、郭华参与的“信息技术背景下的研究性学习课程实施（管理）模式实践研究”，荣获二等奖。此外，3 项成果荣获北京市第五届教育科学研究优秀成果，分别是：廖昌燕主持，尚建军、孙静、袁海荣、潘春爱、滕淑玲、唐耀杰、赵润麒、马丽君参与的“新课标下高中语文选修课开发的研究与实践”，荣获一等奖；蔡晓东主持的“信息技术背景下的研究性学习”，荣获二等奖；鄂文艳主持，单大昭、陈国才、林谦、王宏伟、李军（男）、李荔萍参与的“高中综合文科课程研究与实践”，荣获三等奖。

“十二五”期间，鄂文艳主持，陈国才、李荔萍、王宏伟、李军（男）、高筱元等参与的“高中综合文科课程研究与实践”荣获教育部国家级教学成果一等奖。2 项成果在第四届北京市基础教育教学成果奖评中获奖，分别是：鄂文艳主持，袁爱俊、王宏伟、高筱元、何志攀参与的“中学可持续发展教育特色课程建设的实践研究”，荣获一等奖；蔡晓东主持，李晓辉、陈国才、尚建军、范淑婧参与的“新课改下自主设置课程实践研究”，荣获二等奖。5 项研究成果荣获北京市第六届教育科学研究优秀成果，分别是：蔡晓东主持，程风春、李晓辉、陈国才、杨文芝、任维兵、鄂文艳、范淑婧参与的“新课改下自主设置课程的实践研究”，荣获基础教育专项奖；岳云霞主持，韩英魁、何琳、迟蕊、郭明霞、施铁群、赵强、王金波参与的“提高‘通用技术’课堂教学有效性的研究——项目实践模式初探”，荣获基础教育专项奖；张义亮主持，袁爱俊、蔡晓东、杨文芝、许琦、谢微微、李惠燕、樊悦参与的“‘体教结合’探索中小学体育人才的培养”，荣获基础教育专项奖；袁爱俊主持，龚益、鄂文艳、李军、宋琳、陈璐、邢艳茹、高筱元、李荔萍参与的“北京师范大学附属实验中学校史（1917—2007）”，荣获二等奖；张超主持的“种豆如何能得瓜”，荣获二等奖。

第二节　教师成长计划与名师工作室

一、教师成长计划

2009年11月24日下午，学校召开“教师专业成长促进计划”启动会。李晓辉副校长主持会议，学校40岁以下的教师参加了会议。本次会议还特邀北师大二附中极具人气的何杰老师参加会议，与实验教师分享他的教师生涯感悟。会上，蔡晓东校长分析了“教师专业成长促进计划”这项工程启动的重要性和必要性。何杰老师在发言中认为，教师是一种可以获得幸福感的职业，他的感悟引起教师的共鸣，赢得了阵阵热烈的掌声。张建国老师担任实验中学“教师专业成长促进计划”总负责人，他介绍了计划下的五个项目组的工作重点。大会发放了《青年教师发展需求调查表》，教师可以根据自己的特长、需求、意愿选择相应的项目组。项目活动时间定在每周五下午4：30—6：30，教师要在一年之内完成一个项目的活动，之后，可以参加其他项目组的活动。实验中学“教师专业成长促进计划”是一个长期工程，纳入学校五年规划之中，将教师的发展视为学校第一要务，并对青年教师培训的形式和内容进行了创新性的变革。“计划”的出台是适应新的教学形势的重大举措，不仅能让教师产生耳目一新的感觉，而且充分调动了教师的积极性和主动性。

“北京师范大学附属实验中学教师专业成长促进计划”，以组织教师开展学习与实践活动，摸索基于学校的教师专业成长的内容、方式与途径。为此学校任命一名校长助理专门负责这一计划的设计和实施。该计划每学年进行一次规划和总结，教师每周利用业余时间研修2个小时，学校只提供餐费和必要的图书资料费，不记加班，不发补助，根据自身需要和兴趣自愿参加。

该计划以项目组的形式，分主题开展活动。教育的问题往往具有相当的复杂性，教师要求活动的设计具有针对性，能够给自己带来切切实实的收获，这给主题的确定带来了困难。为了尽量适应实际需要和教师要求，我们从不同的维度出发进行了项目主体设计。

对于青年教师，他们缺乏经验，常为在工作中出现的具体问题所困扰，他们需要了解工作的基本规范和解决学生问题的具体办法。对于高端教师（或者叫作专家教师），他们理论水平高，教育教学经验丰富，在教师群体中具有影响力和号召力，但他们发挥作用的范围往往并不大。于是我们组建针对青年教师项目组，进行“行业基本规范”的学习与研讨；组建专家教师工作室，为他们搭建充分发挥其作用的平台。我们期待他们在多领域，从不同的角度对其他教师，特别是青年教师发挥系统的、持续的和强有力的影响，同时也促进专家教师在高端领域继续学习、探索。

教育和教学是教师工作的两个典型领域。我们组建了以课堂教学为研究内容的项目组，例如“教学基础组”，重点是针对青年教师研究教学基本功；学科教学组（包括物理、数学、英语、语文等），重点研究单一学科的教学设计。我们组建了以德育为研究内容的项目组，例如“德育基础组”，重点研究班级工作的基本规范、流程和一般规律；“班集体建设研究组”，集结了主管德育的行政干部、年级组长、优秀班主任和少数优秀青年班主任，把与德育相关的问题聚焦于“班集体建设”之上，从理论、方法和规律等方面加以深层思考。此外还根据学校工作规划，特设了较为“高端”的研究主题，例如“生涯规划”课程建设、基于科学本质理解的科学课课堂教学设计、人类文化遗产教育等。

二、名师工程与名师工作室

专家教师以及他们的经验和成果是学校教育的重要资源，学校支持他们的研究，充分发挥他们在教师队伍建设中的推动作用。“专家教师工作室”是以我校专家教师为核心进行系统、深度教育教学研究的一种组织形式。工作室应为专家教师提供进行专业研究的理想环境，为传播他们的教育思想和经验建立有效通道，从而最大程度发挥他们在相关专业的引领作用。根据学校五年规划的安排，学校决定尝试以“专家教师工作室”的方式探索专家教师自身成长以及充分发挥专家教师引领作用的可能性，并制定了《关于组建“专家教师工作室”的意见》。

该《意见》指出，专家教师是指在教育教学和管理领域具有较高理论水平和研究能力，具有丰富教育教学的实践经验，能组织教师团队开展相关研究与实践的现任教师。在我校存在一批这样的优秀教师，特别是特级教师、市级学科带头人、北师大基础教育研究员、特色教师等，他们的思想和行为方式是学校文化的代表。

根据需要，学校组建一定数量的工作室。学校将在先行试点的基础上，建立和逐步完善专家教师工作室的相关规章制度，包括专家教师申报选定、研究项目、组建程序和运行管理机制等。学校鼓励全校教职员工根据自己的发展规划，积极加入相关工作室，并利用这个平台进行教育教学研究和实践，在提高自身水平的同时，为提高整体教育教学质量，为学校文化建设做出贡献。

作为试点，学校组建了张建国、林祖荣两位老师的工作室，并请他们做先期研究。

林祖荣[①] 工作室作为“国家课程校本化实施”的试点学科，进行了

---

① 林祖荣，北京市特级教师，北京师范大学基础教育研究员，“林祖荣工作室”主持人。

高中生物学科建设，包括一套校本化高中生物教材和相应的实施策略建议、评价手册（练习册）、教学案例等。

读本使用以来，受到本校学生的一致好评。许多学生在拿到读本的一两天时间内就将读本仔细读完，并为我们提出建设性的修改意见。学生在使用读本的过程中，大大提高了对生物学知识的理解水平和整体思维能力水平。读本也受到了许多校外老师的追捧，虽然没有出版，但从网络（教师的微博、博客等）反馈回来的信息看，读本受到了全市乃至全国同行的关注，大家纷纷表示希望待读本编制完善后进行使用。

在教学实践过程中，我们也深深体会到，读本的使用不仅大大提高了教学效率，促进了学生学习生物学科的能力与素养的提高，减轻了学生的学习负担，也促进了教学质量的提高。我们在高二年级一年的时间内完成了所有必修与选修内容的教学，而且实验的开设课程大大超过了国家课程的规定，读本在其中发挥了至关重要的作用。

读本的编制，还大大促进了参与教师的专业化成长，并以此为契机，成立了“林祖荣工作室”，在这个过程中，利用特级名师的带动力量，借助“读本”的编制，锻炼了一支强有力的教师队伍。近年来，他们应邀为北师大出版社的课标教材做了大规模的修订，并录制了大量的视频课程。在新一轮的课标教材编写中，林祖荣（主编）、王卫红、许静、张超、李晓辉、郑仲贤、王俊伟、赵奂老师都参与了各种不同版本教材的编写，为课程改革起到了力所能及的作用。

张建国[①]工作室自2010年至2017年，组织实施了化学学科建设项目，主持完成了编写高中化学校本教材共4册，包括《高中化学》（必修1）、《高中化学》（必修2）、《化学反应原理》和《有机化学基础》及

① 张建国，北京市特级教师，北京师范大学基础教育研究员，硕士研究生导师，“张建国工作室”主持人。

配套教学资源。教材通过“核心内容”“核心概念”“基本问题”“综合实验活动”等栏目，将工作室主持的“核心概念研究”“科学本质理解”“问题与问题解决”等研究项目的主要成果体现其中，较好地反映了实验中学的科学教育理念以及实验中学教师的教育理想和学生的实际水平。与此同时，这些呈现也是学科建设中突出的创新之处。教材经过3轮试用和修订得到不断完善，获得学生喜爱和同行认可。参加教材编写的有：张建国（主编）、梁凯、孙兆前、金从武、李波、瞿辉等。

作为学科建设的主要内容，工作室在化学组先后主持推动了一系列专题研究，主要内容是：模型方法及其应用、基于核心概念的教学设计、科学本质理解、学生活动的组织策略、问题与问题解决等。专题研究有效地促进了教师观念更新、教学技能提高和青年教师的专业成长。

三、名师工作室的辐射功能

根据学校工作需要，工作室向校内和西城区、北京市和外省市相关机构、学校提供专业性支持。2012年至2017年，与学校学生发展中心合作开发“生涯规划”课程，包括编制教材和教师培训；支持西城教育研修学院对教师的课程、教学进行培训，主持西城区示范校化学教研组组长培训；支持北京市教育科学研究院基础教育教学研究中心开展新课程教学研讨活动；支持北京师范大学开展对重庆市中学教师的培训；支持中国扶贫基金会对西部中学教学干部的培训等。

第三节　建立多样化的教师发展评价

一、评教评学

我校建立了以教师自评为主，校长、行政干部、教师、学生、家长共同参与的评价制度，使教师从多种渠道获得信息，不断提高教学水平。强调教师对自己教学行为的分析与反思。

1. 评教评学活动

我校每年会组织两次（第一学期期中阶段性测验之后和第二学期期中阶段性测验之后）对教师教学进行评价的评教活动。

（1）学生填写调查问卷

我们要求学生登录校园网填写调查问卷，一周之内完成。调查问卷内容考查学生主体性的发挥情况，三维目标中的知识和能力、情感、态度与价值观、过程与方法、教师的师德。评价均分成三个层次。每个学生写一篇题为《我心中的一位好老师》的小作文，从积极正向的角度评价教师的教学。一位老师 400 字以内。可写多位老师，每位老师单独成页。

（2）年级教师分析会

期中阶段性测验之后，我校会召开年级教师分析会，主要针对开学至期中阶段性测验期间教师们在教学中存在的问题进行会诊，提出改进措施。教师期中年级分析会旨在为老师们提供一个阶段性诊断课程实施效果的平台，以便于老师们进一步反思和改进。

（3）学生座谈会

期中阶段性测验之后，我校会召开学生座谈会，主要针对开学至期中阶段性测验期间教师们在教学中存在的问题听取学生的意见和建议，行政干部担任座谈会的主持人。座谈会内容包括对各科教师教学的整体印象（如：课堂教学、作业批改、课下辅导等方面），班风，学风，学习与生活中面临的主要问题，年级组工作，学校各方面的管理工作（如校园环境卫生、伙食、饮水、宿舍、存车、阅览室开放、图书借阅等）。座谈要求各班班长、学习委员、一名学生代表共三人参加；开会前结合以上几个题目，广泛听取本班同学的意见，做好充分的发言准备，写出完整的书面发言材料，会后将书面材料交给主持会议的领导。以翔实、具体的例子对上述几个方面的内容做出说明。

学生座谈会是我校民主治校的体现，涉及教学、教育、管理三个方面。在教学方面，学生主要提及课程实施中的优点和需要改进之处，使教师后一阶段改进教学、提高课程实施效果能够有的放矢，能够很好地促进我校教学工作的良性运作。

（4）召开行政会

期中阶段性测验后，我校会召开行政干部会，对于学生问卷调查、教师年级分析会、学生座谈会所反映的问题进行汇总，同时提出整改意见。行政干部重点阐述自己深入的年级急需解决的问题，特别是课程实施中亟待调整的方面。

（5）校会

根据前一周学生座谈会反映的问题，教学、德育、后勤管理部门的行政干部会利用校会时间向全校学生说明解决办法。

（6）向全体任课教师和教研组组长反馈

每一位任课教师均可登录校内网查阅学生调查问卷的填写情况，了解学生们对自己前一段教学的评价结果，同时，每位教师还可以看到客观题部分本备课组的平均情况。教研组组长登录校内网，会看到本次评教评学活动中学生对本组每位教师的评价结果。

（7）全校大会反馈课程实施效果

教学副校长利用周二下午全校大会的时间向全校教师反馈前一周教学评价的整体情况。

此外，还安排了教务处工作人员专门接听家长的电话，随时倾听家长对学校课程建设的意见和建议。教学部门会对家长反映的问题做出及时的处理，改进课程实施的效果。

2.“我最喜爱的老师”评选活动

北师大实验中学“我最喜爱的老师”评选已成功举办了12年，每位同学选出两位自己最喜爱的老师。两位老师分别从语、数、外学科老师中选取一位，从其他科老师中选取一位。学校团委将根据每位老师的选票数除以该老师所教学生的数量，依据所得百分比的高低，从每个年级选出5名同学们最喜爱的老师。同时还建议同学们在选票下边写出最想对某位老师说的一句话，同学们将平时没有机会或者不好意思写给老师的话写在选票上，团委会转给相应老师。评选结果统计出来后，团委会举办隆重的颁奖典礼。

二、教师发展评价

2003年，政治组梁侠老师被评为北京市中学市级中青年学科教学带头人，张贵斋老师获全国关心下一代工作先进个人。

2004—2006年，我校被评为的北京市学科带头人有：廖昌燕、韩玲、梁侠；北京市骨干教师有：徐晓春、李艳、张建国、李晓辉、曹仁明、鄂文艳、冯琳、金从武、王宏伟、郑仲贤、赵玉娇。

2007—2009年，我校被评为的北京市学科带头人有：李晓辉、王宏伟、张建国、李艳；北京市骨干教师有：宋涟、王卫华、王运淼、金从武、曹仁明、赵润麒、郑仲贤、吴国英、冯琳、岳云霞、于保红。

2010年，我校被评为的北京市学科带头人有：王宏伟、张建国；北京市骨干教师有：宋涟、王卫华、王运淼、金从武、曹仁明、赵润麒、郑仲贤、吴国英、冯琳、岳云霞、于保红。

2011—2013年，我校被评为的北京市学科带头人有：张建国、王宏伟、岳云霞；北京市骨干教师有：赵润麒、王宏、宋涟、王卫华、金从武、曹仁明、王韬、吴国英。

2010—2016年，蔡晓东、林祖荣、张建国、陈国才、姚玉平、王宏伟、李晓辉、李艳、杨文芝被评为北京师范大学基础教育研究员。

2004—2016年我校学科带头人和骨干教师情况统计表

年份	特级教师	基础教育研究员	市学科带头人	市骨干教师	区学科带头人	区骨干教师	校学科带头人
2004年			3	9	38		25
2005年	5		3	11	38	1	24
2006年	7		2	10	36		24
2007年	7		4	11	30		28
2008年	7		4	11	30		28
2009年	5		4	11	31		26
2010年	7	3	2	11	31		26
2011年	6	4	3	8	21	25	
2012年	6	6	3	8	20	28	
2013年	6	7	3	8	21	28	
2014年	7	8	4	8	32	34	
2015年	7	8	4	8	32	34	
2016年	7	9	4	8	32	34	

注：表格内数字为人数。

三、社会评价

1.出版发行

2005年以来，我校语文组一直致力于“信息技术与语文教学整合”的相关探索；2007年北京市新课标教材启用以来，又致力于京版教材“核心资源、拓展资源和工具资源一体化背景下如何有效落实多读多写”的相关研究，经过数年实践，优化整合了相关资源，在全国率先提出了信息技术与语文教学整合的“三种创新性教学模式”，即“泛读整合精读模式”“主题阅读写作模式”“多样化生活化写作模式”。经《中国多媒体教学学报》2011年第1期专题发表以后，在北京市以及全国产生了很大的反响。

2010 年 6 月，在徐霞客综合实践活动组全体老师的努力下，校本教材《古都春秋》由北师大出版社正式出版。

2015 年 9 月，张超[①]老师的《平台教育理念之初探》一书出版，此书的思想是作者基于其本人十多年的教育教学实践，通过思考与研究，创设出的一个全新的宏观教育理念理论构架。“平台教育理念”作为一种教育思想创新，一经提出便得到了很多研究者的重视，张超老师作为“平台教育理念”的创始人和建立者，也被很多学者誉为当代新派教育思想家。

我校化学组和生物组编写高中化学校本教材、高中生物教材和相应的实施策略建议、评价手册（练习册）、教学案例等，虽然没有出版，但从网络（教师的微博、博客等）反馈来的信息看，受到了全市乃至全国同行的关注。

2. 展示交流

2009 年 12 月，在国家会议中心我校通用技术教研组参加了科技教育成果展示会，展示了近几年来的创新大赛工程类获奖作品和学生机器人优秀作品。

2010 年 4 月，我校参加首届华光创新教育成果展，通用技术组参加了光华创新教师中韩文化交流活动。

2011 年 11 月，第五届中国专利周暨中国专利年会在北京农展馆举办，特设“校园发明与创新”高峰论坛，我校创新作品参加了北京市青少年科技创新成果主题展并获银奖，受到了评审领导、专家和观众的一致好评，“中国教育在线”对我校迟蕊进行了深入采访。

2013 年 12 月，由教育部基础教育课程教材发展中心、北京市教育委员

① 张超，2002 年毕业于北京师范大学生物系，自毕业后，一直担任北师大实验中学生物教师至今。作为一线教师，张超老师在生物学学科教育、青少年家庭教育、青少年性教育、生命教育、学习教育、中外教育比较和宏观教育理念研究等多个领域均有所研究和探索，自 2009 年至今，已经出版了 11 部著作，其作品得到了社会的普遍认可和好评。

会主办，北京教育科学研究院承办，我校、南京师范大学、地质出版社协办的第十届全国普通高中通用技术实验工作研讨会（暨北京市通用技术课程实验五周年成果展示会）在我校顺利召开，参会教师参观了我校通用技术教室，同时我校教师王颖川的《结构与设计》、迟蕊的《瓶起子的设计与制作》、韩英魁的《车工工艺——螺栓、螺母、坯件》还与参会老师进行了课程交流。

3. 参加评比

除教师参加教学评比、论文评比、成果评比等评比之外，还有教师辅导学生参加科体艺比赛、学科竞赛等，均可以从不同的角度评价教师的专业发展与成长进步。

“F1@实验”是我校计算机课程的特色选修模块项目之一，借助F1赛车之世界顶尖的科技理念、充满激情的运动精神和系统严谨的工程态度，以体验式学习为主要学习方式，由3—6名的学生以不同角色组队参加体验真实一级方程式赛车的运营。在2013—2014赛季，我校作为全国第一支公立学校代表队征战阿联酋F1inSchool总决赛；在2014—2015赛季，三个车队通过团结奋斗在北京市赛及中国区决赛中获得亚军以及最佳展位奖、最佳演讲奖、最佳压力赛作品等多项大奖；2016年，新成立的Everest Racing珠峰车队勇夺北京市赛冠军，全国赛第三名，进军在美国奥斯汀举办的世界总决赛。

物理竞赛作为一项课外活动，在调动学生特别是优秀学生学习物理的积极性和主动性，充分发展他们的特长，增强他们的独立思考能力和创新思维能力方面，有重要的作用。作为几届辅导教师，从自身来看，思想上要放下架子，和学生共同学习、共同讨论，对自己遇到的问题给出诚恳的态度，大胆地把自己的不足、疑惑拿出来和学生交流。在辅导过程中，重视学生对问题的不同看法与理解，需要去“独立思考”，去借鉴，或许那正是自己想要的。在学生成长提高的同时，也提高了自己认识问题的深度与广度，提高了自己的教学水平。

（摘自刘英太老师《感受高中物理竞赛》）

反思多年来的竞赛辅导历程，我深刻感受到这是艰辛的、追逐梦想的过程。竞赛辅导不仅仅需要老师具有浓厚的兴趣、狂热的追求、深厚的知识底蕴和扎实的教学功底，还需要与时俱进的、科学高效的辅导策略和安排。

（摘自杨洋老师《利用学科竞赛实施英才培养的实践》）

一群热爱生命，对生命科学有着狂热热爱的人，经过了几年团结努力的拼搏，最终使群体中的每一个人都得到了令人愉悦的生命体验。这一群人由两大部分和一小部分组成。第一大部分是一批聪明、努力、执着的生命热爱者——参加竞赛的学生；第二大部分是生物教研组全体教师；第三小部分是一个将前两大部分有效链接，使整个团队能够高效运作的服务者。这一群人就像快乐的一家子，如果非要总结他们快乐的源泉，可以使用专业、团结、高效三个关键词体现一下。

（摘自生物组《欢乐“生物”，高兴“玩”赛》）

第六章　教育国际化、信息化、集团化

第一节　内容广泛的国际交流

我校的国际交流中心一直承担着推进学校国际化进程，促进学校国际交往，开拓师生国际化视野，聚集国际教育资源，促进国际合作与对话，以及对外宣传实验精神与文化，扩展学校国内外影响力等重要职责，在学校的发展过程中起到了重要作用。国际交流中心的工作内容包括：友好校及合作项目的遴选、接待及回访工作，寒暑假国外游学项目的遴选、管理与实施，出国学生中英文成绩单、在读证明及毕业证书翻译件的办理，协助国际部进行国际合作办学项目的申请与延期工作，教师因公出访手续的办理及假期出访中英文在职证明的开具，对外汉语推广工作及海外孔子课堂的开设与维护，外籍教师工作证件及外国专家证的办理工作，境外大学直通车项目的遴选及管理，美国大学先修课程（AP）考试的组织工作及教师培训的协调工作等。

2001 年 3 月 18 日，袁爱俊校长和两名学生应中国对外友协邀请，参加“中美乒乓外交”30 周年庆祝大会，中共中央政治局常委、国务院副总理李岚清，美国前国务卿基辛格博士参加了庆祝活动。

9 月 4 日，作为中国基础教育界的唯一代表，中国教育代表团的 7 名成员之一，学校袁爱俊校长参加了在瑞士日内瓦召开的第 46 届国际教育大会。

在“中美乒乓外交”30周年纪念活动中，基辛格博士为学生签名

2002年3月25日，我校举办了“尊重、合作、发展——学会和睦相处”首届中学生国际论坛（First Forum for Secondary School Students），共有四国五所学校（日本吉祥女子高中、美国BBC乐团、北京中加学校、北京育荣学校、北师大实验中学）的200名师生参加。各国学生围绕“学会和睦相处”用英语做了精彩的发言。

11月20日，朝鲜教育部部长边永立率朝鲜教育代表团来学校参观。

2003年3月，我校学生首次应联合国国际学校邀请，赴美国纽约参加在联合国总部举行的世界青年论坛活动。

11月，袁爱俊校长受美国公立学校组织蓝带学校联盟邀请，首次赴美国参加蓝带学校联盟年会，作为中国基础教育界的代表发声。

2004年4月，莫桑比克教育部部长阿尔西多·恩格尼亚率教育代表团来访。

7月，教育部与美国微软公司在北师大实验中学举行了“携手助学”百间计算机教室启动仪式，微软公司董事长比尔·盖茨来校访问。比尔·盖茨先生与袁爱俊校长共同在校园里种下一棵名为“数字时代”的常青树，语义双关，内涵深刻；之后他饶有兴致地观摩了学生设计的“博弈天行”机器人，并在礼堂发表了热情洋溢的演讲，与学生进行了现场交流。他赠送给学校两本自己的著作，学校也赠送给他一枚刻有比尔盖茨汉字的中国印。

微软公司董事长比尔·盖茨访问本校

2005 年 6 月，学校正式与多伦多大学签署绿色通道协议，开启了学校学生免语言成绩直升海外知名大学的直通车项目。

9 月 22 日，在墨西哥首都墨西哥城举行的 2005 惠普全球商业挑战赛总决赛中，我校代表队获得全球第六名的好成绩。共有来自 56 个国家和地区的近 800 支学生队参加此次挑战赛，其中胜出的 8 支劲旅进入总决赛并争夺世界冠军，而我校是唯一一支进入总决赛的中学生队。

2006 年 2 月，爱尔兰教育和科学部长玛丽·哈纳芬（Mary Hanafin）女士率爱尔兰教育部官员组成的代表团在爱尔兰驻华大使戴克澜（Declan Kelleher）及我国教育部官员张晋的陪同下访问了学校。这是来自爱尔兰的教育官员对学校的首次访问。

10月，美国洛杉矶市市长安东尼维拉先生到访学校，并为学生做了主题为“成才与成功”的演讲。

同月，法国巴黎让玛律埃双语学校师生来访。此次来访为两校建立友好关系之后的第一次交流。巴黎让玛律埃双语学校也是本校在法国建立的第一所友好学校。

2007年1月，我校学生首次赴美国哈佛大学参加国际高中生模拟联合国大会，这是我校学生第一次参加全球的模拟联合国大会，也是中国学生首次赴海外参加模拟联合国会议。

4月，多伦多大学校长大卫雷勒（David Naylor）到访学校，并作为学校“成才与成功”系列演讲的嘉宾，与学生进行了交流与互动。

同月，世界泳坛巨星菲尔普斯和霍夫来访。备受瞩目的美国“游泳神童”菲尔普斯和队友霍夫来到我校和师生们见面，并与校游泳队队员们“亲密接触”。菲尔普斯和霍夫回答了同学们的提问，并为我校现场印制了手模。在校游泳馆，游泳队队员和体育学院的学生们进行了混合泳比赛，菲尔普斯和霍夫当场做了点评，对我校游泳队队员的技术水平大加赞赏，并告诫小队员们要有毅力，要不怕苦，有恒心才能成功。此次菲尔普斯和霍夫来访，带来了世锦赛的荣耀，带来了奥运精神的光芒，也带来了体坛名将对中国青少年、青少年体育的一份真情，极大地鼓舞了我校游泳队队员的士气，并为全校师生树立了顽强拼搏、勇创辉煌的光辉形象。

6月，美国明尼苏达州St. Paul Academy and Summit School的9名师生在学校进行了为期一周的访问，拉开了学校与明尼苏达州之间教育交流的序幕。

同月，“汉语桥”——美、韩中小学校长访华团的部分美国代表访问实验中学。学校在礼堂召开了题为“交流·共享·发展”的中美基础教育论坛。袁爱俊校长向到访的100名外宾介绍了我校的基本情况及有关汉语教学的经验与成就。来宾们还自由选择参加了主题分别为“世界遗产教育与特色教育”“学生服务与管理”“国际交流与合作——汉语教学课程介绍”“教学管理与教师专业化发展”的四个分论坛活动。

9月22—23日，由中国留学人才发展基金会主办，深圳市教育局承办的“中国国际化人才培养计划启动仪式暨首届国际化人才培养研讨会”召开，我校校长袁爱俊在会上做了题为《建设面向世界的学校，培养高素质国际型人才》的发言。大会期间，“腾飞工程——中国国际化人才培养计划”举行了启动仪式；中国留学人才发展基金会为该计划第一批10个“中国国际化人才培养基地”授牌，我校是入选的唯一一所高中示范校。

10月，由中国国际教育交流协会主办、我校承办的“2007中国国际教育年会基础教育国际研讨会”在学校召开。中国国际教育交流协会副会长钱一呈、美国蓝带优质学校组织主席巴雷特·伦道夫·提尔及北京四中、人大附中、新加坡武吉班让政府中学、美国库立志中学、法国巴黎双语学校等来自中国、美国、法国、意大利、法国等国的近200名大、中小学校长和教师参加了本次研讨会。在为期两天的议程中，我校组织召开了“优质教育和人才培养”基础教育国际研讨会，参观实验中学并旁听特色课程，参与实验中学学生组织的特色书市，举行议题分别为“学校领导与管理”“学生服务和学生活动”“教师评价和教学质量监控”“校本课程建设和国际化发展”等五个分论坛活动，与会代表就国际基础教育发展进行了热烈讨论和深入交流，进一步增进了学校与海外学校及教育机构之间的国际交往和合作。

10月17—18日，我校首届模拟联合国大会在北校区隆重召开。来自高二年级的37名同学扮演37个不同国家的外交官，在环境规划署中就全球变暖问题展开讨论，并最后形成决议。此次模拟联合国会议生成决议一份，并产生九个奖项，分别由代表澳大利亚、德国、哥伦比亚、沙特阿拉伯、法国、哥斯达黎加、意大利和伊朗的同学获得。活动受到高一、高二年级同学和老师的广泛关注，袁爱俊校长出席了会议并为所有获奖代表颁奖。袁校长鼓励与会代表："要在这样的活动中，努力充实丰满自己，从这个'模拟的舞台'走向真正的国际舞台。"18日，西城区教委中教科的领导以及西城区八所重点高中的师生也前来观摩会议，西城区委教育工委史征副书记在会上致辞。

11月，爱尔兰驻华大使戴克澜先生受袁校长之邀到访实验中学，并为学生们做了"成才与成功"的演讲，还为在爱尔兰大使馆举行的"走进爱尔兰"英语演讲比赛中获奖的学校学生颁发了证书及赠送了奖品，最后留下了自己的手印，并和学校互赠了礼物。戴克澜大使是继微软公司董事长比尔·盖茨、洛杉矶市市长安东尼维拉先生、多伦多大学校长大卫雷勒先生之后又一个为我校学生做"成才与成功"演讲的贵宾。

12月，作为中日友好邦交正常化35周年的民间教育交流活动，我校接待了日本民主党代表团一行70人，以及筑波大学附中校长代表团。

2008年9月，世界青年全球对话学校竞赛第三届国际研讨会在学校召开。

2009年4月，马来西亚教育部官方代表团访问我校。

12月8—15日，校长蔡晓东、名誉校长袁爱俊、交流中心负责人苏建华、英语教师顾俊所、高二国际班学生沈孟扬和杜韵如一行6人赴美国奥兰多参加蓝带会议。会议期间，蔡晓东校长发表了主题演讲，蔡校长、袁校长还与蓝带会议主席Bart Teal先生及公立学校的校长们就学校教育、初高中衔接课程、学生管理等话题进行了深入的探讨。两名国际班的学生沈孟扬、杜韵如参加了会议组织的学生论坛及富有世界和平、多元文化理解等有意义的交流活动。会议结束后，一行6人访问了麦阿密的私立学校

Ransom Everglades School 及费城的私立学校 Germantown Academy，他们深入到两所学校的课堂听了 AP 数学、物理、艺术、汉语等课程，并分别与两校的校长就教育理念、课程设置、实施与管理、学校规划、世界遗产教育、多元文化理解、校际合作项目等进行了广泛沟通和交流。第二年 5 月，美国 Germantown Academy 校长代表团访问我校。这是该校首次访问实验中学，双方校长对两校不断加强友好交流关系，更深层次地推进教育交流和促进师生交流项目交换了意见。蔡校长还就两校深入开展艺术交流、体育交流、AP 课程交流等提出了具体实施的建议。

2010 年 4 月，我校举办中美合作办学国际型人才特色培养班的申请得到了西城区教委和北京市教委的批复与大力支持，开始探索构建符合学生实际需要的、符合学校国际化发展的、以优质教育资源为依托的国际化创新型教育模式，打造培养学生具有国际化视野、提高学生国际竞争能力的教育氛围。7 月，第一届国际型人才特色培养班正式招生，首批招收 31 名初中毕业生，开始了合作办学项目的首轮实践。

12 月，受教育部选派，我校首次参加在日本举行的亚洲国际青少年电影节，取得了优异成绩。本次大赛共有来自包括中国、日本、韩国、泰国、越南等十余个国家的 130 多部影片参展。学校选送的影片分别斩获一等奖和三等奖。

2011 年 1 月，中美合作办学国际型人才特色培养班进行首次寒假海外研修实践。为了使学生比较深刻地了解西方文化，消除学生因跨文化冲突带来的问题，切实地走入美国课堂，合作办学双方经过认真研究，制定了双方互派学生开展研学活动。从 2010 级学生开始，我校在寒假期间派国际班学生到合作学校和其他姊妹学校开展为期一个月的海外研修活动。

4 月，马来西亚副首相丹斯里慕尤丁率领该国教育部、商务部、外交部官员及国家议员等一行 29 人在马来西亚驻华大使馆官员的陪同下访问了学校，并专程考察了我校的体育教育工作。这是继该国教育部长之后学校又一次接待马来西亚高级国家领导人来访。

9月，法国巴黎学区教委主任 Claude MICHELET 先生、巴黎学区欧洲国际事务代表 Fancois NEUVILLE 先生等一行四名官员访问学校。学校党委书记程凤春、国际交流中心主任孟学军等领导同来访嘉宾就如何发展巴黎的中学与学校的合作交往、中法双方学校互换学生进入对方课堂以及互派教师的可行性等问题进行了共同探讨。

10月，意大利教育、大学和科研部副部长 Guiseppe PIZZA 一行访问我校。校长蔡晓东、党委书记程凤春接待了来访的部长先生及其他官员，双方就加强中意双方在教育、文化方面的合作，充分发挥两国各自优势等方面交换了意见。意大利热那亚高中是我校在海外建立的第一所孔子课堂，在国际汉语推广工作中具有里程碑的意义。此次访问既是对双边合作成果的肯定，也翻开了我校与意大利教育合作的新篇章。

11月，瑞典斯德哥尔摩大学孔子学院校长代表团来校访问。这是我校首次接待来自瑞典的校长代表团。

2012年4月，美国优秀教师奖获得者罗恩·克拉克一行访问我校。

7月，国际部为了提高教师队伍的凝聚力，在双语教学这个特殊的环境中不断促进教师的专业化发展，融中、外教师于一体，打造了一支以综合学科教学为核心的师资队伍，成立了人文与社会、数学、科学、英语、升学指导、学生活动共六个学科组。国际部的职能进一步得到完善与细化。

9月，巴西里约州政府教育厅厅长 Wilson Risolia Rodrigues 率领的政府代表团访问我校。这是我校首次接待来自巴西的教育代表团。

2013年5月，第一批国际型人才特色培养班学生毕业。毕业生被耶鲁、宾大、哥大、芝加哥、加工理工、威廉姆斯等世界名校录取。毕业学子70% 被美国排名前25的名校录取，97% 被美国排名前50的大学录取。实验中学国际部秉承本校“做真教育、真做教育”的教育教学理念，重视培养学生深厚的文化底蕴、坚实的学科基础、创新的批判思维能力，形成了具有实验中学特色的国际型人才培养模式。办学三年以来成绩斐然，印证了学校特色人才培养模式高效、科学、合理，为课程改革的继续推进奠定了坚实的基础。

9月，国际部完成500万字校本课程的编写。我校国际部结合中外合作项目课程特点，按照项目课程设置，开设了13门AP课程：AP微积分、AP统计、AP物理力学、AP物理电学、AP化学、AP生物、AP计算机、AP英语语言与写作、AP宏观经济、AP微观经济、AP美国历史、AP心理学、AP人文地理，并通过中、美双方教师的共同努力，经过三年多的探索，教师已经编成结合中外优质课程资源的校本教材累计52本，约500万字，初步建立起实验中学校本特色的教材。校本教材的使用不但充实了教育的持续化和系统化，还直接促进了教师对课程的专业化研究，促进了中、美双方教师对教育文化的探讨与理解，也提升了教师的专业化发展水平。

2014年4月，凭借着2010—2013年的优异办学成果，北京市教委特别批复，将学校国际型人才培养班规模由最初的30人扩大到60人。

9月，国际部形成具有实验中学特色的以升学指导为核心的生涯课程体系。从2010年开始合作办学项目起，国际部根据学生出国深造的升学和后续发展特点，以毕业班升学指导为突破口，开展了针对性的升学指导系列讲座。经过五年的发展，形成了从高一到高三具有实验中学特色的以升学指导为核心的生涯课程体系，从规划篇、模拟篇和实战篇三个阶段，全面地规划和指导学生在国际部的成长和后续发展。

2015年4月，国际部22名学生首次参加Physics Bowl全美高中物理竞赛喜获佳绩。其中刘潇领同学取得全球第二名的好成绩，张淼同学挺进全华北区的前十名。由于国际部学生的卓越成绩，学校团体成绩获全国第三，全球第四。

9 月，国际部首次通过招标方式选拔海外研修合作学校，同时实现学生的分类选校、选课工作。利用海外研修推进教师教育教学专业发展，拓展教师国际视野与国际理解。国际交流中心同步采取招标形式确定寒暑假出访活动的承办机构，进一步规范了学校的海外研修、修学旅行等活动。

同月，蔡晓东校长出席在布鲁塞尔举行的中欧高级别人文交流对话机制第三次会议，刘延东副总理为我校新建孔子课堂揭牌。当地时间 9 月 15 日，中欧高级别人文交流对话机制第三次会议在布鲁塞尔举行，会议由中国国务院副总理刘延东与欧盟委员会教育、文化、青年和体育委员瑙夫劳契奇共同主持。

蔡晓东校长出席中欧高级别人文交流对话机制第三次会议

2016 年 4 月，我校音乐剧社（SDSZ Musical）排演的首部学生版音乐剧《妈妈咪呀》公演，充分展现了我校国际部学生社团活动的新高度。

5 月，高三（11）班曾博群同学和他的团队在哈佛大学被授予了哈佛青少年创新挑战赛的一等奖。曾博群同学自 14 岁发起“新梦想美好明天”助学项目，4 年来，他和团队为中国贫困地区的学生共筹集约 100 万元人民币的善款。

同月，学校学生参加脑神经科学大赛斩获全国第一，并代表中国参加了国际赛。学校国际部学生已经连续三年参加该比赛。张雅蒙同学获得 2014 年 Brain Bee 全国赛一等奖，田紫辰、王铭基获得 2016 年全国 Brain Bee 脑神经科学大赛一等奖。田紫辰同学还代表中国大陆参加了 2016 年 7 月在丹麦哥本哈根举行的 2016 年 Brain Bee 国际赛。

同月，国际部应届毕业生共 184 人，有 23 名学生被美国前 10 名的大学录取，占比 12.5%；91 人被美国前 25 名的大学录取，占比 49.5%。其中 1 人被普林斯顿大学录取，1 人被耶鲁大学录取，4 人被哥伦比亚大学录取，5 人被芝加哥大学录取，3 人被达特茅斯学院录取，7 人被华盛顿大学圣路易斯录取，5 人被瓦萨学院录取，另有 2 人被牛津大学（英国）录取，其中多项录取结果创造了历史最好成绩，综合录取情况在北京市和全国范围保持领先地位。

6 月，凭借着在合作办学中取得的优异成绩以及在西城区乃至北京市的良好示范作用，北京市教委再次对我校做出批复，将我校的国际型人才培养班招生名额扩大到 120 人。

第二节　教育信息化建设

教育信息化建设始终努力追求发展、不断创新。通过对信息化环境的创设、优化，对信息化队伍的培养、提升，谋求以教育信息化带动学校教育现代化的发展之路。促进信息技术与学校的教育、教学、管理、科研等多方面工作不断融合，使学校的教育信息化管理水平与应用水平走在北京市乃至全国前列。为把学校办成“既是中国的顶尖学府，又是世界的知名学校，教育思想鲜明、教育教学理念科学、教育方法先进、教育设施完备、教育环境优美、教育质量一流的卓越学校和科学严谨的现代化学校”提供全方位信息化保障与支持。学校先后被各级主管单位评定为“全国现代教育技术实验校”“北京市电化教育优类校”“西城区中小学教育信息化工作先进单位”“北京市数字校园实验校”。

2000 年 2—7 月，学校举行了全员教职工计算机培训。共开设了 Word、Excel、PowerPoint、Internet、多媒体应用五个模块的培训，培训 304 课时。参加培训的教职工共 276 人次，100% 的教职工能够在工作中使用工具软件并学会了上网。此次培训不仅为教职工在教学中使用计算机和网络奠定了基础，而且为下半年进行的“北京市中小学计算机应用 A 级考试”打下了基础，学校 89 名教职工参加“北京市中小学计算机应用 A 级考试”（每人同时报考 4 个模块）一次全部通过。

7 月，我校提出把信息技术作为学校跨越式发展、全面推进素质教育的突破口，成立教育信息中心，全面承担校园信息化各项工作。在一所学校成立教育信息中心，当时在全市也不多见。这标志着我校对信息化工作的重视以及对教育未来走向的高瞻远瞩。至此，我校的信息化建设基本完善，教育信息中心不仅能够将学校电化教育设备、计算机辅助教学设备、图书馆等各类信息资源统筹管理，还能为教师、学生信息素养的提升做出贡献，从而更加全面地推进学校教育信息化的建设。

我校首次全面为行政处室和教研组配置办公、教学用台式计算机；成立实验中学教职工计算机小组；计算机课程成为学校必修课程之一，面向初、高中学生开设多模块计算机必修课和选修课；成立“北师大实验中学金晖网校”，开始远程教育探索；荣获北京市“电化教育优类校”称号。

网络中心

年底，高阳集团出资1000万元成立北师大附属实验中学网校，按照最初的协议规定，网校的资金和人员全部由高阳集团负责，我校则负责教学资源，由老师们提供习题、教案等资源，并按劳获取报酬。网校采用了当时各大网校盛行的在线教育方式，由网校工作人员将纸质的教案、习题"搬"到网站上，学员只要购买年卡就可以在网站上下载、查看自己所需要的各种资源。

2001年1月，我校建立"教师电子阅览室""学生电子阅览室"，电子阅览室的每台计算机都与Internet联通，为教师教学和学生学习提供了方便的条件。

4月，我校开展"课堂教学模式探索"活动，进一步推动了信息技术在教育教学中的应用，在语文、数学、英语、物理、化学、生物、历史、地理、政治、劳动技术、计算机11个学科进行了24节课的实验，其中4节课的课例送全国中小学计算机教育年会参评，3个课例获一等奖，1个课例获二等奖。

11月，学校建立了北京师范大学附属实验中学网站，并将教学资源库、图书馆管理系统、校园管理系统链接。学校还装备了教学双向闭路系统，实现了音频、视频和计算机网络信息的整合，初步形成学校网络信息化的雏形。

学校引入北京电信2M光纤，实现“宽带进校园”；开通www.sdsz.com.cn域名，对外发布学校门户网站；校园骨干网络由百兆升级为千兆，校园网信息点总量达600个，终端总量530个；首次为在职在岗教职工配置便携式笔记本电脑，鼓励老师建立个人主页；建设图书借阅管理系统；引入E-class学习平台、引入国之源、K12、Dynet英语听说等电子学习资源；建设“多媒体网络合作式学习”教室，探索以学生为中心，小组合作互助的教学方式，以共同解决问题为教学目标，利用计算机进行自主探究的学习模式；提出“移动多媒体教室”的概念，解决专用多媒体教室数量不足的问题；与东方卫星集团合作创办“北师大实验中学卫星学校”，借助卫星直播、转播大面积开展全学科远程教学，探索“卫星通信技术与中国基础教育结合”的远程教育新模式，是中国第一所真正实现“实时在线的远程师生互动”的网络教育学校；开展“网络和多媒体技术教学模式探索”；申报“信息技术与课程整合的理论与实践研究”国家级重点课题。

2002年1月，我校召开了“北师大实验中学信息技术发展”研讨会。此次会议对我校进一步实施教育信息化工程从思想上、理论上和组织上做了充分的准备，为我校教育信息化工作起到了指导作用。

3月8日，中央电化教育馆聘请我校三位老师参加全国教育科学规划“十五”教育部重点课题“基于现代教育技术环境下学与教的研究”。

4月19日，我校举办“二十一世纪基础教育·信息技术论坛”。论坛采取专家学术报告和专题研究课的形式，充分发挥专家和师生两方面的积极性，意在将先进教育思想与实践探索相结合，使理论有“用武之地”，使教育教学实践能获得“理论依据”。论坛的两个学术报告从理论和开发角度论述了信息技术与教育教学整合的重要意义。六位教师分别制作课件，向专家们展示了“网络课堂”的多姿多彩，使与会者深切感受到“数字校园”的现代气息。专家们对各位教师的做课情况进行现场点评，引发了教师对“信息技术与学校教育整合”的思考。论坛所研讨的六个专题分别通过不同学科运用网络和平台技术，尝试和探索了信息技术与教育教学整合的模式，为学校信息技术与课程整合提供了经验，开拓了教育教学改革的新思路。

7月18日—8月18日，我校将58间教室改造为多媒体教室，配备投影仪、视频展示台，自行研制开发多功能讲台，将视频、音频和网络设备集成其中。7—8月，新建2个网络多媒体教室、1个网络学习室、1个多功能语音教室，改造2个电子阅览室，配置新的图书检索系统设备，为所有的教室联通视频双向闭路系统。之后，学校陆续在诸多方面开展了计算机教育。

暑假期间，在此前已为教师配备了120台笔记本电脑的基础上，又为80名教师配备了笔记本电脑，使学校的教育信息化水平有了新的提升，为学校的教育教学改革创造了良好条件。

9月18日，88名教师参加北京市专业技术职务计算机应用等级水平考试，73人一次通过。

10月，学校建成了北京师范大学附属实验中学网站，实现了教学资源库、图书馆管理系统、校园管理系统链接，装备了教学双向闭路系统，整合音频、视频和网络信息，基本实现了学校网络信息化。

附：我校网络信息化基本构架

（一）开设信息技术课程

学校在高一年级开设信息技术课程，课程教学内容为：第一学期必修课（共36学时），其中模块一：Word、Excel、PowerPoint高级综合应用（6学时）；模块二：网页设计，Dreamweave制作网页（30学时）。第二学期必修课（共36学时），模块：Vb图形界面程序设计（36学时）。学校的信息技术课的教材为自编教材。在高一、高二年级开设信息技术选修课，内容主要包括：模块一：3dsmax三维动画制作三维建模、材质灯光制作、动画制作，最后渲染成高质量动画。模块二：Flash动画制作Macromedia Flash软件的基本操作，包括各种动画形式的原理、设计、制作以及应用。模块三：常用工具软件的使用。

（二）开展全员计算机网络培训

学校组织不同学科或不同年级参加国际网络计算机培训项目，如：朗讯网络计算机培训项目、西门子信息技术与学科整合培训项目、world links信息技术与课程整合培训项目、世界遗产青年论坛培训等；

开展全员计算机网络培训，提高教职工信息技术素养，学校在职教职工全部通过了北京市中小学教师计算机A级考试。自2002年开始为所有教师统一配备笔记本电脑，2003年为所有自然班教室配备多媒体设备（70个），又陆续配置了35个网络多媒体专用教室，其中包括：合作式多媒体网络教室、多媒体网络阅览室、远程多媒体网络教室、机器人专用教室、学生专用网络学习教室、多媒体网络教学评估教室、多媒体语音教室、教师网络阅览室，并将双向教学闭路系统与教室多媒体设备有机结合，形成了多功能辅助教学环境。在这些硬件基础的支持下，各学科教研组以及教师个人开发了大量的教学软件，信息中心则把主要精力放在开发管理软件和系统平台等方面。

（三）参与信息技术应用课题研究

学校积极参与信息技术应用课题研究，如中央电教馆“十五”重点课题“信息技术与课程整合的理论与实践研究”、教育部基础教育课程改革项目“信息技术应用于不同学科的课程开发和教学实验”、朗讯“网络化基础教育和教师培训”、西门子“基础教育信息技术与课程整合教学模式改革”等。

（四）提高管理信息化水平

学校先后引进了“数字校园”管理、“短信校园”通讯、“一卡通”运用、“图书管理”、“NC 无盘工作站”等系统平台，自行开发了“选修课管理”“研究性学习”“工作量管理”“高考志愿咨询”“远程教育教学论坛”等工作平台。

（五）开展远程教育

学校从 1999 年开始陆续建立北京师范大学附属实验中学网校、北京师范大学附属实验中学卫星学校、中国教育学会远程师资培训中心。目前卫星学校有地面小站近百个，同时听卫星学校课程的学生有四万人，起到了支援西部教育、体现示范校价值的作用。

（六）建设校园网

学校投入大量资金用于校园网建设，将学校网络的主干交换速率升级为千兆，交换到桌面的速率提升为百兆，同时还将各楼宇的设备间与网络中心连接的多膜光导纤维更换为传输距离更远、传输信息量更多，并能确保传输质量的单膜光纤。为了更好地利用因特网的信息和资源，2005 年向中国电信申请了 4M 带宽的 DDN 专线，网络存储设备基本可以满足目前学校教育教学管理的需要。

我校的信息化建设自 2000 年起步，十多年来，一步一个脚印，稳妥建设，逐步完善。

2002 年，举办“二十一世纪基础教育信息技术与课程整合论坛”；引入教务成绩管理系统；校园所有普通教室、专业教室、实验室全部升级成为网络、多媒体教室；全部教室开通教学双向闭路电视系统；利用暑假对高

一、初一新生提前进行计算机培训，开学后开展计算机分层教学，部分学生可申请免修计算机课。

2003年，“非典”停课期间开展实验中学自主“空中课堂”和远程在线答疑；与中国教育学会合办“中国教育学会远程师资培训中心”，面向全国开展师资培训和交流。

2004年，中国教育部、微软公司“携手助学”百间计算机教室启动仪式在学校举行；微软公司总裁比尔·盖茨先生来校访问，发表演讲并与学生面对面交流；建设微格教学研究专用教室；建设校园一卡通系统，使校园一卡通具备“出入门禁”“校内消费”“图书借阅”“公寓洗浴”“车库出入”等多项功能；引入“校园短信通”系统，促进校园办公自动化建设。

2005年，教育信息中心购置了第一代实验中学数字校园系统，开始了对数字校园建设的探索，着重解决自动化办公等问题；学校门户网站改版，增加英文版面；部分学科开展“电子白板”应用培训。

2006年，建设校友录网站；获评“西城区中小学教育信息化工作先进单位”。

2008年，结合我校实际，开始直接向软件公司定制开发第二代数字校园，围绕办公、管理、教育教学全面推进数字化应用。

2009年，网络中心机房升级改造；建设“网络技术实验室”和“多媒体技术实验室”；“甲流”停课期间，开展远程教学活动。

2010年，建设教学录播系统，为课堂教学分析与研究提供支持；与北京歌华有线合作，探索借助“电视学校”开展远程教学；南校区图书馆大范围改造，改善图书管理、借阅环境，提高服务水平。

2011年，建设托福考试教室，承接国家托福考试任务；依托“实验中学音视频播放平台”，制作和生成数字资源近500GB，视频播放时长达2000小时；学校门户网站被评为“西城区中小学最佳门户网站”。

2012年，我校成为“北京市数字校园实验校”，开始打造基于云技术的第三代数字校园平台——“实验中学开放式数字校园云平台”；校园网络升级万兆环网与万兆骨干、千兆交换到桌面，网络骨干设备由ipv4标准升级至ipv6标准，互联网出口带宽增至400M，实现校园无线网全覆盖，南北校区教室多媒体设备统一升级，显示设备更换为液晶触控一体机；成立并启动“移动学习应用资源开发中心”，积极探索基于云的教育资源应用，为教育均衡化做出实践。

2013年，为全校在职在岗教职工配发移动智能终端，推动无线应用；学校网络中心增配云平台虚拟化网络服务器，建设小型私有云体系；网络存储扩容至400TB；基于数字校园云平台，搭建协同教研平台，努力实现优秀教育教学资源均衡共享，与全国8省23所学校建立了网络互动链接。

2014年，结合数字校园云平台的开发，设计和架构“云数据资源中心”；基于数字校园云平台，开展走班制课程改革背景下的数字校园支撑课程管理与实施体系研究；计算型知识引擎Wolfram Alpha的发明者、美国著名科学家斯蒂芬·沃尔夫勒姆访校，与师生共同畅想信息科学前沿发展。

2015年，“实验中学开放式数字校园云平台”全面正式上线。“实验中学开放式数字校园云平台”涵盖了学校办公、管理、教育教学的方方面面：协同办公平台、消息平台方便教师实现无纸化办公；教务管理系统、教学管理系统在“走班制”等教育新趋势下，较好地完成了从排课、选课到考勤、成绩、学分的一系列教育教学管理工作；在线学习平台融合了校内外多种形式的资源，为教育教学开辟了一片新天地。同时，采用了云技术的新一代数字校园，能够支持PC端、平板、手机APP、微信服务号等多种平台接入，使教师的办公、学生的学习再也不受时间、空间的束缚，真正形成了一个存在于掌上、云端的“数字校园”。

由此，学校全员开展“微视频”与“微课”教学形式培训；基于数字校园云平台，启动“网络教学与学习体系”的研究，推动学生自主学习环境的建立，促进信息化与教育教学的深层融合；在“雾霾极端天气”期间，利用数字校园开展全面在线教学，解决“停课不停学”的问题。

2016年，围绕“教育+互联网”理念，启动数字化、信息化对未来学习、未来教育和未来学校的支撑与服务研究。

如今，教育信息中心不断提升学校信息化装备的建设水平，不断促进学校信息化的软实力。

第三节　教育集团的建立与发展

首都教育领域综合改革的核心是破解首都教育领域综合改革的深层次矛盾和问题。组建教育集团的举措就是为了解决教育资源配置不尽合理的矛盾，优化教育结构和布局，解决城乡之间、区域之间、学校之间教育发展不平衡、不协调，保障教育公平进一步实现，促进首都整体教育质量进一步提升。建立教育集团，扩大优质教育资源就是这个背景下政府的政策举措。

2014年，北师大实验中学教育集团正式成立。学校明确集团化办学的教育模式着眼于均衡发展，立足于提升质量，不是简单的合并学校，也不是表面肤浅的合作，必须在能够促使集团内所有学校在稳定的基础上，通过共生重构，形成优势联动，最终达成各方办学质量提高，同时避免核心校优势资源稀释。目前，实验中学教育集团的成员校，除了原有的北师大实验中学分校之外，还包括北师大实验二龙路中学、北师大实验华夏女子中学、北京市第一五九中学，以及北京市西城区宏庙小学、西单小学。

一、北京师范大学实验二龙路中学

2014 年 7 月 10 日，西城区教委与北京师范大学合作办学协议签约仪式在教委三层会议室举行，合作办学学校名称为“北京师范大学实验二龙路中学”，由此拉开了北师大实验中学集团化办学的序幕。学校由北京师范大学附属实验中学实施“一体化”的教育教学管理，通过合作办学，共同推动实验中学教育集团建设。北京师范大学副校长曹卫东、校办主任刘晓杰，北京师范大学附属实验中学校长蔡晓东、书记程凤春、副校长李晓辉，西城区教委主任丁大伟、副主任赵蓬欣，西城研修学院副书记王红，二龙路中学校长金菡、书记姜诗卷参加了签约仪式。

实验中学副校长、实验二龙路中学校长李晓辉主持
向二龙路中学学生发放实验中学校服的仪式

实验二龙路中学率先开始集团背景下成员校的管理探讨，通过两年多的实践，管理举措初见成效。“一体化办学”，就是指在教育集团内部，成员校实验二龙路中学和核心校实验中学达成全融合的办学状

态。两校在办学目标上统一规划，两校学生统一编班，享受完全一致的教育教学资源，两校人力资源高度融合，教师统一安排，教育教学管理模式完全一致。可以说，模式能否成功，很大程度上取决于融合后的师资水平，我们的管理能不能有效促进融合后师资水平的提升，是判断管理有效与否的指标，也是教育集团整体教育质量能否提升的关键。

“一体化办学”的管理原则：同工、同责、同酬、同管理。“同工同责”指的是，赋予二龙路教师和实验中学教师同等的工作机会和与之相匹配的责任；“同酬”则指二龙路教师在承担同样工作，履行同等职责，达到同样质量后获得同等报酬；“同管理”指在给予一定的学习工作适应期后，对原二龙路中学教师，用和实验中学教师同样的标准和机制实施管理以及考评。

“一体化办学”的管理目标：资源重组、高度融合、一体发展。以重组的办法来开发新资源的思路，对集团内现有的各种教育资源（人力资源、学科资源、学校资源——包括软硬件）进行重新配置、重新安排，创造一个有利于发挥教师潜能的新的工作环境。

“一体化管理“的管理举措：

1. 思想融合。即指教育价值观的认知和融合，学校文化的融合，具体体现在政治学习、教师培训、党团活动等各方面的融合统一，从学校办学理念、学生培养、工作目标等做出统一的要求和部署。

2. 专业融合。包括教研组专业融合 、学部及备课组工作融合。同时，通过教师成长促进计划促进教师观念的改变，为老师引路子、搭台子、送梯子，让老师们体验成长的快乐，享受职业的幸福。

3. 情感融合。其核心是帮助教师建立归属感，鼓励集团校各校区的教师都积极参与学校组织的各项活动，在活动中增进友谊，在交流中促进相互理解与融合。此外，在待遇、福利上也达成高度统一。

在融合过程中，教师们感受到“被尊重”，发现并努力建设“最好的自己”。他们在新的工作环境中迎接挑战，创造性地开展工作，也获得了成长感、成就感、价值感、幸福感。两年来，实验二龙路中学共有130人次教师在各项论文评比中获奖。在西城区“十二五”教育教学优秀成果评选中，有3名教师获奖。在2015—2016年西城杯评比中，有23名教师获奖，其中特等奖2名，一等奖9名，二等奖12名。

2015年7月6日，实验二龙路中学举行“一体化办学背景下教师专业成长研讨会”。西城教委副主任赵蓬欣出席大会，校长蔡晓东致欢迎词，北师大实验二龙路中学校长李晓辉就一体化办学一年来的成效做主旨发言，张建国老师汇报了“二龙路中学教师成长促进项目”的整体推进情况，来自实验中学和实验二龙路中学的7名教师分别从专业成长的不同角度汇报了成长历程。

二、北京师范大学实验华夏女子中学

2015年7月，在北京市基础教育综合改革工作的推动下，北京市华夏女子中学以委托办学的方式加入了实验中学教育集团，正式更名为“北京师范大学实验华夏女子中学”，并委派刘海霞担任执行校长。依托“一体化”管理，实验华夏女中在教育、教学、管理等各方面工作中，积极利用实验中学的资源条件，引进实验中学的办学成果，同时借鉴实验二龙路中学“一体化办学”的经验，在育人理念、课程建设、学生培养等工作中取得较大进展，提高了教师和学生加入教育集团后的归属感和幸福感。

1. 实现了学生活动与实验中学同步

如全校的开学典礼、运动会、合唱节、评教评学活动，以及高一新生的入学军训，初中学生教材、教辅、测试等。

实验中学蔡晓东校长等领导走进华夏女中课堂

2015 年 9 月—2016 年 12 月，实验中学通用技术教研组组长岳云霞老师开设“纸艺服装设计制作”校本课程，带领华夏学生团队获得第五届北京市普通高中通用技术服装及其设计大赛团体第一名等多个奖项。2016 年 6 月，纸艺服装团队应邀参加了非物质文化遗产大赛展示活动，获得好评。

2015 年 9 月—2016 年 1 月，实验中学美术组吴荻老师为华夏女中学生开设“人生如戏——中国戏曲鉴赏”校本课程，并在实验中学澄观堂为学生讲解以《兰亭集序》为主题的书画作品。

2. 实现了培训资源与实验中学共享

2015 年 9 月—2016 年 6 月，高一年级 13 名教师参加了由实验中学张建国老师主持的为期一学年“教师专业成长计划”培训。2016 年 10 月起，新一轮“教师专业成长项目”开始实施，由实验中学原校长助理、教科室主任鄂文艳主持。参训教师 18 人，涉及语文、数学、外语、地理、政治、生物六个学科。

2015—2016学年，赴实验中学听课达500余节，开展学科集体备课活动50余次。2015年10月，实验中学教研组组长及骨干教师深入华夏女中教研组，指导参加“西城杯”评选的教师。最终10名教师全部获奖，其中1名获特等奖，3名获一等奖。

2015年12月，实验中学金从武老师以“做三十年后的学生教育”为主题进行班主任培训。

2016年10月18日，参加实验中学班主任工作站，干训部曾泰老师做《班级文化建设》讲座。

12月9日，执行校长刘海霞老师，给班主任分享了实验中学德育工作经验。

12月30日，实验中学四位高中学生干部交流学生工作经验。

3. 实现了女校特色的跨越式发展

2016年3月，高中自主会考申请获批；“1+3”项目培养方案顺利完成了项目申报工作并获批。

6月6日，联合国教科文组织关注女童和妇女教育奖颁奖仪式在北京人民大会堂金色大厅举行。中国国家主席夫人、联合国教科文组织促进女童和妇女教育特使彭丽媛出席颁奖仪式并致辞。实验华夏女中30名学生代表参与本次颁奖仪式。

三、集团化管理下的教师成长

为了加快与二龙路中学教师融合，学校委派校长助理张建国负责设计、组织“教师专业成长促进计划”的专项工作，并于2014年、2015年、2016年分三批对原二龙路中学专任教师进行教学设计、教学课堂实施的培训，每批为期一年，以帮助参训教师顺利适应新的工作环境和教学要求。2015年9月华夏女中加入实验教育集团，华夏女中的部分教师也加入到教师培训中。

针对实验二龙路中学和实验华夏女中教师与实验中学融合的实际情况，教师培训时间为每周五下午十六点三十分到十八点，基本利用工作以外的时间。培训第一阶段主要围绕教学设计做专题讲座及教师研讨。第一期、第二期培训分别从教学设计中的指导思想、理论依据、教学目标、教学一致性原则、学习效果评价等方面由张建国老师做讲座，并请北师大朱旭东教授做《课堂研究》的学术讲座。第三期培训从教学的引入环节入手，让老师们重点研究学生学习活动的设计。张建国老师也由讲授者变成了引导者，教师在设计、讨论、修改、研讨自己的学生学习活动中不断改变着教学观念。培训的第二阶段是教学实践探索。参加培训的教师在认真完成一份教学设计后，会在全校上一节研究课，展示培训成果。

三年中，实验二龙路中学参训的专任教师共77位。第一期2014年9月至2015年7月，有24位教师参加；第二期2015年9月至2016年7月，有26位教师参加；第三期2016年9月至2017年7月，有27位教师参加。77位教师三年共做研究课71节。教师成长培训让原二龙路教师在实验中学的讲台上站稳了脚跟，他们克服了刚刚融入时的焦虑，闯过了“学生关、家长关、教师关”，并得到了实验中学学生、家长、老师的一致认可，有三位第一年融入的教师还被实验中学学生评为“我心中的好老师”。培训也带来了教师观念的改变，老师开始在教学中更注重综合运用，更重视激发学生个性的发展。

2015年9月华夏女中加入实验教育集团后，教师成长培训成为教育集团教师专业发展的重要举措。2015年14位华夏女中老师参加了培训，2016年又有8位华夏女中老师加入。教师成长培训让华夏女中教师无缝对接地融合到实验中学的教育教学之中。

2015年7月6日在实验二龙路中学召开实验中学教育集团“一体化背

景下教师专业成长研讨会”。本次研讨会由北京创先泰克科技有限公司举行了现场录像，并刻成光盘报送给西城教委、西城教科所，同时分享给教育集团中的一五九中学、实验华夏女中。另外，还编辑了《教学设计集》和《德育文集》两本集子。本次研讨会的精彩发言被编辑收录在《西城教育》2015 年第 5 期上。

10 月 30 日，在实验二龙路中学召开了“一体化背景下教师专业发展座谈会”。

2016 年 7 月 11 日，在实验二龙路中学召开教育集团教师专业成长研讨会。

三年教师培训共上研究课 92 节，并整理出了 4 本《教师教学设计成果集》。

专业成长培训为老师引路子、搭台子、送梯子，让老师们体验了成长的快乐，享受了职业幸福。

四、教育集团的其他成员学校

2016 年 4 月，蔡晓东校长率学校管理干部分别走访了一五九中学、宏庙小学和西单小学。

6 月，宏庙小学和西单小学的六年级学生走进实验中学，开展为期一天的“实验之旅”活动。两所小学就此与实验中学从教育教学、学生活动等方面开始了深度的交流。

9 月，为了更好地协调并促进教育集团各成员学校之间的发展，教育集团成立专门机构，并任命冯琳担任北师大实验中学教育集团办公室主任。

11 月，实验中学与宏庙小学开展课程研讨会，探讨小初课程的衔接问题，并拟于 2017 年春季开始信息技术课程的合作。北京市一五九中学与实验中学建立密切联系，形成有效沟通机制，商讨深入合作的可能及举措。

在首都教育均衡化的过程中，我校承担起一所名校的社会责任，发挥出应有的辐射作用。当然，在实验中学教育集团的发展中仍然存在很多值得思考的问题，北师大实验中学将协同教育集团内的所有成员学校，在未来的实践中积极探索，为首都教育做出新的贡献！

编者感言

已经不知道究竟“几易其稿”，只是因为预定倒排的印刷时间已到，所以这一部“百年实验中学的百年实验”总算接近收笔。虽然多有遗憾，毕竟终于“完成”。这是早先确定工作计划时，大家在“校史文集”“校史汇编”与“百年校史”“实验百年”之间所选择在有限时间内尽可能“完成”的最高目标。相信如果时间允许，这次“修史”的工程一定会越来越全面，越来越完善。

“实验百年”历经沧桑、弦歌不绝、名师荟萃、精英万千，诚为传播先进思想之前导，推进科学文明之先锋。值此百年华诞写“实验百年”，为了展现学校历年大事本末，昭示数辈实验人上下求索、敢为人先的精神，更对学校改革和发展有了新的认识与思考。

（一）锐意改革，持续改进，回应社会，折射历史

作为一所历史名校，实验中学近百年的发展沿革，事实上也是中国近现代中等教育发展的历史缩影。它对于中国近现代国民教育体系的建构，既是积极的推动因素，又是这一过程的演变结果。考据学校发展的曲折历程，会越来越明确地体会到：实验中学的历史，就是大历史变迁的标本形象，中国近现代历史的缩影，中国近现代教育史，特别还包括女子教育历史的缩影，均能够“窥一斑观全豹”。从这样的观点出发，就能够理解实验中学近百年的历史中所蕴含的坚持不懈和那些超乎寻常的跌宕起伏。

因此，仔细阅读学校的历史，认真体味她近百年坚持不懈的教育改革、课程建设风景，思考其中的得失，或者可以为今天学校的改革和发展提供有益的启示。

1. 教育的历史性

任何一所学校都不可避免地置身于它所经历的时代之中，这就决定了在学校的历史上必定会刻下时代的烙印，与时代同呼吸，共命运，这是教育的历史性。实验中学也不例外。在中国历史上军阀割据的动荡时期，女附中有纷纭难止的学潮，也有激进与保守教育思想与实践的冲突；在国民党统治下，女附中的课程要宣讲“礼义廉耻”，也要安排“党义”课程；在中华人民共和国诞生的时候，女附中有欢欣鼓舞的“普天同庆”，参加“开国大典”及“抗美援朝”；在“大跃进”的狂热时期，女附中也有顺应时代的“跃进规划”和“大炼钢铁”；在改革开放欣欣向荣之时节，她又走在课程改革、素质教育的前列。这是整个时代的责任，而总是站在这个时代前沿的女附中——实验中学，不可避免地成为整个时代的缩影。由教育的历史性所决定，学校不可能成为独立于社会的世外桃源，其教育内容也不能脱去当时社会主流的痕迹。

2. 教育的独立性

无论经历过怎样的风雨沉浮，无论处于怎样的艰难困苦，近百年的女附中——实验中学总能够不断地为社会发展输送合格有用的人才，这是教育的独立性。实验中学历来拥有第一流的师资队伍，拥有最优秀的生源人才，成为为社会发展提供人力资源的动力之泉。从这样的意义上说，实验中学的教育实践，便已经超脱了狭隘的时代界限的束缚。因为这所光荣的学校所从事的，恰恰是最本质的教育，即人类道德和人类本性的教育。历史的变迁，无论学制怎样变化，课程建设如何变革，人性教育的传统贯穿始终，纵观这所学校近百年培植人性、教育善良的传统，能够冲破各种干扰，真是难能可贵。即便是旧时代所培养造就的，也正是突破旧时代的人。教育活动的受益者，是全社会的普罗大众。女附中——实验中学培养的学生，桃李天下，却有共同的对于母校的回忆和眷恋，更有共同的对于社会、家庭的贡献。也正因为此，实验中学的历史具有一种不可抗拒的力量，实验中学课程改革的轨迹有一种无法表达的深刻。

3. 名校与历史同辉

实验中学近百年的发展变化，一直尊重“教育历史性和独立性”的本质特征，突出“名校与历史同辉”的思维方式，坚持“以人为本，服务社会，追求发展，追求卓越”的办学理念，在努力探寻教育的本质和人性的光辉，反映现代教育为寻求人性的解放和人格之健全而表现的挣扎以及众多合力所共同导致的变革，伴随时代变革的起伏跌宕，见仁见智，触发思索，践行实践，持续改进。这是整个时代烙印于教育之上的印记，又是教育工作者对社会的回应和责任。

（二）追求发展，追求卓越，屹立潮头，启示未来

1. 学校文化建设应凸显现代学校气质

实验中学创办之初就具有非常鲜明的“民主、平等、包容、变革、进步”的现代学校气质。近百载弦歌不辍，作为历史的传承，学校的这种气质仍然作用于今天的校园。

现代学校气质，即具有时代特征、现代化特征和直面教育改革特点的学校文化。在现代社会中，多元文化的冲突、融合与价值选择使我们的学校面临着更为复杂的文化生态环境。在这种背景下，仅仅把社会时代需求作为进行学校文化建设的条件和背景是远远不够的，学校文化建设必须与时俱进，面向现代化、面向世界、面向未来，追求发展，追求卓越，屹立教育改革浪潮前头。

2. 学校课程应进行深层次、高品位的建设

以实施素质教育为主旋律的学校课程建设的选择、设计、转化和生成，其出发点是以育人为本，以培养具有中华民族灵魂和世界眼光的现代人为总目标。具体目标是丰富学生的文化底蕴，树立正确的价值观念，促进学生的发展，以适应21世纪对人才的需要；以学校课程建设为突破口，更新教育教学观念，建设一支具有高品位文化素养的教师队伍；提高办学水平，形成、完善学校鲜明的特色和优良的校风；创造适合师生发展的理想文化氛围。

学校课程建设是学校进行教育教学的载体、实施素质教育的突破口，是学校深层次、高品位的建设。说它是深层次的，因为它不仅涉及人的行为，而且从价值观这个深的层面引导人、塑造人，使人学会正确处理自我与他人、与自然、与民族、与国家的关系，从而学会怎样做人。说它是高品位的，因为它是智能发展的超越，不局限于具体地规范人的行为，而是以高尚的民族精神培育人，促使人形成健全的人格，提高人文素养，熔铸民族的生命力、创造力、凝聚力。正因为如此，学校课程建设对丰富素质教育的理论认识和实践体系，推动素质教育高水平的实施，提高人的综合素质，弘扬民族精神，培养全面发展的人才具有重要意义。

3. 学校内涵发展的基本思路是以人为本

学校内涵发展的基本思路是以人为本，选择设计，转化生成，促进发展。其中，以人为本是学校内涵发展的基本价值取向，选择设计和转化生成是学校内涵发展基本程序的两个步骤，促进发展是学校内涵发展、特色发展的根本目标。

（三）熏陶精神，蓄积力量，经营文化，塑造品牌

学校的百年实验，从治学理念到课程设置，从教师到学生，略述发展变化，侧重不同，意在挖掘自身的文化特色和文化底蕴，从而明白解析一所学校之所以能够近百年宠辱不惊、育人无数、卓越辉煌的原因。

感受时代的风起云涌，运载社会的精英才俊，历经百年依旧卓然超群，是什么让这所学校保有如此高贵的品格，拥有生生不息的力量，这成为我们共同的追问。从历任主任、校长的追求中可以感受到教育者的胸怀，从一流的师资队伍中可以看到从教者的素养，从现代的治学观念和严谨的学风中可以探寻到这所学校屹立潮头、经久不衰的根本。欧阳晓澜作为建校主任，曾留学日本，归国后独身办学，十年间，以校为家，以“勤慎”为校训，纳精英贤士，讲现代课程，治严谨学风，为学校打下了坚实的办学基础和深厚的文化底蕴。从学校的发展进程、治学理念、办学特色和文化传承的梳理中，给世人呈现教育的永恒力量的同时，也提供可研究、可借鉴的方法，为当代教育的持续发展贡献一份力量。

在党和政府全面重视教育，加强文化建设的今天，我们首先要思量的是教育的本质，要追溯的是文化的本源。在物质极度丰富，社会日趋功利，教育趋向盲目的今天，实验中学的百年实验以它自有的朴实与厚重，给我们提供了一个可以静心研读、用心思考的空间。以史为鉴，让我们找到教育的初衷；以人为鉴，让我们坚守教育者的情怀。它让这所学校的历史文化不再尘封，不再泛黄，而成为可以时时捧在手中的力量，常常存于胸中的信念。历史的伟大，文化的浸润，莫过于此。

2007 年 9 月袁爱俊校长主编了一部非常翔实全面的《北京师范大学附属实验中学校史》(1917—2007)，2015 年 3 月蔡晓东校长主编了一部详细介绍近十年教育教学历程的《做真教育　真做教育》,《实验百年》的编写定位在这两本书的基础上，有针对性，有重点地进行文史、图片资料的修改、补充、完善，由面化点，由点成线，丰满了百年实验史。

最初讨论《实验百年》编修原则时，定下了突出以人为本、实验、改革探索、开拓创新、立于教改潮头等关键词，通过关键词把实验百年所做的有意义的事情、有影响的人物梳理出来，最终写出来。

《2007—2017 年校志征求意见稿》在 2016 年 5 月印出，分送给领导、现任各级领导和各教研组组长征求意见。他们不仅认真批注，有的还撰写了详细的修改意见，说明大家对实验历史和修史工作的关心。

为了充实史料，执行编委王宏伟、张瑞清、陆云、孙玲玲、李军、冯琳、邢艳如、高筱元、李军（女）、蒋瑞老师和校庆办公室王新新、谢微微老师，采访老教师、老校友，进档案室、图书馆查阅资料，四处搜罗照片；张瑞清、谢微微甚至到江西采访欧阳晓澜的亲属，并到江西档案馆找资料；李军、冯琳、孙玲玲、王宇飞老师指导学生，进行了与校史相关的研究性学习；执行编辑鄂文艳老师和北京师范大学文化创新与传播研究院博士后、中国教育史专业博士王立刚，整理各位编委提供的大量史料，编辑撰写初稿，与执行编委一起征集意见，几经改易，于 2016 年 12 月印出《实验百年》（讨论稿），分送给老领导、现任各级领导和执行编委征求修改建议。

特别要感谢王本中校长、张锦斋校长、袁爱俊校长，三位老校长不仅在校史讨论稿的内容上进行了补充和修改，而且就整体框架提出了建设性的修改意见；校志和校史编写工作的顺利进行还要感谢现任各位领导、各职能部门、各教研组组长的关心与支持，他们为修编《实验百年》付出了大量心血；感谢教学处、教务处、学生处、校长办公室、教科室、国际交流中心、教育信息中心、教育服务中心、学生指导中心、体育艺术中心、国际部、档案室等；感谢商务印书馆的领导和编辑，特别是王陆军、冯爱珍，如果没有他（她）们的热情支持和诸多帮助，这次修整校史的任务也不可能这样顺利完成。

《实验百年》在不断修改完善中资料愈加丰富。我也和大家一样，在这个过程中，越发感受到实验的魅力。可以这样说，女附中——实验中学历经百年依然能挺立在中国基础教育的浪尖中，不仅得益于实验中学优良的教育传统，更是因为实验中学拥有一批又一批爱生如子的教师和爱校如家的学生。正是这种充满着恢宏大气的和谐，成就了实验中学经久不衰的光荣。

（陈国才，北京师范大学附属实验中学党委书记、
北京师范大学研究员）